MANOU

MOÏSE – MAHOMET

DU MÊME AUTEUR

EN VENTE:

La Bible dans l'Inde. 1 vol. in-8°	6 francs.
Les Fils de Dieu. 1 vol. in-8°	6 francs.
Christna et le Christ. 1 vol. in-8°.	6 francs.
Histoire des Vierges. 1 vol. in-8°	6 francs.
La Genèse de l'humanité. 1 vol. in-8°	6 francs.
Fétichisme, — Polythéisme, — Monothéisme.	6 francs.
Le Spiritisme dans le monde	6 francs.
Manou. — Moïse. — Mahomet.	6 francs.

La Devadassi. Comédie indoue traduite du Tamoul. 1 vol. in-8°.	1 franc.
La Vérité sur Taïti. 1 vol. in-8°.	1 franc.
Voyage au pays des Bayadères. 1 vol. gr. in-18 avec gravures.	4 francs.
Voyage au pays des Perles. 1 vol. gr. in-18, avec gravures.	4 francs.
Voyage aux ruines de Golconde. 1 vol. in-8°	6 francs.
Voyage au pays des Éléphants. Gr. in-18 avec gravures	4 francs.

SOUS PRESSE:

Les Traditions Indo-Européennes. 1 vol. in-8°.

EN PRÉPARATION:

Le Ciel et l'Enfer brahmaniques et chrétiens. 1 vol. in-8°.
Le Brahme et le Prêtre devant l'humanité. 1 vol. in-8°.
Le Paria et le Peuple dans l'humanité. 1 vol. in-8°.
Les Rois, les Nobles, les Guerriers dans les diverses religions. 1 vol. in-8°.
La Femme dans l'Inde, dans les sociétés antiques et dans le monde moderne. 1 vol. in-8°.
Brahma et Bouddha. 1 vol. in-8°.

HISTOIRE DE L'ASIE:

L'Inde. 1 vol. in-8°.
L'Indo-Chine. 1 vol. in-8°.
La Chine. 1 vol. in-8°.
Le Japon. 1 vol. in-8°.

IMPRIMERIE EUGÈNE HEUTTE ET C°, A SAINT-GERMAIN.

LES LÉGISLATEURS RELIGIEUX

MANOU
MOÏSE — MAHOMET

PAR

LOUIS JACOLLIOT

TRADITIONS RELIGIEUSES COMPARÉES DES LOIS DE
MANOU, DE LA BIBLE, DU CORAN,
DU RITUEL ÉGYPTIEN, DU ZEND-AVESTA DES PARSES
ET DES TRADITIONS FINNOISES.

PARIS
LIBRAIRIE INTERNATIONALE
A. LACROIX ET C°, ÉDITEURS
13, RUE DU FAUBOURG-MONTMARTRE

1876

Tous droits de traduction et de reproduction réservés.

PRÉFACE.

La traduction de Manou que je publie aujourd'hui a été faite sur les manuscrits tamouls des pagodes de Vilnoor et Chelambrum, dans le sud de l'Indoustan, collationnés sur le texte sanscrit [1].

L'étude de la version faite du sanscrit en tamoul par les brahmes, m'a montré comment les pundits de l'Inde comprenaient et traduisaient dans un autre idiome, les passages difficiles de leur vieux législateur, le plus ancien dont le monde ait gardé le souvenir, et je me suis attaché à faire passer dans notre langue l'esprit même de cette traduction.

Comparant constamment le texte de Manou de la province du Bengale avec celui de la province du Carnatic, je n'ai adopté le sens admis par l'illustre

---

[1]. La partie du Livre Ier, que j'ai déjà donné à titre de preuve spéciale dans l'*Histoire des Vierges*, a été empruntée au Manou du nord de l'Indoustan. J'ai rétabli ici le livre en entier d'après les manuscrits du sud.

William Jones, dans sa traduction du Manou du Nord, que quand les savants brahmes qui dirigeaient mes études l'admettaient comme représentant exactement la pensée du législateur, et cela seulement quand les deux textes concordaient par quelque partie.

Quoique les deux ouvrages varient peu comme fond de doctrine, il y a de telles différences dans les détails et dans le style, qu'ils appartiennent certainement à deux époques et à deux civilisations différentes.

Pendant plus de cinq siècles, les musulmans ont défendu dans le nord le culte de Brahma.

Ils ont brûlé les livres sacrés et les temples.

Le sud, au contraire, a échappé au prosélytisme du sabre, et a pu conserver les livres de la loi dans toute leur pureté.

Lorsque le Bengale vit des jours plus heureux et put revenir au culte des ancêtres, il fut obligé de faire prendre dans le sud, la copie des ouvrages sacrés que le fanatisme musulman avait détruits; mais comme les mœurs s'étaient modifiées au contact de l'étranger, et sous la dure loi du Coran, il dut mettre une foule de passages de Manou à l'unisson des coutumes nouvelles, et de là le reproche adressé par les pundits du sud aux brahmes du nord d'avoir altéré les textes sacrés.

Je signale cette dispute célèbre, qui dure depuis plus d'un siècle, sans que l'acharnement des adversaires paraisse diminuer.

Je n'ai pas la prétention de trancher ce débat, dans

lequel il me paraît cependant que toutes les présomptions historiques sont en faveur des brahmes du sud ; mon but, plus modeste, est de mettre en face l'un de l'autre les deux textes, et de signaler ainsi les variantes, causes de la querelle.

William Jones et Loiseleur Deslongchamps avaient traduit le Manou du nord ; j'ai voulu traduire le Manou du sud.

Chaque fois que j'en ai trouvé l'occasion, j'ai signalé les différents points de contact qui existent entre l'œuvre de Moïse, de Mahomet, les livres sacrés de l'Orient, les traditions asiatiques et européennes et l'œuvre du vieux législateur des bords du Gange, ainsi que les curieuses coutumes qu'il nous révèle.

J'ai traduit sous la direction des deux brahmes les plus savants du sud de l'Inde, et je n'ai pas admis un mot qu'ils n'aient contrôlé.

Il y a plus de trois cent cinquante textes différents de Manou, du cap Comorin à la chaîne de l'Himalaya. Je me suis servi de celui qui est le plus estimé dans les pagodes et académies du sud.

MANOU
MOÏSE — MAHOMET

MANAVA — DHARMA — SASTRA

LIVRE PREMIER.

LA GENÈSE.

« ¹ Manou se reposait dans le silence et s'absorbait dans la contemplation de la pure essence ; les mahar-

---

1. L'origine de Manou, le grand législateur de l'Inde, nommé communément « le fils de Swayambhouwa, c'est-à-dire de celui qui existe par lui-même, » se perd dans la nuit des âges antéhistoriques.

Le Rig-Véda, ce monument le plus ancien de la pensée humaine, parle de lui en différentes occasions.

« Agni, sur ton char lumineux amène les dieux ; ô sacrificateur, Hita, toi que Manou a établi chef de nos sacrifices. »
(Rig-Hymne aux Apris.)

chis[1] l'ayant abordé respectueusement, lui parlèrent ainsi :

« Seigneur, fais-nous connaître exactement, d'après la règle divine, les lois que doivent observer les quatre castes et les classes mêlées[2].

« Puisse cet hymne nouveau parvenir jusqu'à ce dieu qui naît sous notre souffle.... lui qu'au moment du sacrifice les prêtres, enfants de Manou, viennent engendrer et honorer de leurs présents.
(Rig Hymne à Agni.)

Au temps du Rig-Véda, comme on le voit, les prêtres faisaient déjà descendre leur dieu sur l'autel, *ils l'engendraient* par les prières, *la présence réelle* était un dogme de foi.

1. Les maharchis ou grands richis sont des personnages fabuleux qui, dans les temps primitifs, étaient censés en rapports constants avec la divinité. Ils instituèrent les divers sacrifices et dirigeaient les hommes par leurs conseils.

Il y a eu plusieurs classes différentes de richis.

Ceux dont il s'agit ici sont les sept richis, ancêtres de l'humanité actuelle ; on leur attribue la composition d'un hymne célèbre à Soma, Agni et Savitri, qui commence ainsi :

« O Soma, ô bienfaiteur puissant, uni à ta douce rosée, viens dans le sacrifice au milieu de ces richesses qui font ta gloire.

« Tes flots apportent l'ivresse et la force ; présenté à Indra, ton breuvage fait son bonheur.

2. Les quatre castes sont :

Les Brahmes ou prêtres ;

Les Xchatrias ou rois ;

Les Vaysias ou marchands et cultivateurs ;

« Toi seul, ô divin fils de Swayambhouva[1], fus instruit dès l'origine des choses, et peux nous dire ce qu'est cette grande cause universelle qui existe par elle-même et que la raison humaine ne peut comprendre.

« Ainsi interpellé par les sages, Manou sortit de sa contemplation, et les ayant salués, il leur dit :
« Écoutez, et recueillez ceci :

« Ce monde était dissous dans le non-être[2] imper-

Les Soudras ou esclaves.

Les classes mêlées représentent les décastés de toutes catégories auxquels on interdisait l'eau, le riz et le feu, en un mot les parias. Tout le monde ancien se modela sur ces principes sociaux. La Chaldée, l'Égypte, la Grèce et Rome eurent leurs castes, leurs déclassés, leurs ilotes, leurs esclaves, et l'interdiction de l'eau et du feu entra dans le droit romain par la *diminution de tête* (capitis minutio), et dans notre droit européen *par la mort civile*, qui n'a disparu de nos codes que depuis vingt ans à peine. Les castes qui ne sont plus dans la loi sont encore dans les mœurs. N'avons-nous pas : le clergé, la noblesse, l'armée, la bourgeoisie, le paysan ; l'Amérique seule n'a plus ces castes dans les mœurs, et il est tel général encore inscrit sur les cadres de réserve de Washington, qui, pour occuper ses loisirs, s'est fait fabricant de chaussures.

Il faudra des siècles encore avant que nous ayons pu rompre avec les traditions hiératiques de nos ancêtres.

1. Swayambhouva — l'être qui existe par lui-même.
2. Cette magnifique définition de la pure essence, de l'âme universelle, a été copiée par toutes les religions.

ceptible, sans propriété distincte, ne pouvant tomber sous les sens, ni être imaginé par la pensée; c'était le sommeil de la nature.

« Quand vint l'heure du réveil [1], Celui qui existe par lui-même, qui n'est pas à la portée des sens extérieurs, développant la nature avec les cinq éléments et les principes subtils, parut brillant de lumière, et sa présence chassa la nuit.

« Celui que l'intelligence seule conçoit, qui échappe aux sens, qui est sans portée visible, éternel, âme universelle, que nul ne peut définir ni comprendre, développa sa puissance.

« Il résolut, dans sa pensée, de tirer de sa propre substance tous les êtres, et il déposa dans les eaux qu'il créa premièrement le germe de la vie universelle.

« Ce germe était contenu dans un œuf d'or aussi brillant que l'astre éclatant du jour, et dans lequel Brahma, le Seigneur de tous les êtres, déposa une parcelle de sa pensée immortelle fécondée par sa volonté [2].

---

1. L'univers est soumis à des alternatives de dissolutions et de vie. D'après la théologie brahmanique, l'une et l'autre ont lieu pendant le jour et la nuit de Brahma. Quand le Maître suprême dort tout se dissout, quand il se réveille tout renaît à la vie.

2. Dans la genèse du Kalévala, poëme cosmique et héroïque des Finlandais, Ukko, le Dieu suprême, sillonne

« Les eaux ont reçu le nom de naras parce qu'elles étaient une émanation de l'Esprit divin — Nara — et les eaux ayant été le premier lieu de mouvement — ayara — de Nara. De là l'Esprit divin créateur a été appelé Narayana *ou celui qui se meut sur les eaux*[1]. »

---

l'air sous la forme d'un aigle, cherchant à déposer les œufs d'or, d'où doit sortir le monde ; il les laisse tomber dans le sein de la vierge immortelle Luonnotar, qui voguait sur les eaux.

En Grèce, Aphrodite-Anadyomène sort de l'œuf d'or au sein des eaux.

Les Syriens disent qu'une colombe couva pendant plusieurs jours un œuf dans les eaux de l'Euphrate, d'où naquit Astarté (la mère ou matrice universelle).

(Negidius in Germanico.)

Dans les mythologies océaniennes, c'est d'un œuf également dans lequel le dieu primitif aurait enfermé un germe que sort l'univers.

Enfin, chez les Sakalaves, peuples autochthones de Madagascar, conquis et refoulés par les Hovas conquérants, l'Esprit créateur ayant pris la forme d'un crocodile, laisse tomber au milieu des eaux un œuf qui donna naissance à tous les êtres animés.

1. La Bible a dit :
Et spiritus Dei ferebatur super aquas.
Et l'esprit de Dieu était porté sur les eaux.
Copiste inconscient, l'auteur de la Genèse ne faisait que copier les traditions indoues et chaldéennes.
Cette idée se retrouve dans un grand nombre de poëmes anciens de l'Inde.

« De Celui qui est [1], de cette cause immortelle qui existe pour la raison et n'existe pas pour les sens, est né Pouroucha [2], divin fils de Brahma.

Nous lisons au Prasada, poëme des poëmes.

« O Narayana, toi dont l'esprit flottait sur les eaux et s'était réveillé pour mettre fin à la dissolution de tous les êtres, ayant résolu de faire émaner les mondes de ta substance éternelle...... »

La même fable préside aux débuts de la genèse égyptienne.

« Thôt. — *Primitivement il n'y avait rien dans le vide.* Peu après une ombre effroyable, qui se terminait en obliques replis et se revêtait d'une nature humide, s'agitait avec un fracas terrible. Une fumée s'en échappait avec bruit. Une voix sortait de ce bruit, elle me semblait être la voix de la lumière.

« *Ce Verbe était porté sur un principe humide* et il en sortit le feu pur et léger qui se perdit dans les airs. L'air léger semblable à l'esprit occupe le milieu entre l'eau et le feu; et la terre et les eaux étaient tellement mêlées ensemble, que la surface de la terre, enveloppée par les eaux, n'apparaissait en aucun point. Elles furent toutes deux agitées par le Verbe de l'esprit, parce qu'il était porté au-dessus d'elles. »   (Hermès Trismégiste.)

Ceci est déjà une œuvre de prêtre, où la terreur, le mystérieux dominent, nous sommes loin de l'exposé calme et philosophique de Manou.

La genèse de tous les peuples a recueilli cette légende.

1. Ego sum qui sum. (Bible.)

Celui qui est reçoit dans la théologie indoue le nom de Swayambhouva, *Celui qui existe par lui-même.*

2. Pouroucha, mâle céleste, un des noms de Narayana,

« Il resta dans l'œuf d'or l'espace d'une année divine, et, par le seul effort de sa pensée, le partagea en deux.

« Et ces deux parties formèrent le ciel et la terre, et le milieu fut l'atmosphère, le réservoir permanent des eaux ; là aussi furent les quatre points principaux et les quatre points intermédiaires [1].

« Il tira de sa propre essence ce souffle immortel qui ne périt pas dans *l'être*, et à cette âme de l'être il donna l'Ahancara [2], directeur souverain.

« Puis il donna à cette âme de l'être l'intellect aux trois qualités [3] et les cinq organes de perception extérieure [4].

« Et ayant uni l'Ahancara aux cinq organes subtils capables de toutes les modifications les plus diverses, il forma les principes matériels de la vie organisée, et alors créa tous les êtres.

« De ce moi, uni aux six principes imperceptibles dont le Grand Être forma son existence manifestée

---

l'Esprit divin, émané de Brahma Swayambhouva pour la création.

1. Les quatre points cardinaux.
2. Ahancara — moi, conscience.
3. Intelligence, conscience et volonté.
4. Les cinq organes des sens, l'ouïe, l'odorat, le goût, la vue, le toucher. Les philosophes indous, comme Platon, reconnaissent un sixième sens, celui des appétits sexuels.

de laquelle il allait tirer l'univers, est venu le nom de Sarira — composé de six molécules — dont les sages désignent la forme visible du générateur céleste.

« C'est dans cette source immense que se transforment les principes matériels de la vie et le souffle immortel qui ne périt pas dans l'être, et où tout ce qui est animé reçoit ses facultés et ses attributs.

« Par ces particules subtiles douées de forces d'agrégation et de transformation, unies au principe de volonté, ont été formés tous les êtres de ce monde périssable émané de l'impérissable.

« Chacun de ces êtres acquiert la qualité de celui qui le précède, de sorte que plus un être est éloigné dans la série, et plus il a de qualités[1].

« Le souverain maître, dès le début, assigna à tous les êtres vivants une existence particulière, des fonctions spéciales et un nom, ainsi qu'il est établi par le Véda[2].

---

1. Comme on le voit, la théorie de Darwin sur l'origine des espèces forme la base même des traditions génésiques de l'Inde.

2. Le Vriddha-Manava, ou ancien Manou, dont les lois, dans la forme classique que nous possédons actuellement, ne sont qu'un abrégé, n'avait pas établi la division des castes. Ce sloca est évidemment d'interpolation sacerdotale, et date de la puissance brahmanique qui basa sa domination sur cette institution.

« Il produisit d'abord la troupe des dévas[1], mandataires sans cesse agissants de sa pensée, puis la foule des génies invisibles, et enfin la prière et le sacrifice, souvenir du commencement de toutes choses.

« Du feu, du soleil et de l'air il tira, comme règle suprême du sacrifice, les trois livres immortels du Véda, le Rig, — l'Yadjous, — le Sama, émanation de sa pensée révélée[2].

« Et il créa le temps et ses divisions, les constellations, les planètes, les mers, les fleuves et les terrains accidentés par les montagnes et les plaines.

« Il créa aussi, car tout devait émaner de lui, la parole, la dévotion austère, les vertus et les vices, et il créa la volonté.

« Pour la volonté il permit à l'âme humaine de distinguer, parmi les actions, le juste de l'injuste, et toute créature fut soumise à la souffrance et à la joie, qui sont les deux choses opposées.

« C'est avec les particules périssables, émanées des

---

1. Dévas, — sortes de demi-dieux agissant sous la direction de l'Être suprême.
2. De ce que l'Atharva-Véda n'est pas nommé dans ce sloca, plusieurs indianistes ont cru pouvoir soutenir qu'il était postérieur aux autres ; ce livre, d'après l'avis des brahmes pundits et du savant Colbrook, est aussi ancien que les trois autres.

cinq éléments qui composent la forme manifestée du grand Tout, que tout a été formé.

« Tout être qui à reçu dès la création une fonction du maître souverain, l'accomplit fatalement à chaque renaissance successive [1].

« Les qualités qui lui ont été spécialement départies, la bonté ou la cruauté, la douceur ou la barbarie, le culte de la vérité ou l'hypocrisie, vertus ou vices, d'elles-mêmes s'emparent de lui chaque fois.

« Ainsi que les saisons reviennent périodiquement prendre leur cours, de même les êtres animés exercent toujours les fonctions qui sont de leur nature.

« La suprême essence manifestée, pour perpétuer l'espèce humaine, tira de sa bouche le brahme, de son bras le xchatria, de sa cuisse le vaysia, et de son pied le soudra [2].

---

1. C'est la doctrine de la transmigration des âmes ou métempsycose.

2. Les interpolations sacerdotales, dans le Vriddha-Manava, s'accentuent de plus en plus.

La société védique portait sans le savoir dans son sein un germe fatal qui devait la transformer et la conduire peu à peu, par l'exploitation de l'idée de Dieu, à l'esclavage le plus complet sous le sceptre de ses prêtres.

Lorsque la réunion de plusieurs familles ayant un auteur commun a donné naissance à la tribu, à la peuplade, les cérémonies du culte, des sacrifices, la garde des traditions

« Or, ayant divisé son corps en deux parties, Nara, l'esprit divin, devint moitié mâle et moitié femelle,

---

sacrées sortirent des attributions du père de famille, pour être confiées à une classe spéciale d'hommes, qui reçurent le nom de brahmes, c'est-à-dire serviteurs de Brahma.

Les brahmes épars dans les villages formant autant de sociétés indépendantes qu'il y avait de temples à desservir, ne tardèrent pas à se réunir, à se discipliner, et, grâce à l'empire qu'ils avaient acquis sur le peuple par leurs austérités et leurs vertus, à s'emparer de la direction civile, politique et religieuse de l'Inde entière.

En abrégeant *le Livre de la Loi*, ils firent intervenir Brahma, pour donner à l'établissement des castes une origine divine.

Chaque homme, et ce fut la règle inflexible, ne put, ni pour service rendu, ni pour action d'éclat, ni pour tout autre motif, sortir de la caste où il était né, et, dès lors, nulle ambition ne venant l'agiter, nul espoir d'une situation meilleure n'étant offert comme stimulant à son énergie, l'Indou, dont chaque pas, chaque mouvement, de la naissance à la mort, fut compté, réglementé par des habitudes et des lois, se plongea dans cette vie de rêve, de superstitions religieuses et de fanatisme qui est encore celle qu'il mène aujourd'hui et qui lui fait repousser tout changement comme un mal, tout progrès comme un crime.

Les brahmes se préparèrent ainsi une nation facile à gouverner. Longtemps, sous leur direction habile, fleurirent les sciences, les arts et les lettres, mais le jour où leur pouvoir fut menacé par les insurrections du dehors, ils furent impuissants à galvaniser pour la lutte ce peuple dont ils avaient fait un troupeau d'esclaves.

et en s'unissant à cette partie femelle — l'immortelle déesse Nari — il engendra Viradj[1].

Les lois fatales de l'histoire nous montrent toujours l'invasion et la ruine à la suite du despotisme.

L'Inde est morte de ce sloca de Manou que nous étudions, et elle attend un réveil qui ne viendra jamais, car l'Angleterre achève l'œuvre des brahmes.

L'Égypte, la Grèce, la Judée, Rome même conservèrent longtemps ces divisions de castes qu'elles tenaient de leurs ancêtres des bords du Gange.

1. Voilà la vieille trinité primordiale constituée, trinité antévédique dont il fut longtemps défendu d'expliquer les mystères.

Le *Germe* qui a fécondé le *Principe-mère divin*, la matrice ou l'œuf d'or reçoit le nom de Nara, ou Esprit, ou Verbe, émané de l'essence primordiale. C'est cet Esprit que nous venons de voir flotter sur les eaux et recevoir le nom de Narayana, celui qui se meut sur les eaux.

Ce Nara, ce Verbe sorti de la matrice d'or, divise son corps en deux parties, l'une mâle et l'autre femelle, Nara et Nari, et Nara s'unissant à Nari, tous deux engendrent Viradj. Telle est l'origine de la trinité initiale.

Brahma ou Nara le père,
Nari la mère,
Viradj le fils.

Nous disons Brahma ou Nara, car l'*Esprit*, le *Verbe* se confondait dans Brahma.

Dans cet extraordinaire symbole, Nara le père et Nari la mère créaient sans cesse, s'épuisaient à soutenir Viradj le fils, c'est-à-dire l'univers. Suivant la belle expression de Humboldt, qui avait l'intuition de l'Inde ancienne :

« Et sachez, illustres brahmes, que ce code de lois a été produit au milieu des dévotions austères par le divin mâle Viradj.

« Ils se sacrifiaient constamment pour la création. »
Telle est cette étrange conception sous laquelle se cachait un naturalisme des plus élevés. Dans les représentations vulgaires des temples, Nara affectait la forme d'un taureau et Nari celle d'une génisse. L'éther et l'air étaient les champs immenses de leur amour constant ; le feu et le soleil le symbolisaient.

D'où les trinités védiques :
Agni — Indra — Sourya
Agni — Vaya — Sourya.

Plus tard la trinité se manifesta sous un autre aspect ; à mesure qu'une réaction brutale dans les mœurs tendait à faire la femme l'esclave de l'homme, le principe mère disparut du culte vulgaire comme dieu créateur, et la trinité initiale et les trinités védiques furent remplacées par la trinité brahmanique.

Brahma le créateur,
Vischnou le conservateur,
Siva le transformateur.

Les mythologies de l'Égypte et de la Chaldée ont le même point de départ.

« Le point de départ de la mythologie égyptienne, *dit l'illustre Champollion*, est une triade formée des trois parties d'Amon-Ra, savoir : Ammon le mâle et le père, Mouth la femelle et la mère, et Khons, l'enfant.

« Cette triade s'étant manifestée sur la terre, se résout en Osiris, Isis et Horus. Mais la parité n'est pas complète, puisque Isis et Osiris sont frères. C'est à Kalabschi que j'ai

« Au milieu des sacrifices, Viradj produisit d'abord

---

enfin trouvé la triade finale, celle dont les nombres se fondent exactement dans les trois membres de la trinité initiale : Horus, en effet, y porte le titre de mari de la mère (*comme Nara dans l'Inde, sorti de la matrice d'or, il s'unit ensuite à elle*), et le fils qu'il eut de sa mère, Malouli, est le dieu principal de Kalabschi ; cinquante bas-reliefs nous donnent sa généalogie. Ainsi la triade finale se formait d'Horus, de la mère, Isis, et de leur fils Malouli, personnages qui entrent exactement dans la triade initiale : Ammon le père, Mouth la mère, et Khons le fils. »

(Lettres de Champollion le jeune.)

De même en Chaldée :

« Le Dieu suprême, le premier et unique principe d'où dérivent tous les autres dieux, était Ilou, dont le nom signifie *le Dieu par excellence*....

« Au-dessus d'Ilou, la source universelle et mystérieuse, venait une *triade* composée des trois premières manifestations antérieures et visibles, qui occupait le sommet de l'échelle des dieux, dans le culte populaire :

Anou,
Nouah,
Bel.

« Anou, l'Oannès des Grecs, le chaos primordial, le dieu Temps et Monde, χρόνος κόσμος à la fois, la matière incréée issue du principe fondamental et unique des choses.

« Nouah, l'intelligence, nous dirions volontiers le Verbe qui anime la matière et la rend féconde, qui pénètre l'univers, le dirige, le fait vivre, et est en même temps le roi de l'élément humide, en un mot *l'esprit porté sur les eaux*. »

(François Lenormand.)

les dix pradjapatis, seigneurs des créatures qui sont :

On lit dans la Genèse hébraïque :
« Les dieux (Elahim) donc, *créa* l'homme à son image, et *à son image il les créa mâle et femelle.* »

Remarquons que l'homme est ici créé *mâle et femelle* à l'image d'Elahim, c'est-à-dire *des dieux mâle et femelle*, et que la femme n'a pas encore vu le jour, elle ne sera formée d'une côte de l'homme *qu'après le repos du septième jour.*

Il y a là évidemment d'une part copie maladroite des vieilles traditions de l'Orient, et invention plus maladroite encore (car elle prouve que ces vieilles traditions n'étaient pas comprises) de la légende de la femme formée de la côte de l'homme, à moins qu'il ne faille voir là qu'une traduction défigurée de la tradition appliquée à l'homme du dieu qui divise son corps en deux parties.

Aucune discussion ne pourrait s'élever quant à la traduction du mot Elahim, les Dieux, employé par la Genèse.

En hébreu, le singulier Elah signifie Dieu.

Et le pluriel Elahim, les Dieux.

Nous en appelons à tous les hébraïsants, sans craindre le moindre démenti.

Or, tout ce passage de la Genèse emploie cette expression d'Elahim, qui signifie *les Dieux* et non celle d'Elah, qui signifierait Dieu.

De plus, le pluriel Elahim, les Dieux, gouverne toujours au singulier :

Elahim *bara*, les dieux *créa.*

Si nous observons qu'*Elahim bara* (les dieux créa) *l'homme mâle et femelle à son image en une seule personne, la femme n'étant pas encore créée ou séparée de l'unité androgyne....,* nous en conclurons qu'Elahim représente dans la

« Maritchi, — Atri, — Angiras, — Paulastya, — Poulaha, — Cratou, — Pratchetas, — Vasichta, — Brighou, — Narada. »

Genèse hébraïque ce dieu à la double nature *mâle et femelle* que nous venons de rencontrer dans les genèses indoue, égyptienne et chaldéenne.

Ce qui, n'en déplaise aux chrétiens et aux juifs, permet de retrouver la vieille tradition trinitaire de l'Inde, tradition dont les rédacteurs du Pentateuque ont subi l'influence.

Et alors nous avons :

Représentant .... le Père.
Et l'Esprit d'Elohim qui comme le Nara indou, le Khons égyptien et le Nouah chaldéen flottait sur les eaux............. la Mère.
Et qui représente le produit, c'est-à-dire.. le Fils.

Voilà ce que valent les prétentions monothéistes des Hébreux. Il suffit au surplus de lire le dernier Livre des Rois, chap. XXII et XXIII, pour voir, par l'œuvre de destruction de Josias, à quel point le monothéisme dit mosaïque est de fraîche date.

Même légende en Océanie :

« Dans le principe, il n'y avait rien, le Dieu suprême Jhoiho-Taaroa habitait dans le vide. Il créa d'abord les eaux, dont il reconnut les abîmes, et le dieu germe Tino se mit à flotter à la surface. »

(Tradition des Orero océaniens).

M. de Bovis, officier de marine distingué, qui a recueilli également cette tradition, en donne une traduction qui diffère peu de la nôtre.

« Dans le principe, il n'y avait rien et le vide était

« A leur tour, ces personnages puissants¹ engen-

Dieu ; il y eut ensuite une masse liquide recouvrant les abimes, et le Dieu type, source de la race humaine, flottait sur les eaux. »

Jhoho divise ensuite son corps en deux parties :

L'une mâle............................... Taaroa.
L'autre femelle........................... Ina.
De leur union naît......................... Oro.

Et la trinité océanienne se trouve fondée ainsi ; dans toutes les vieilles traditions du monde, le *Verbe germe* a flotté sur les eaux.

De même se forme la trinité finnoise.

Ukko, dieu primitif, dieu père.

Luonnotar, vierge mère.

Wainamoinen, le fils.

A peine la vierge mère est-elle née du germe primitif qu'elle se met à flotter sur les eaux, comme les vierges créatrices de l'Inde, de la Chaldée, de l'Égypte et de la Judée.

Partout le dieu *Un* engendre le dualisme mâle et femelle, et de l'union de ces deux principes naît le fils qui complète la trinité.

Toutes les religions du monde sont parties de *l'unité* pour arriver à *la trinité* par le *dualisme*. Expression de cette trinité naturelle, qui indique que l'humanité s'est créée, comme elle se conserve par le *père*, la *mère*, *l'enfant*.

1. Les pundits du sud de l'Inde ne sont point d'accord sur la signification exacte à donner à ce sloca ; d'après l'opinion la plus générale cependant, ces dix pradjapatis ou seigneurs des créatures seraient dix chefs de dynasties antédiluviennes.

drèrent les sept richis primitifs [1], les génies du ciel d'Indra et les puissants maharchis.

« Puis ils créèrent les yakchas, les râkchasas, les pisâtchas, les gandharbas, les apsaras, les asouras, les nagas, les sarpas, les souparnas et les pitris ancêtres du genre humain [2].

« La foudre, les éclairs, les nuages, l'arc d'Indra, avec mille couleurs [3], les météores, les bruits surnaturels des cieux, les comètes et les diverses étoiles,

« Les kinnaras, les singes, les poissons, les oiseaux de toutes espèces, les animaux sauvages et domestiques et les fauves à la dent double,

« Les vers, les sauterelles, les mouches, les punaises, les poux, les moustiques, et tous les corps inanimés.

« C'est ainsi que ces sages magnanimes développèrent, par la prière et les sacrifices, tous les êtres mobiles et immobiles dont Viradj avait créé les espèces.

« Sachez, maintenant, quelles sont les fonctions assignées à tous les êtres différents et comment ils naissent et se reproduisent.

---

1. Sept chefs de dynasties postdiluviennes.
2. Les pitris sont les mânes des ancêtres du genre humain, la lune est leur demeure; dans les repas funéraires ou sraddhâ on leur consacre toujours un gâteau ou pinda.
3. L'arc-en-ciel.

« Les animaux domestiques et sauvages, les fauves aux dents doubles, les demi-dieux et les héros sont conçus dans une matrice.

« Les oiseaux, les poissons, les crocodiles, les tortues, les serpents et tous les animaux de terre et de mers qui se rattachent à ces espèces naissent d'un œuf.

« Le moustique au dard acéré, les mouches, les punaises, les poux et tous les insectes de même nature, sont les produits de l'air et de l'eau échauffés par la chaleur[1].

« Toutes les plantes, herbes, arbrisseaux, arbres qui produisent des graines, des fleurs ou des fruits, soit qu'ils meurent chaque année, en donnant leurs produits, soit que leur vie soit plus longue et se régénèrent périodiquement par la séve, viennent du germe d'une graine.

« Les différents genres d'arbres, d'arbrisseaux, de buissons, qu'ils portent des fleurs et des fruits, ou seulement des fleurs, se reproduisent également par rameaux.

« Placés aux échelons inférieurs de la vie par leur conduite dans des existences antérieures, tous ces êtres, pourvus de formes variées, possèdent une cons-

---

1. D'après les pundits indous, les milliers d'insectes qui peuplent les airs, les eaux et la terre, sont le produit de la génération spontanée.

cience rudimentaire, et ressentent la sensation du plaisir et des peines.

« C'est ainsi que Brahma a établi, du végétal à l'homme, et de l'homme à l'essence primordiale, la série des transmigrations. Ce monde périssable se renouvelle et se transforme sans cesse par la destruction.

« Après avoir créé l'univers et donné ce code de lois pour la direction des êtres animés, le Maître souverain, qui s'est manifesté dans l'œuf d'or, retourne s'absorber dans l'Ame universelle [1] lorsque la fin des transformations créatrices est arrivée.

« Dès que le Dieu créateur sort de son repos, l'univers recommence son évolution ; dès qu'il se rendort, l'univers tombe dans la dissolution.

« Tant que dure ce sommeil du germe des germes qui s'absorbe dans l'Ame suprême, les principes de sensation et d'intelligence, les particules matérielles et celles qui composent l'immatériel se désagrègent et se dissolvent dans l'essence universelle.

« Tous les êtres perdent leurs forces d'attraction,

---

1. Brahma manifesté, c'est-à-dire sortant de son repos, préside à la création ; ce temps représente sa période d'action, *son jour* pendant lequel la nature entière vit et se transforme. Quand il s'absorbe dans l'Ame universelle, ce temps représente sa période de repos, et la nature se dissout.

leurs formes, leurs fonctions, et les organes des sens sont comme s'ils n'existaient pas.

« Lorsque le créateur souverain de nouveau se manifeste, tous les types, toutes les formes qui existent de toute éternité en lui reprennent la forme visible, et la semence universelle de nouveau reprend partout la vie universelle.

« Ainsi, en s'absorbant dans sa pure essence et en se manifestant alternativement, le souverain maître révèle à la vie ou rejette dans le repos de la dissolution tous les êtres animés et inanimés de cet univers.

« C'est lui qui, dès le commencement des choses, a exprimé de sa sagesse ce code immortel de lois, et il me l'enseigna pour que j'instruisisse les richis et les saints personnages.

« Je l'enseignai moi-même à Brighou ; écoutez ses paroles, il vous le fera connaître en entier [1].

---

1. Manou est essentiellement un livre de révélation.

D'après la théologie brahmanique, lorsque le divin Pouroucha, ou mâle céleste, eut achevé la création il donna aux hommes ce code de lois pour leur direction civile et religieuse. Dans ce cas le nom de Manou, qui signifie *homme*, indique la forme visible, que prit le créateur pour se manifester.

C'est dans ce sens de *homme Dieu* que les ouvrages les plus anciens de l'Inde, le Rig-Véda entre autres, emploient ce nom de Manou.

Dans ce dernier ouvrage notamment, cette expression

« Ainsi appelé par Manou, le maharchi Brighou s'approcha avec respect, et le souverain maître ayant disparu, il regarda les richis, sourit avec bonté et leur dit : écoutez,

« De Swayambhouva, à la double nature mâle et femelle, est issu Viradj, le mâle divin.

---

que l'on rencontre souvent dans des hymnes : « les brahmes enfants de Manou » signifie les prêtres serviteurs du Dieu manifesté : cette autre : « les enfants de Manou » doit être interprétée ainsi : l'humanité.

C'est donc à tort que certains indianistes ont prétendu que le Rig ne faisait jamais mention du Manou auteur de ce code de lois.

C'est bien au Manou du Rig, au Dieu créateur que les brahmes attribuent la révélation de ce livre, de même que la révélation du Pentateuque est attribuée à Jéhovah.

Ce livre primitif, écrit en cent mille slocas, fut donné par Manou à Narada, qui l'abrégea en douze mille vers, Brighou à son tour l'abrégea en quatre mille, et les brahmes, lors de l'établissement des castes en y interpolant cette institution, le réduisirent à la forme actuelle.

On croit vulgairement en Europe que le Vriddha-Manava, ou ancien Manou, est perdu : il n'en est rien, nous avons tenu cet ouvrage dans nos mains dans la pagode de Chelambrum, mais sans pouvoir en prendre copie.

Les brahmes en effet disent que cet ouvrage fait pour les premiers âges n'existe plus, mais c'est pour n'avoir pas à le livrer. On ne pourra jamais l'obtenir d'eux volontairement ; cet ouvrage, dans lequel on ne trouve aucune trace des divisions de caste, serait la ruine de leur influence s'il était vulgarisé.

« De Viradj, le mâle divin, sont issus les dix pradjapatis, seigneurs des créatures.

« Des dix pradjapatis, ses ancêtres, est issu Manou, celui qui a recueilli ce code de lois émané de la sagesse éternelle.

« De ce Manou sont issus six autres Manous, qui chacun donnèrent naissance à une race d'hommes supérieurs en noblesse et en courage.

« Ces hommes illustres descendants de Manou furent : Swârotchicha, Oûttami, Tamasa, Raivata, l'intrépide Tchâkchoucha et le fils de Vivaswat [1].

---

1. C'est sous un petit-fils de ce Vivaswat que serait arrivé le déluge.
Nous avons donné plusieurs de ces légendes diluviennes dans notre ouvrage : *Fétichisme, Polythéisme, Monothéisme.* En voici deux sur le déluge d'eau et le déluge de feu, extraites du *Çatapatha du Yadjour blanc*, par M. B. S.-Hilaire. Le héros y porte le nom de Manou dans la première et de Mathava dans la seconde.

Légende du déluge d'eau :

« Le matin les serviteurs de Manou lui apportèrent de l'eau pour l'ablution, comme on en apporte quand on veut se laver les mains. Chacun s'étant lavé, un poisson lui vint dans la main et ce poisson lui adressa ces mots :

« — Protège-moi et je te sauverai.

« — Et de quoi veux-tu me sauver ?

« — Un déluge détruira toutes les créatures vivantes ; mais je puis te sauver de ce déluge.

« — Quelle protection te faut-il ?

« Ces sept Manous, dont le premier, le plus éminent, est issu de Swayambhouva, ont pendant plusieurs cycles gouverné le monde par eux et leur des-

---

« Le poisson répondit : — Tant que nous sommes petits, un grand danger nous menace, car le poisson ne se fait pas faute de dévorer les poissons. D'abord tu me protégeras en me gardant dans un vase. Quand je serai devenu trop grand pour que ce vase me contienne, tu creuseras un bassin et tu me protégeras en m'y conservant. Quand je serai devenu trop grand pour le bassin, tu me jetteras dans la mer, car de ce moment je serai assez fort pour me défendre de tous les dangers.

« Le poisson devint énorme, car il croissait rapidement, puis il dit : — Quand viendra l'année où aura lieu ce déluge, tu peux, en te rappelant mes conseils, préparer un navire, et quand le déluge arrivera, tu monteras sur le navire que tu auras construit, alors je te sauverai. Manou ayant nourri et protégé le poisson le rejeta ensuite à la mer, et dans cette même année que lui avait indiquée le poisson, il prépara son navire en songeant aux conseils qu'il avait reçus. Quand le déluge fut venu, il monta sur le vaisseau. Le poisson vint vers lui en nageant, et Manou passa le câble du navire à la corne du poisson pour qu'il le conduisît à la montagne du Nord. Puis le poisson dit : — Je t'ai sauvé. Maintenant attache ton navire à un arbre afin que l'eau ne l'entraîne pas, bien que ton vaisseau soit sur la montagne; quand l'eau se retirera, alors tu pourras sortir de ton vaisseau.

« Manou n'en sortit en effet que quand l'eau se fut retirée, et c'est de là que vint le nom que porte encore cette montagne : « la descente de Manou. » Le déluge détruisit toutes les créatures vivantes; et Manou fut le seul qui sur-

cendance, maîtres absolus de toutes les créatures animées ou inanimées.

« En ce monde le soleil divise le temps par le

vécut. Ensuite il passait sa vie à prier et à jeûner pour obtenir des enfants. Il fit donc le sacrifice du Paka et offrit aux eaux du beurre et du lait et du caillé, il continua ses offrandes et au bout d'un an il s'en forma une femme qui en sortit, et le beurre coulait à ses pieds. Mitra et Varouna s'étant approchés d'elle lui dirent : — Qui es-tu?

« — La fille de Manou.

« — Veux-tu être à nous?

« — Non, dit-elle, j'appartiens à celui qui m'a fait naître; ils la pressèrent encore, mais elle éluda leurs instances et s'en vint à Manou. Manou lui demanda :

« — Qui es-tu?

« — Je suis ta fille.

« — Comment es-tu ma fille ?

« — Ces offrandes que tu as faites aux eaux, ce beurre, ce lait, ce caillé m'ont donné la naissance. Je suis le vœu que tu formas jadis. Aie rapport avec moi durant le sacrifice, si tu y consens tu deviendras riche en postérité et en troupeau; le souhait que tu formeras avec moi s'accomplira tout entier. Manou eut donc rapport avec elle dans le milieu du sacrifice, le milieu du sacrifice est ce que l'on fait entre les cérémonies préliminaires et les cérémonies finales. Il vivait avec elle, priant et jeûnant, et faisant des vœux pour obtenir de la postérité; par elle, il procréa cette race qui s'appelle encore aujourd'hui la race de Manou, et le vœu qu'il forma, de concert avec elle, s'accomplit tout entier. »

Dans la légende traduite par M. Pauthier, et qui par certains côtés se rapproche de celle-là, le héros sauvé des

jour et la nuit, les demi-dieux et les hommes sont soumis à ce partage, le jour est pour le travail, la nuit est pour le repos.

---

eaux porte le nom de Vaïvaswata. C'est également ce nom qu'il porte dans la version diluvienne que nous avons donnée dans la *Bible dans l'Inde*.

La légende du déluge de feu a cela de curieux qu'il ne s'en trouve de semblable dans aucune des traditions des autres peuples de l'antiquité.

La légende du déluge de feu :

« Mâthava-Vidêgha portait dans sa bouche Agni-Veisvânara ; Gotama Râhougana, richi, était son pourohita (prêtre domestique). Le richi adressait en vain ses questions à Mâthava ; Mâthava ne lui répondait pas, pensant ainsi : — Je ne veux pas qu'Agni-Veisvânara tombe de ma bouche. — Le richi commença cet hymne :

« Nous t'allumons par nos chants, toi le prêtre divin.

« O Agni si brillant dans le sacrifice, ô Vidêgha.

« Mâthava ne répondit pas davantage et semblait ne pas entendre.

« O Agni, voici tes rayons brillants qui s'élèvent.

« Voici tes étincelles, voici tes flammes, ô Vidêgha.

« Mâthava semblait toujours ne pas entendre le richi.

« O Agni, toi qu'arrose le beurre clarifié...

« Le richi allait continuer, mais à ce nom d'Agni qu'il prononçait, Agni-Veisvânara flamboya de la bouche de Mâthava, qui n'eut plus la force de le retenir ; et Agni en sortant de sa bouche tomba sur cette terre ; Mâthava-Vidêgha se plongea dans les eaux de la Saraswati ; Agni se répandit sur la terre à l'est en la brûlant. Gotama Râhougana et Mâthava-Vidêgha le suivaient par-derrière les flam-

« Le jour et la nuit se composent de trente mouhourtas. Un mouhourta contient trente calâs. Un calâ, trente câchthâs; un câchthâ, dix-huit nimêchas; un nimêcha est la durée d'un clin d'œil.

---

mes qu'il produisait. Agni desséchā et consuma toutes les rivières, mais il ne desséchā point la Sadâvirâ qui descend de la montagne du Nord et que les brahmes n'ont jamais franchie en se disant : Elle n'a point été desséchée par Agni-Veisvânara. Maintenant un grand nombre de brahmes habitent à l'est de cette contrée, qui d'abord était inhabitable, et qui était toujours inondée avant qu'Agni-Veisvânara l'eût visitée. Mais aujourd'hui cette contrée est habitable, et les brahmes l'ont fécondée par leurs pieux sacrifices. La Sadâvirâ même à la fin de l'été brûlant coule toujours à pleins bords, et garde ses eaux fraîches, parce qu'elle n'a pas été desséchée par Agni-Veisvânara. Mais Mâthava-Vidégha s'adressant à Agni lui demanda :

« — Où dois-je maintenant habiter?

« — Tu dois habiter à l'est de cette rivière, lui répondit Agni; et cette rivière est encore aujourd'hui la limite du Cosala et du Vidéha qu'occupent les descendants de Mâthava.

« Alors le richi Gotama Râhougana lui dit :

« — Pourquoi ne répondais-tu pas aux questions que nous t'adressions.

« Mâthava lui dit : — C'est qu'Agni-Veisvânara était dans ma bouche et je craignais qu'il n'en sortît, voilà pourquoi je ne répondais point.

« — Mais comment est-il sorti de ta bouche?

« — C'est au moment où tu as dit : Toi qu'arrose le beurre clarifié; à ce mot Agni-Veisvânara flamba hors de ma bouche, et comme je ne pouvais plus le retenir, il flamba de ma bouche sur la terre... »

« Un mois de la terre forme un jour des pitris, et ce jour pour les ancêtres de l'humanité est également divisé en deux parts, l'une pour l'action et l'autre pour le repos.

« Les quinze jours terrestres qui forment le jour des pitris sont dits quinzaine d'obscurité, les quinze jours qui forment la nuit des pitris sont dits quinzaine de lumière [1].

« Une année de la terre forme un jour des demi-dieux, et la division de ce jour est faite par le soleil. Le jour correspond à la marche du soleil vers le nord ; la nuit, à son retour vers le sud.

« Sachez maintenant, d'après ce qui est écrit de tous temps, quelle est la durée d'un jour et d'une nuit de Brahma et de chacun des âges [2].

« Le crita-youga se compose de quatre mille années des demi-dieux, il est précédé et suivi d'un crépuscule d'une durée de quatre cents années.

« Le tréta-youga se compose de trois mille années des demi-dieux, il est précédé et suivi d'un crépuscule d'une durée de trois cents ans.

---

1. La nuit est le jour des mânes des ancêtres.
(Vina-Snati.)
2. Les quatre âges des Indous, crita, tréta, dwapara et cali-youga, ont certainement donné naissance aux quatre âges des Grecs, l'âge d'or, l'âge d'argent, l'âge d'airain et l'âge de fer.

« Le dwapara-youga se compose de deux mille années des demi-dieux, il est précédé et suivi d'un crépuscule de deux cents années.

« Le cali-youga se compose de mille années des dieux, il est précédé et suivi d'un crépuscule de cent années[1].

« Ces quatre âges qui réunissent entre eux douze mille années des demi-dieux, sont dits l'âge des demi-dieux.

« Or apprenez, vous qui m'écoutez, que mille âges des demi-dieux forment un jour de Brahma, et que la nuit de l'Être suprême est de pareille durée.

« C'est à la fin de cette nuit que Brahma sort de son repos, et que Nara, l'esprit divin, émane de sa propre substance et se manifeste pour la création.

« De sa propre substance il tire l'éther, qui est une matérialisation de sa volonté, et possède d'après les sages le pouvoir de transmettre le son et la lumière.

« Une modification de l'éther produit l'air qui a la faculté de transporter le son et la lumière, jointe à celle de la tangibilité et de la transmissibilité des odeurs[2].

---

1. C'est dans cet âge, d'après les Indous, que nous serions actuellement.

2. La science sans doute ne saurait admettre toutes ces spéculations, mais comme nous sommes loin des grossièretés enfantines de la Bible !

« La lumière, qui n'est qu'une augmentation ou une diminution d'obscurité, naît d'une transformation de l'air, et a pour qualité de rendre sensibles les formes.

« L'eau naît à son tour d'une transformation de la lumière et a pour qualité la saveur.

« De l'eau transformée et modifiée naît la terre, qui a pour qualité la solidité et toutes les qualités qui précèdent.

« De l'eau, de la chaleur et de la terre, naissent toutes les créatures animées et inanimées, grâce au germe que l'Esprit divin produisit de sa propre substance.

« C'est ce germe qui ne périt pas dans l'Être, car il devient l'âme de l'Être, et retourne à l'époque du pralaya s'absorber dans l'Esprit divin qui, lui-même, se repose dans Swayambhouva. Telle est la création.

« L'âge des demi-dieux, ou douze mille années des demi-dieux multipliées par soixante et onze, forme une période de création et reçoit le nom de manwantara [1].

« Les créations, ou périodes de Manou, et les dissolutions sont innombrables. Le Maître souverain les fait, comme en se jouant, succéder les unes aux autres.

---

1. D'après les pundits, l'univers est soumis à une succession périodique et éternelle de manwantara, de créations et de dissolutions.

« Le crita-youga est le type de la justice, le taureau qui se tient ferme sur ses quatre pieds est son image, l'homme pratique la vérité, et le mal ne dirige pas ses actions.

« Dans les âges suivants, la justice, par l'accroissement des richesses et l'égoïsme, est obligée de lutter avec le vol, le mensonge et la fraude; le bien diminue d'un quart sur la terre.

« Dans le premier âge, la maladie, la souffrance n'ont pas encore fait leur apparition; les hommes vivent quatre siècles. Dans les âges suivants, la vie humaine perd un quart, un tiers et une moitié de sa durée [1].

« D'après le Véda, la vie, le bonheur, la souffrance, les vertus et les vices sont, dans ce monde, roportionnés à la durée des âges.

« Le premier âge se distingue par le culte général de l'Être suprême, le second par l'accomplissement des sacrifices, le troisième par l'acquisition des richesses, le quatrième par l'égoïsme et la dissipation.

« Pour la conservation de cet univers, le souverain Maître donna des fonctions différentes aux quatre castes sorties de sa bouche, de ses bras, de ses cuisses et de ses pieds.

---

[1]. Ce qui ramène la vie du quatrième âge, c'est-à-dire la vie actuelle, à un siècle.

« Les brahmes eurent pour privilége d'étudier et d'enseigner, de présider aux sacrifices, soit qu'ils les offrissent eux-mêmes, soit qu'ils soient offerts par d'autres, et le droit de faire l'aumône et de la recevoir.

« Les xchatrias reçurent la mission de protéger le peuple, de gouverner avec équité, d'offrir les sacrifices, de méditer les Védas ; il leur fut recommandé de ne pas s'adonner à leurs passions.

« Élever les bestiaux et autres animaux domestiques, pratiquer l'aumône, fournir les victimes des sacrifices, étudier les parties du Védas qui leur sont consacrées, faire le commerce, faire fructifier l'argent par l'intérêt et cultiver la terre, furent les fonctions du vaysia.

« Le soudra ne reçut du souverain Maître qu'une fonction qui n'est pas dépourvue de mérite, celle de servir les autres castes.

« Swayambhouva a déclaré la plus pure la partie du corps humain qui descend de la tête au nombril, et dans cette partie la bouche a été déclarée la plus pure.

« En qualité de premier-né, et comme sorti de la partie la plus noble du divin Pouroucha, le brahme est le gardien de la divine srouti (révélation), et il est le maître de cet univers.

« C'est lui, en effet, que le divin Pouroucha a produit le premier, au milieu des austérités les plus méritoires, pour la conservation de la création entière, pour la prière, le sacrifice et le culte des ancêtres.

« Quel pourrait donc être le supérieur de celui qui offre les sacrifices aux dieux par l'amrita[1] et le beurre clarifié, et préside aux repas funèbres des mânes?

« De même que l'intellect domine la matière, que les êtres doués de raison sont supérieurs aux autres, et que l'homme est le premier entre les animaux, le brahme est le premier entre les hommes.

« Entre les brahmes les plus méritants sont ceux qui savent, parmi ceux qui savent ceux qui remplissent leurs devoirs, parmi ceux qui remplissent leurs devoirs ceux qui s'absorbent dans le Véda et méditent sans cesse sur la béatitude finale.

« Le brahme est fils de l'éternelle vérité, c'est sur lui que repose l'équilibre de toute chose et le règne du juste, il doit s'absorber dans Brahma.

« Dès sa naissance le brahme a été placé à la tête de tout ce qui existe, il est le pivot de la société et le législateur souverain.

« Tout ce que contient cet univers est dit propriété du brahme; c'est apanage de son droit d'aînesse.

« Un brahme a beau recevoir de la nourriture et des vêtements, c'est sa nourriture et ses vêtements

---

1. Amrita, ambroisie. Cette divine liqueur, dont les dieux font leur nourriture habituelle, est avec le beurre clarifié la base de tous les sacrifices à la divinité.

qu'on lui donne; s'il fait l'aumône avec la chose d'autrui, c'est sa propre chose qu'il donne, car les autres hommes ne possèdent et ne vivent que par sa générosité.

« C'est pour régler les fonctions du brahme et celles des autres castes, suivant qu'elles ont été établies, que le divin Manou, émané de Swayambhouva, a composé ce livre de la loi.

« Ce livre ne peut être étudié et expliqué aux fidèles que par le seul Brahma.

« Que le brahme, quand il veut lire ce livre, accomplisse les dévotions préalables et ne soit souillé d'aucun péché par pensée, parole ou action.

« Quand il le lit dans cet état, il purifie l'assemblée qui l'écoute et sept de ses parents dans les lignes ascendante et descendante.

« L'étude de ce livre procure toutes les satisfactions, augmente l'intelligence, rend les hommes vertueux, prolonge leur existence et leur fait acquérir la récompense céleste.

« La loi est là et non ailleurs, là vous apprendrez à connaître le bien et le mal et les devoirs des quatre castes.

« Ce livre est approuvé par la révélation et la tradition [1]; que celui qui désire la béatitude finale y conforme sa conduite.

---

1. La srouti et la smriti. Révélation et tradition sur les-

« Le brahme qui oublie ses enseignements ne se conduit pas selon le Véda et il perd le fruit de sa naissance illustre; en cas contraire, il obtient la récompense promise.

« Depuis les temps les plus anciens, les saints mounis[1] ont pris ce code de lois pour règles de leurs dévotions austères.

« La création, les sanscaras[2], les devoirs du brahmatchari[3] et les règles importantes des oblations,

« Le choix d'une femme, les différents genres de mariages, le mode des sacrifices, la direction des repas funéraires,

« Les devoirs des pères de famille et les différents genres d'existence, les aliments purs et ceux qui sont impurs, ainsi que la purification des vases et instruents des sacrifices et des repas,

« Les lois qui concernent les femmes, les devoirs

---

quelles les pundits indous font reposer toutes leurs coutumes religieuses et civiles; les brahmes n'ont pas depuis manqué d'imitateurs, hiérophantes et sycophantes de toutes les époques ont toujours attribué leurs superstitions et leurs mensonges à la révélation divine.

1. Mounis, personnages arrivés à la sainteté par la dévotion et les austérités méritoires.

2. Sanscaras, sacrements religieux.

3. Brahmatchari, élève en théologie.

qui conduisent au mokcha [1], les règles que doivent suivre les anachorètes, les devoirs des rois et des juges,

« Les lois sur le témoignage, les règles de conduite entre le mari et l'épouse, le partage des successions, les prohibitions du jeu et du pari, le châtiment des criminels,

« Les devoirs des vaysias et des soudras, l'origine des tchandalas [2], la conduite que doivent tenir les gens des diverses castes dans le malheur, les sacrifices d'expiation,

« La série des transmigrations suivant les actions bonnes ou mauvaises, la récompense ou le châtiment qui en résultent, l'indication de ce qui est bien et de ce qui est mal,

« Les règlements en vigueur dans les différentes provinces et pour les différentes castes, les lois qui concernent les marchands et les étrangers, tout cela a été établi et imposé par ce livre de la loi.

« Après des austérités sans nombre, Manou a daigné me le révéler; de même aujourd'hui vous allez l'apprendre par ma bouche. »

---

1. Le mokcha, béatitude finale, absorption dans Brahma, c'est le nirvana des bouddhistes.

2. Tchandalas, gens des classes mêlées et leurs descendants, chassés de leur caste pour crimes ou infractions religieuses.

LIVRE II.

SACREMENTS ET INITIATION.

« Seigneur, dirent les maharchis[1] à Brighou absorbé dans sa pensée, dites-nous maintenant quels sont les devoirs que les hommes vertueux doivent accomplir.

« Brighou répondit :

« Écoutez quels sont les devoirs que le Véda prescrit aux hommes vertueux qui veulent devenir inaccessibles aux passions exaltées de haine ou d'amour. Que ces devoirs soient gravés dans vos cœurs.

« L'amour du moi n'est pas ce qu'il y a de plus méritoire, cependant rien dans ce périssable univers ne peut se soustraire à ce penchant. N'est-ce pas pour sa propre perfection et son propre bonheur qu'on étudie la sainte Écriture, et qu'on accomplit les actes prescrits par les Livres saints?

---

1. Saints personnages arrivés à un tel état de sainteté qu'ils n'avaient plus à craindre de transmigrations inférieures.

« De l'espérance naissent le travail et la prière : toute peine a pour mobile l'espoir d'un salaire, les pratiques de dévotion et les bonnes actions n'ont d'autre but qu'une récompense.

« Où a-t-on vu un acte accompli par un homme qui n'en avait pas la volonté? Quoi qu'on fasse, le désir est le premier pas de l'exécution.

« En observant les devoirs prescrits par les Livres saints, l'homme conquiert l'immortalité dans l'autre monde, et dans celui-ci il réalise la somme de *bien* qu'il lui a été donné de concevoir.

« La loi est extraite du Véda. Dans le silence de la parole sainte, il faut l'appuyer sur la coutume et la conduite des honnêtes gens; en cas de doute, le juge suprême c'est la conscience.

« Quel que soit le devoir enseigné par Manou, ses prescriptions émanent de la sainte Écriture; car la science divine c'est Manou.

« Que le sage étudie avec soin et respectueusement cet ensemble complet de lois, et s'inclinant devant l'autorité de la révélation, qu'il ne cherche pas à discuter ses devoirs.

« Sachez que l'homme qui s'incline devant les prescriptions de la divine srouti — révélation — et de la smriti — tradition, — acquiert de la gloire en ce monde et une félicité parfaite dans l'autre.

« L'ensemble de la révélation, c'est le Véda; l'ensemble de la tradition, c'est Manou. Ni l'un ni l'autre ne doivent être contestés en rien, le devoir procède d'eux, et non d'autres.

« Quiconque dans les trois premières castes adopte l'opinion des livres sceptiques, repousse ces deux origines fondamentales de la loi et du devoir, doit être chassé de la compagnie des gens de bien [1] comme athée et ennemi des Livres saints.

« Le Véda, Manou, la coutume des sages et la conscience sont les quatre sources de la loi et du devoir.

« La connaissance de la coutume suffit à ceux qui ne recherchent ni renommée ni puissance, mais ceux qui désirent connaître les devoirs pour les enseigner aux autres, doivent étudier la révélation qui est le Véda.

« Lorsque la révélation contient des préceptes différents, les sages les observent tous, et les reconnaissent comme loi.

« Il est dit dans le Véda que le sacrifice de chaque jour [2] doit être offert après le lever du soleil, avant son lever, lorsqu'on ne voit ni le soleil ni les étoiles cela signifie qu'il peut être offert en tout temps.

---

1. Littéralement excommunié.
2. Le sacrifice à la création symbolisant l'action de Christna, qui est censé s'immoler perpétuellement pour la conservation de l'univers.

« Celui seul qui, depuis sa conception jusqu'à sa mort, a reçu tous les sacrements, assisté à toutes les cérémonies et récité toutes les prières ordonnées, peut étudier et enseigner la loi.

« Entre les deux rivières sacrées de Cavery et de Godavery, est un pays aimé des dieux qui a reçu le nom de Brahmâvarta[1].

« La coutume et la tradition anciennes que les populations primitives de cette contrée ont conservées, sont déclarées pures.

« Couroukchetra, Matsya et le pays de Pantchala qui recevra aussi le nom de Canya-Coubja (montagne de la vierge), Sourasenaca aussi appelé Madoura, forment la contrée de Brahmarchi située près de celle de Brahmavarta.

« C'est de la bouche même du brahme[2] qui naîtra dans ce pays que tous les hommes sur la terre apprendront leurs devoirs.

« Toute la région comprise entre Lanka — l'île de Ceylan — et les monts Himavat[3] — de la mer occidentale à la mer orientale[4], — est nommée par

---

1. Les brahmés du nord nomment ces deux rivières Saraswati et Gangea.
2. Prophétie appliquée par les brahmes à la naissance du rédempteur indou.
3. Himalaya.
4. C'est-à-dire tout l'Indoustan.

les dieux Aryâvarta — pays des hommes honorables.

« Tout lieu où la gazelle noire bondit dans les plaines, où les jeunes chevreaux suivent des mères à toisons rouges, est propice aux sacrifices et aimé des dieux.

« Le pays des Mlétchas [1] est stérile pour le sacrifice et la prière.

« Les hommes des trois premières castes [2] ne peuvent s'établir qu'en Aryavarta, mais l'impur soudra, quand il est poussé par les nécessités de la nourriture, peut s'établir en tous lieux.

« L'origine de la loi, qui dirige cet univers, nous a été ainsi exposée. Écoutez maintenant quelles sont les lois qui concernent les sacrements, et les devoirs imposés aux trois classes honorables qui seules sont soumises à l'étude du Véda et à l'observance des préceptes sacrés.

« Les sacrements, — les sacrements [3] qui purifient les corps des *dwidjas* [4], — savoir, ceux de la concep-

---

1. Étrangers, barbares. Les Indous, comme plus tard le firent les Grecs, appelaient barbares tous les peuples qui habitaient au delà de leurs frontières.
2. Ces trois castes sont celle des brahmes — les prêtres; celle des xchatrias — les rois et les chefs; celle des vaysias — les commerçants et agriculteurs. L'impur soudra, dont on ne daignait pas s'occuper, c'était le prolétaire.
3. Sanscaras.
4. Dwidjas — deux fois nés, régénérés par l'ondoiement

tion et de l'ondoiement à la naissance, et ceux qui enlèvent toute impureté pour la vie présente et la vie future, doivent être accomplis selon le rite ordonné par l'Écriture.

« Par les offrandes au principe éternellement pur dont le feu est le symbole, on purifie le fœtus le quinzième jour de la conception.

« Par l'eau, principe éternel de vie, on purifie l'enfant à sa naissance.

« Par l'huile, principe pur des végétaux, on renouvelle la purification dans la période de l'adolescence.

« Tels sont, avec l'investiture du cordon sacré, les sacrements que doit recevoir le dwidja.

« Par l'étude de la sainte Écriture, une conduite pieuse, l'offrande du sacrifice au principe pur, l'étude des trois sciences secrètes, les oblations aux pitris — esprits en communication avec les hommes, — par l'accomplissement des devoirs du mariage, la procréation d'un fils et les ablutions solennelles, le dwidja prépare son absorption dans Parabrahma [1].

« Avant la section du cordon ombilical, l'enfant doit être ondoyé par l'eau lustrale, puis on place sur

---

après leur naissance et par l'huile sainte, à l'époque de la puberté. Ces cérémonies ont été copiées textuellement par le christianisme.

1. La grande Ame.

sa langue du sel, du miel et du beurre clarifié avec une spatule d'or, et on récite les prières consacrées [1].

« Que dans le premier jour lunaire propice, dans les douze jours qui suivent sa naissance, et sous l'influence d'une étoile favorable, le père donne un nom à l'enfant.

« Que le nom d'un brahme exprime la vertu, celui d'un xchatria la puissance, celui d'un vayeia le travail, celui d'un soudra l'esclavage.

« Qu'un second nom leur soit donné, pour le brahme exprimant le bonheur, pour le guerrier la vaillance, pour le marchand la richesse, pour le soudra l'obéissance.

« Le nom d'une femme doit se prononcer facilement, être suave, mélodieux, plein de charmes et composé de syllabes favorables, et terminé par des voyelles longues qui doivent tomber en cadence, comme des prières de bénédiction [2].

« Dès le quatrième mois, l'enfant doit être élevé en plein air, sous l'action bienfaisante du soleil, et dès le sixième mois, on doit l'accoutumer à manger du riz, telle est la règle que les familles doivent suivre comme la meilleure.

« De la première à la troisième année, suivant les

---

1. N'est-ce pas la cérémonie du baptême?
2. Mentras.

prescriptions de la sainte Écriture, on doit procéder pour le dwidja à la cérémonie de la tonsure qui doit être faite d'après le mode consacré[1].

« Dans la huitième année de la naissance, doit avoir lieu la cérémonie de l'Oupanyana ou initiation par l'investiture du cordon et de la ceinture pour un brahme, dans la onzième pour un xchatria, dans la douzième pour un vaysia.

« Lorsqu'un brahme est destiné à étudier de bonne heure la science divine, il peut recevoir l'investiture à l'âge de cinq ans; le xchatria appelé à commander de bonne heure, à six ans; le vaysia qui peut promptement s'initier aux affaires commerciales, à huit ans. Mais nul ne peut étudier, commander, commercer avant d'avoir reçu l'investiture.

« Les brahmes jusqu'à seize ans, les xchatrias jusqu'à vingt-deux, les vaysias jusqu'à vingt-quatre peuvent encore recevoir l'investiture, et l'initiation de la sâvitri.

« Quiconque dans les trois classes n'a pas reçu ce sacrement (sanscara) dans le temps qui leur a été

---

1. Brahmes et bouddhistes, tous les prêtres de l'extrême Orient, sont tonsurés dès le bas âge; la cérémonie se renouvelle au moment de l'initiation. Ce signe de caste sacerdotale, conservé à travers les âges, est devenu un symbole chrétien.

assigné, est déclaré indigne de l'initiation, chassé de sa caste et excommunié[1].

« Que le brahme et les gens de bien, même dans la plus grande détresse, n'aient aucune relation d'alliance ou de famille avec des hommes qui n'ont pas reçu les sacrements prescrits; qu'il se garde de leur enseigner l'Écriture sainte.

« Les brahmatcharis[2] ne doivent porter pour vêtements que des peaux de gazelles noires, de cerf, de bouc, ou des tissus de chanvre, de lin ou de laine, suivant leurs situations.

« La ceinture d'un brahme doit se composer de trois cordons de moundja[3], dont chacun doit être tressé de neuf fils. Le xchatria a pour ceinture la corde de son arc, faite de mourva[4], le vaysia ne porte que trois fils de chanvre.

« Le cordon sacré porte sur la poitrine, est composé pour le brahme de trois fils de coton, le xchatria ne porte qu'un fil de chanvre, et le vaysia un fil de laine.

« Il a été prescrit :

---

1. Vratyas, — ce sacrement, qu'on doit recevoir sous peine d'excommunication, est la confirmation des cérémonies de purification accomplies à la naissance.
2. Élèves en théologie.
3. Sanseviera-ceylanica.
4. Ægle-marmelos.

Que le brahme porte un bâton de nilva[1] ou de palâsa[2];

Que le guerrier porte un bâton de vata[3] ou de kadira[4];

Que le marchand se contente d'en porter un en pilon ou en oudoumbara[5].

« Le bâton du brahme doit s'élever jusqu'à ses cheveux, celui du xchatria à ses épaules, celui du vaysia à la poitrine.

« Muni de son bâton, et après avoir salué le soleil, et fait une oblation au feu, que le novice se mette en quête de nourriture, suivant la règle prescrite.

Le jeune brahme initié doit en demandant commencer sa requête par le nom de la personne à laquelle il s'adresse; l'élève de la classe militaire doit mettre ce nom dans le milieu de sa phrase, et le vaysia à la fin.

« C'est de sa mère, de sa sœur, de sa tante ou de toute autre femme de sa famille qu'il doit recevoir ce qu'il lui faut pour la nourriture de la journée.

« Qu'il se rende au lieu de ses études, et ne prenne

---

1. Butea frondosa.
2. Ficus Indica.
3. Mimosa-catechu.
4. Salvadera-persica.
5. Ficus glomerata.

ses repas qu'après en avoir obtenu la permission de son gourou — maître professeur — et s'être auparavant purifié en faisant ses ablutions la figure tournée du côté de l'orient.

« Celui qui mange en regardant l'orient, se prépare une longue existence, toute de gloire, de science et de félicité, et obtient la récompense finale[1].

« Le dwidja doit prendre sa nourriture avec recueillement, et en honorant celui de qui tout émane, et le priant de lui accorder toujours le nécessaire.

« La nourriture prise en honorant celui qui la donne aux hommes, donne la force et la santé.

« Qu'il se garde de manger une trop grande quantité d'aliments, une nourriture trop abondante abrége l'existence, et est blâmée par les sages qui de tout temps se sont maintenus en santé par la sobriété.

« La sobriété rend la vertu facile, c'est le meilleur aide dans l'accomplissement des devoirs.

« Après son repas, que le brahme fasse l'ablution

---

1. Mahomet s'est inspiré de ces préceptes lorsqu'il a ordonné que les principales fonctions religieuses, sacrifices, ablutions, etc., se fissent en regardant l'orient.

« A Dieu appartient l'orient et le couchant, tournez-vous en priant de ces côtés pour rencontrer sa face, Dieu est immense et sait tout. »

(Coran, chap. II, verset 109.)

avec la partie de sa main que l'Écriture sainte a déclarée pure.

« Qu'à trois reprises différentes, il avale de l'eau, et que par trois fois il s'essuie la bouche avec la partie pure de son pouce [1], puis qu'il asperge d'eau sa tête et sa poitrine.

« L'eau qui asperge la tête et la poitrine du brahme le purifie; le xchatria est purifié par celle qu'il avale, le vaysia par celle qu'il prend dans la bouche, le soudra par celle qu'il touche du bout des lèvres [2].

« Quand les vêtements, les peaux, la ceinture, le cordon, le bâton et l'aiguière du dwidja ne peuvent plus lui servir, il doit s'en procurer d'autres *bénis* par des prières, et purifiés par l'eau lustrale.

« L'obtention du sacrement du késanta est fixée à la seizième année de la naissance pour les brahmes, à la vingt-deuxième pour les xchatrias et à la vingt-quatrième pour les vaysias [3]. »

---

1. Le catholicisme a conservé ces pratiques dans certaines cérémonies.

2. C'est le seul cas où le soudra est nommé dans des pratiques religieuses autrement que pour l'en exclure.

3. Nous ne pouvons nous livrer à tous les commentaires auxquels donnerait lieu chacune de ces strophes, pour mettre plus vivement en lumière ces mœurs curieuses. Cependant nous ne pouvons nous empêcher de relever rapide-

« Les mêmes cérémonies doivent être accomplies pour les femmes, avec les prières aux différentes époques fixées depuis la conception et la naissance, mais les sacrements ne leur seront pas conférés.

« Le sacrement de mariage est dit par les sages remplacer, pour les femmes, tous les sacrements prescrits par l'Écriture sainte aux hommes des différentes classes, comme leur amour pour leur époux, le soin de leur famille, l'entretien du feu sacré leur tiennent lieu de toute étude sous un gourou, et de toute science.

---

ment deux erreurs de William Jones et de Wilson, à propos du sacrement du késanta.

Suivant William Jones, le sacrement du késanta serait une cérémonie dans laquelle on coupe la chevelure; selon Wilson, le késanta serait le devoir de donner l'aumône.

Ni l'une ni l'autre de ces explications n'est d'accord avec le texte de Manou et la coutume indoue.

Pour les pundits ou brahmes savants qui vingt fois m'ont donné cette explication, le késanta est le sacrement qui couronne les études de la sainte Écriture pour les trois castes initiées.

Pour le brahme c'est l'ordination, c'est la prêtrise.

Pour le xchatria, c'est le droit de commander les provinces et les armées.

Pour le vaysia, c'est la consécration d'une émancipation toute particulière à l'Inde, et que nous appellerons *l'émancipation commerciale*.

Le fils, tout en restant sous l'autorité du père de famille, en lui devant compte de ce qu'il peut amasser, acquiert

« Telle est la loi de l'initiation des dwidjas ; par cette initiation, ils reçoivent une nouvelle vie au bien, à la vérité, à la science, c'est pour cela qu'ils sont appelés dwidjas — deux fois nés.

« Écoutez maintenant quels sont les devoirs qui leur sont imposés.

« Le gourou, après l'initiation de brahmatchari, lui enseigne les devoirs de pureté et les bonnes mœurs, l'entretien du feu sacré et les sandhyâs du matin, de midi et du soir.

---

cependant la liberté de commercer, de s'engager, d'acheter et de vendre en son nom.

Le késanta enfin, pour les trois castes, accordait une certaine émancipation, une certaine majorité restreinte à ceux qui l'avaient reçu.

On va voir par les trois premiers slocas de la traduction que nous reprenons, que l'explication que nous venons de donner est beaucoup plus conforme à la pensée de Manou, que celle des deux indianistes que nous avons cités.

L'ablation de la chevelure, qui ne conservera que cette touffe que tous les Indous de caste portent au sommet de la tête, a lieu dans les trois ans de la naissance et non à l'époque indiquée par Manou dans le texte qui nous occupe, et cette cérémonie se nomme tchaoula et non késanta.

Quant à l'obligation de donner des aumônes, la loi brahmanique y astreint tout individu, quels que soient son âge et sa caste, et il n'y a pas dans cet acte l'apparence d'un sacrement, c'est un devoir et non une cérémonie.

« Après avoir fait les ablutions prescrites et, le visage *tourné vers l'orient*, le brahmatchari doit, avant d'ouvrir le Véda, adresser ses respectueux hommages au Maître souverain de l'univers.

« Pendant la lecture du Véda, il doit maîtriser ses sens et se tenir les mains jointes pour rendre hommage à la sainte Écriture; qu'en commençant et terminant la lecture, il embrasse les pieds de son directeur, et ne commence ou ne s'arrête qu'en entendant le gourou lui dire : Holà! étudie, ou : C'est bien! repose-toi.

« Qu'il prononce toujours, au commencement et à la fin de sa lecture du Véda, le monosyllabe sacré, Aum, qui renferme en lui le mystère de la trinité[1]. Celui qui ne le fait pas oublie ce qu'il apprend aussi vite que les caractères tracés sur l'eau s'effacent.

« Qu'il prononce ce mystérieux monosyllabe, invocation à la trimourti, que Brahma lui-même a exprimé de l'essence du Véda, *la face tournée vers*

---

1.   A — Brahma qui crée.
     U — Vischnou qui conserve.
     M — Siva qui transforme.

La trinité dans l'unité fut dans l'Inde ancienne environnée de mystères, et il n'était permis de l'invoquer que par le monosyllabe sacré Aum.

Prononcer le nom de la divine trimourti pouvait entraîner la mort.

l'orient, pur de toute souillure, retenant son haleine et tenant dans ses mains une tige de l'herbe sainte du cousa.

« Du Véda ont été exprimés aussi les trois grands mots Bhoûr-Bhuora-Shouar, Terre, Ether, Ciel, ainsi que l'invocation céleste de la sâvitri[1], dont le premier pada — verset — commence par *Tad!*

« Le brahme vertueux, qui possède la science de

---

1. Voici cette prière :
« Bhoûr-Bhouva-Shouar,
« Seigneur des mondes et des créatures, reçois mon invocation, détourne-toi de la contemplation de ta puissance immortelle. Un seul de tes regards purifiera mon âme.

« Viens à moi, que j'entende ta voix dans le frémissement des feuilles, dans le murmure des eaux du fleuve sacré, dans le pétillement de la flamme de l'avasalhya (feu consacré).

« Mon âme a besoin de respirer l'air pur qui émane de la grande âme, écoute mon humble invocation, seigneur des mondes et des créatures.

Bhoûr-Bhouva-Shouar.

« Ta parole sera plus douce à mon âme altérée que les pleurs de la nuit sur les sables des déserts, plus douce que la voix de la jeune mère qui appelle son enfant.

« Viens à moi, ô toi par qui la terre est en fleur, par qui mûrissent les moissons, par qui se développent tous les germes, par qui brillent les cieux, les mères enfantent et les sages connaissent la vertu.

« Mon âme a soif de te connaître et de se dégager de son enveloppe mortelle pour jouir de la béatitude céleste, et s'absorber dans ta splendeur. »

l'Écriture sainte, s'il veut parvenir au dernier degré de sainteté indiqué par le Véda, doit, matin et soir, répéter cette prière de la sâvitri précédée du monosyllabe sacré Aum et des trois vyâhritis.

« En prononçant mille fois cette triple invocation, le dwidja se dépouille de ses péchés comme un serpent de sa peau.

« Le dwidja qui, pendant trois années, répète sans cesse la triple prière qui forme la substance même du Véda, et le monosyllabe sacré, s'élèvera jusqu'à la divinité, revêtu d'une forme immortelle, aussi léger que le vent.

« Tous les actes pieux qu'enseigne le Véda, prières, oblations, sacrifices, aumônes, offrandes sacrées, ne valent pas le mystique et éternel monosyllabe, symbole de l'*être* existant *par lui-même*, de Brahma, le seigneur des créatures.

« Le sacrifice de chaque jour et les quatre oblations du foyer, répétés mille fois, ne valent pas une seule invocation à Brahma par la sâvitri et le monosyllabe sacré.

« Le brahmatchari doit éviter que ses sens soient en rapport avec des objets qui leur plaisent, et s'ils se trouvent en rapport malgré lui, il doit s'habituer à les réprimer aussi facilement qu'un cavalier contient et dirige son cheval.

« Apprenez quels sont ces organes que les anciens pundits ont déclarés être au nombre de onze.

« L'ouïe, la sensation de la peau, la vue, le goût, l'odorat, les organes de la génération, la langue, la main, le pied et l'organe de la voix. Les cinq premiers sont nommés organes de l'intelligence ; les cinq derniers, organes de l'action.

« Il en est un autre, le onzième, le plus grand de tous, qui renferme en lui l'intelligence et l'action auquel tous les sens obéissent ; il s'appelle la conscience.

« Voulez-vous savoir, ô hommes sages, comment s'accomplit l'office de la conscience : Lorsqu'un sillon doit être tracé dans les champs, le bœuf est attelé à la charrue. L'homme met la main au timon, et dit : va... le bœuf se met en marche, s'arrêtant ou continuant sa course, suivant la volonté de son maître ; quand le sillon est terminé, l'homme seul juge si cela est bien : ni le bœuf qui transmet le mouvement à la charrue, ni la charrue ne peuvent apprécier leur œuvre[1].

« Ainsi la conscience humaine — ahancara — seule a la conception, la volonté, la direction, le

---

1. Nous ne savons rien de plus intéressant que de lire Manou avec la Bible sous les yeux. Ce dernier livre, code du pillage et de la débauche, qui n'a point connu l'immortalité de l'âme, ne peut soutenir la plus petite comparaison avec le vieux livre de la loi des Indous.

jugement; les organes sont inconscients et irresponsables.

« Quand la conscience exagère l'action des organes de la sensualité elle manque aux lois de sa propre existence, et se dégrade si elle en tempère le fonctionnement, elle progresse et monte au séjour de la perfection suprême.

« De même que le feu qui reçoit le beurre clarifié des sacrifices, ne fait que brûler avec plus de vigueur, de même les désirs que l'on cherche à satisfaire deviennent insatiables.

« L'homme vertueux est celui qui pouvant jouir de tous les plaisirs, y renonce volontairement; la renonciation est préférable à la jouissance [1].

« Le meilleur moyen de soumettre ses sens toujours disposés à l'abus de la sensualité, est dans l'étude persévérante de l'Écriture sainte.

« Mais l'étude des Védas, la pratique de la charité, les sacrifices pieux, les oblations, les donations les plus austères, ne procureraient jamais le bonheur éternel à l'homme qui se livre à toutes les jouissances d'un naturel corrompu.

« L'homme vertueux n'est entièrement assuré d'a-

---

[1]. Quelle religion, quelle philosophie a professé des principes plus purs? Il est certain que les lois de Manou seraient le plus beau traité de morale qui ait paru au monde, s'il n'était déparé par l'institution des castes.

voir dompté ses passions, que quand il voit, touche, entend, ressent, mange, sans joie ni peine.

« Si on ouvre la porte à une seule de ses passions, tout le travail accompli par l'homme pour acquérir la sagesse s'écoule comme l'eau d'une outre percée.

« Mais l'homme qui n'est pas encore parvenu à l'âge des vanaprasthas[1], doit se contenter de réprimer les exagérations de ses sens, sans se livrer à des austérités qui pourraient nuire à ses affaires de chaque jour.

« Dès l'aube, qu'il récite debout, les mains jointes, la face tournée vers l'*Orient*, la sublime prière de la sâvitri exprimée du Véda, jusqu'au soleil levant, et qu'il la récite dans la même posture au soleil couchant, jusqu'à ce que les étoiles brillent aux cieux.

« La prière du matin efface tous les péchés commis volontairement ou involontairement pendant la nuit. La prière du soir efface tous les péchés commis volontairement ou involontairement pendant le jour.

« Quiconque ne fait pas la prière du soir debout, les mains jointes en signe de respect, et le visage tourné vers l'orient, et ne fait pas celle du soir dans la même posture, tourné du côté de celui du soleil couchant, doit être, comme un impur soudra, chassé de la compagnie des trois castes.

---

1. Anachorète.

« Lorsque le dwidja se retire pour faire une retraite dans la forêt de trois, sept ou neuf jours, près d'une source d'eau pure, maîtrisant les organes de ses sens, selon la règle prescrite, la prière de la sâvitri prononcée dans un recueillement parfait lui tiendra lieu d'étude de la sainte Écriture.

« Mais il ne suspendra pas la lecture des Védangas[1] ni les prières de chaque jour, ni les sacrifices pieux, ni les invocations sacrées qui accompagnent les oblations du feu.

« La prière du matin et du soir ne peut être suspendue, car elle a reçu des sages le nom de brahmasattra, l'oblation à Brahma : quant au sacrifice à la parole divine, qui est le Véda, il ne sera pas non plus laissé de côté, même dans les moments où la lecture de l'Écriture sainte doit être suspendue.

« La prière récitée par les hommes vertueux, selon le mode prescrit, pendant une année entière, fait monter au séjour des dieux et des esprits ses offrandes de lait caillé, de miel et de beurre clarifié.

« Le dwidja qui a reçu l'investiture par la cérémonie de l'oupanayana doit, à partir de ce moment,

---

1. Sous ce titre : les Védangas, les Indous comprennent tout ce qui a trait au rituel des cérémonies religieuses, aux sciences grammaticales, exactes, naturelles et astronomiques, et aux commentaires des Védas.

alimenter le feu sacré, demander sa subsistance à l'aumône, coucher sur la dure, et obéir à son directeur, jusqu'à ce qu'il ait terminé son noviciat.

« Tout brahme gourou ne peut recevoir pour élève que dix jeunes hommes, y compris son fils, et il doit choisir les autres parmi les plus dociles, les plus studieux, les plus purs, les plus vertueux, parmi tous ceux qui lui sont liés par le sang ou par l'amitié.

« Le brahmatchari — élève en théologie, initié — ne doit point prendre la parole sans y être convié, ni répondre à des questions déshonnêtes, et quelle que soit sa science, se conduire en public comme s'il était ignorant ou muet.

« Celui qui répond à une question déshonnête encourt le mépris des gens de bien.

« L'Écriture sainte, comme une graine que l'on ne confie pas à un terrain stérile, ne doit pas être enseignée aux hommes qui ne sont ni zélés, ni vertueux, ni soumis, ni de bonne famille.

« Il est préférable pour le brahme gourou de supporter tous les malheurs, et même de mourir avec sa science que de l'enseigner à des méchants ou à des ingrats.

« Le souverain Maître de toutes choses a dit au brahme : La connaissance de mes perfections est le plus précieux de tes trésors, ne me fais pas connaître aux pervers et tu pourras toujours mettre ta confiance en moi.

« Mais lorsque tu auras pour élève un brahmatchari, maître de ses organes, vertueux et pur, si tu le crois digne d'être le gardien d'un tel trésor, alors révèle-moi à lui.

« Quiconque, sans en être digne [1] parvient à s'emparer de la connaissance des textes sacrés, est dit coupable de vol du Véda, et à sa mort il descend au naraca (enfer).

« Quel que soit le gourou [2] qui ait initié le brahmatchari dans la science de la parole divine, et la connaissance de l'Être suprême, l'élève doit considérer son maître comme son père spirituel, et le saluer le premier entre tous, quel que soit le lieu où il le rencontre.

« Tout brahme qui ne connaîtra que la sâvitri, mais qui est maître de ses sens, pratique les austérités les plus méritoires et est connu comme un homme vertueux, se réunira plus vite au grand Tout que celui qui connaissant l'Écriture ne sait pas imposer de frein à ses passions.

« Le brahmatchari ne doit ni se coucher ni s'asseoir en présence de son professeur, et, s'il est couché

---

1. Les membres des castes inférieures et les tchandalas.
2. Professeur, directeur spirituel.

ou assis, se lever immédiatement en signe de respect à son approche.

« La présence d'un vieillard doit inspirer de pieux sentiments aux jeunes gens, c'est en se levant et le saluant qu'ils montrent le respect qu'ils doivent avoir pour lui.

« L'adolescent qui salue avec respect les vieillards et se montre avide de prévenir leurs désirs, voit s'accroître quatre choses, la durée de sa vie, sa santé, sa science et sa réputation.

« Après le salut, que le brahmatchari qui aborde un vieillard prononce son nom en disant : C'est moi.

« Et qu'après avoir dit son nom il prononce l'interjection *Bhauh* ! [1] que les sages ont déclarée être la plus haute formule de respect.

« Quand il reçoit à son tour le salut d'un brahme qu'il a abordé, ainsi qu'il est prescrit, il doit lui dire en prolongeant la finale de son nom, l'espace de trois aspirations : prospérité et longue existence à l'homme sacré.

« Le brahmatchari, qui ne connaît pas les différentes formules de salutations qu'il doit employer selon les personnes et les castes, se ravale au niveau de l'impur soudra.

---

1. Sorte d'interjection intraduisible dans le sens spécial à ce passage. Bhauh en sanscrit signifie ho ! holà ! dans le cas actuel c'est une salutation respectueuse.

« Il est prescrit de demander à un brahme s'il approche de son union intime avec la divinité ;

« A un xchatria, s'il est en bonne santé ;

« A un soudra, s'il n'est point malade, mais seulement quand la nécessité oblige à lui adresser la parole.

« Quand le brahmatchari sert d'aide à un sacrifice solennel, on ne doit pas l'appeler par son nom, les hommes qui connaissent la loi doivent s'adresser à lui par l'interjection Bhauh ! ou l'appeler seigneur.

En parlant à une femme étrangère de bonne naissance, mais qui ne lui est pas alliée par le sang, il doit dire mama[1].

« A ses oncles maternels et paternels, au père de sa femme, aux ridwidjs[2] et aux gourous il doit le salut le premier quand même ils seraient plus jeunes que lui.

« Il doit les mêmes égards à ses tantes paternelles et maternelles, à la mère de sa femme qu'à la femme de son gourou.

« Il doit se prosterner chaque matin devant sa mère et la femme de son frère aîné, mais il n'est tenu d'aller rendre ses devoirs à ses autres parents qu'au retour d'un voyage.

« Qu'il n'oublie jamais de saluer sa mère en se

---

1. Madame.
2. Prêtres célébrants, chapelains.

prosternant matin et soir, car il doit vénérer sa mère entre toutes les femmes.

« Entre les membres d'une même caste, l'égalité n'est pas détruite par une différence d'âge quelle qu'elle soit ; dix ans entre vaysias ne créent pas d'inégalité, cinq ans entre xchatrias, et trois ans entre brahmes. versés dans le Véda n'en créent pas non plus, mais l'égalité n'existe plus après ces limites.

« Dans la même famille, il n'y a jamais d'égalité entre les divers membres, qui sont tous soumis au père et au frère aîné[1].

---

1. Le frère aîné, par rapport à ses frères et à la famille, a joui de tous temps dans l'Inde d'une situation égale à celle du père, il n'est pas inutile d'en étudier les causes.

Le culte des ancêtres, si fort en honneur dans l'antiquité. conservé jusqu'à nos jours par tous les peuples de l'Orient, est né d'une croyance antérieure aux Védas, et remonte aux premiers temps de l'époque patriarcale.

En outre des légendes, prières et invocations, que nous avons données, qu'on interroge les monuments les plus anciens de la littérature religieuse des Indous, les quelques fragments antérieurs aux livres sacrés qui nous restent du premier Manou, quelques hymnes de Valmiki, et tout le recueil connu sous le nom de Nikâra, partout on retrouvera à côté de la foi en un Dieu unique, et à l'immortalité de l'âme, la croyance que l'homme ne pouvait entrer au séjour céleste et s'absorber dans la *grande âme*, c'est-à-dire dans le sein de Brahma, s'il ne laissait derrière lui un fils qui pût accomplir sur sa tombe les cérémonies funéraires

« Mais un brahme de dix ans et un xchatria de cent ans doivent être considérés comme père et fils, et c'est le brahme qui est le père.

---

de la purification, destinées à laver l'âme et le corps des dernières souillures contractés sur la terre.

Cette primitive croyance de la libération du père dans l'autre vie par les cérémonies accomplies par le fils, donna à la famille une organisation qui survécut à toutes les révolutions anciennes, et dont les traces ne sont pas encore effacées chez les nations modernes.

Du moment où le fils aîné ouvrait à ses parents le séjour de Brahma, par ses prières et ses oblations, on doit comprendre combien fut importante la place qu'il occupa dans la famille, même du vivant de son père.

A peine arrivait-il à sa majorité, c'est-à-dire à l'époque où il était introduit dans le conseil des hommes, à l'âge de quinze ans environ, qu'on le mariait, après lui avoir fait l'investiture *du cordon d'autorité*, et qu'il acquérait, de ce fait, une autorité presque égale à celle de son père dans la famille.

Rien ne se faisait plus sans qu'il fût consulté; ses autres frères et sœurs étaient complétement sous sa domination, et généralement, quand le père entrait dans la troisième période de sa vie (soixante-dix ans), il lui remettait la direction suprême de sa maison et de toutes les affaires de la famille.

Suivant les Indous, la vie d'un homme juste, craignant Dieu, se sanctifiant par l'aumône, la prière et la connaissance de la sainte Écriture, se compose de trois périodes de trente-cinq années, en tout cent cinq ans. Dans la première, l'homme arrive à maturité, se marie, élève ses enfants; dans la seconde, il dirige l'adolescence de ses fils,

« L'âge, la parenté, la richesse sont des titres de respect, mais la science, la vertu, la probité, la connaissance de la sainte Écriture, la répression des sens, l'action de rendre le bien pour le mal et de pra-

---

leur enseigne le bien, les traditions de la famille, les initie aux cérémonies religieuses qu'ils doivent accomplir plus tard, et ceci fait, alors qu'il les a tous mariés, qu'il a sous les yeux, comme dit le Véda, les fils de ses fils, et qu'il atteint la troisième période de sa vie, il remet son autorité à son fils ainé, pour ne plus s'occuper que de bonnes œuvres et de méditations sur la vie future et l'Être suprême. Parfois même il se retire au désert pour attendre la fin de son existence dans la contemplation divine.

Cette situation du fils ainé, réunissant sur sa tête l'autorité civile et religieuse dans la famille, à ce point que ses autres frères ne pouvaient ni se marier, ni rien entreprendre d'important sans son autorisation, donna naissance, on n'en saurait douter, à ce droit d'ainesse des civilisations antiques, si strict dans son application, si dur pour les autres membres de la famille, qu'il ne se fût jamais établi sans la croyance religieuse dont il était né.

En face de la nécessité d'éviter à l'âme du père et de la mère le supplice d'un exil prolongé hors du ciel, dans des lieux de punition d'autant plus effrayants qu'ils étaient inconnus, personne ne murmurait, et tous les enfants songeant qu'eux-mêmes plus tard auraient besoin de maintenir la même discipline dans leur descendance, dans l'intérêt des cérémonies funéraires, commençaient par s'incliner sous l'autorité de leur ainé.

Ainsi, en remontant à travers les âges jusqu'au berceau de l'humanité, s'explique, par l'idée religieuse, ce droit d'ainesse illogique et contre nature que l'Inde entière ap-

tiquer l'aumône[1] sont les seules qualités vraiment recommandables, celui qui les possède n'a pas d'âge devant le maître de toutes choses.

« Si le brahmatchari rencontrait même un soudra qui, arrivé à sa dixième décade (cent ans), possédât toutes ces vertus, et les eût toujours pratiquées, il lui devrait le respect, car, comme l'or mêlé de substances viles qui se dépouille dans la coupelle de l'orfèvre, le pur serait sorti de l'impur.

« Il doit céder le passage aux vieillards qui ont dépassé leur neuvième décade, aux malades et à l'homme qui ploie sous le faix d'un fardeau, quelle que soit leur caste.

« Il doit toujours le céder aux brahmes qui ont terminé leurs études, à un xchatria qui a été initié, à une femme quel que soit son rang.

« Lorsque le brahme, après avoir initié son élève, lui enseigne le Véda, les rites des sacrifices et les in-

---

plique encore de nos jours, qui est la base du droit social dans tout l'Orient, qu'Athènes, Sparte et Rome gardèrent jusqu'à leur chute, que la France de 89 a brisé, et qu'une foule de nations européennes, l'Angleterre en tête, conservent précieusement comme le dernier soutien de leur puissante aristocratie.

1. Nous retrouverons souvent dans Manou cette formule que le christianisme voudrait bien porter à son acquis.

vocations mystérieuses aux esprits de la nature[1] et aux pitris, il ajoute à son nom celui d'atcharya (instituteur).

---

1. Il s'agit ici des exorcismes de l'Atharva-Véda contre les maladies, en voici un des plus curieux :

« Que le bienfaisant Agni chasse loin d'ici Takman — la fièvre, — que Soma, la pierre du sacrifice, que Varouna dont la puissance nous purifie le chassent loin de nous.

« Que cette enceinte consacrée, que ce gazon, que ces bois qui se consument le chassent loin d'ici.

« Puissent aussi nos ennemis s'éloigner comme lui.

« O Takman ! toi qui peux faire en un instant jaunir tous les humains, comme les traits du feu qui flamboie, tu peux aussi perdre ta force fatale en t'abaissant, en te détournant comme lui.

« Le séjour de Takman ce sont les Moudjavats, son séjour ce sont les Mahávrishas ; dès que tu nais, ô Takman, tu vas aussitôt trouver les Vahlikas.

« O Takman, va visiter les Moudjavats, va visiter les lointains Vahlikas, fais ta proie, si tu le veux, du soudra, tu peux tous les torturer et les anéantir.

« Épargne notre peuple, va fondre chez les Mahávrichas, et les Moudjavats. Nous abandonnons ces régions au Takman et toutes les autres régions qu'il voudra choisir. »

(M. Roth. Khanda, hymne 22.)

« Pour chasser Takman (la fièvre) qui brûle et dessèche l'homme, pour chasser Takman qui dépeuple la contrée, pendant la saison où les pluies couvrent la terre, pour chasser cet esprit mauvais qui n'a ni forme ni figure.

« Avec du beurre clarifié, du miel et du riz cuit dans du safran, fais l'image de Takman, et après avoir invoqué Indra, place-la sur la tête de celui qui souffre et Tak-

« Le brahme qui, dans le but d'assurer sa subsistance, enseigne quelques parties des Védas, Védangas, et mentrams reçoit le nom de dupadyaya (sous-précepteur).

man s'enfuira comme les ombres de la nuit devant Sourya. »
(Exorcismes de l'Atharva-Véda.)

Il est intéressant au point de vue ethnographique de rapprocher ces textes singuliers de l'exorcisme chaldéen suivant, traduit par le savant M. Oppert.

« Le Namtar (la peste) douloureux brûle le pays comme le feu — comme la fièvre il se rue sur l'homme — comme une inondation il s'étend sur la plaine — comme un ennemi il tend à l'homme ses piéges — comme une femme il embrasse l'homme — il n'a pas de main, il n'a pas de pied — il vient comme la rosée de la nuit, comme une planche il dessèche l'homme — il lui ferme l'issue — il pervertit les sens heureux — il prend les longs... — cet homme son dieu... — cet homme, sa déesse, se montre dans son corps étendu.

« Le docteur a dit : assieds-toi — et pétris une pâte d'aromates, et fais-en l'image de sa ressemblance (du Vamtar) — applique-la sur la chair de son ventre (du malade) — tourne la force (de cette image) vers le coucher du soleil — alors la force du mal s'échappera en même temps. »

Tous les documents et inscriptions que nous possédons de la Chaldéo-Babylonie soutiennent les rapports les plus étroits avec les hymnes, exorcismes et incantations de l'Atharva-Véda qui représentent dans le brahmanisme les superstitions de la théologie vulgaire.

Rien au contraire, dans la société chaldéo-babylonienne, ne rappelle de près ou de loin la magnifique civilisation

« Le brahme qui accomplit la cérémonie religieuse après la conception, l'ondoiement après la naissance, place sur la langue du nouveau-né le sel, le miel et le beurre clarifié, et plus tard le dirige dans ses études, est appelé gourou — directeur.

« Celui qui est attaché au service des saints et illustres personnages, pour entretenir le feu sacré, faire les sacrifices aux dieux, et les oblations aux esprits domestiques, et purifier les fautes dont on fait l'aveu, reçoit le nom de ritwidj — chapelain [1]. »

---

des Védas, pas un hymne des bords de l'Euphrate ne pourrait lutter de majesté et de poésie avec ceux du Rig. Les peuplades indoues qui dans notre hypothèse colonisèrent la Chaldée furent donc forcément des gens de basses castes qui vivaient sous le régime des superstitions grossières de l'Atharva.

Toutes les castes de l'Inde ont parlé et parlent encore des langues *agglutinantes*, et l'on sait que ce fut également le caractère distinctif des primitifs idiomes chaldéo-babyloniens.

Pourquoi donc inventer les peuples fictifs du Touran, pays désolé habité par le diable, a dit le Boundesech des Parses, pour en faire les colonisateurs de la Chaldée, alors que l'Inde ancienne présente tous les caractères ethnographiques d'une maternité incontestable ?

1. Ce texte, si curieux au point de vue des rapprochements qu'il permet de faire avec les usages du catholicisme, n'ai point le seul dans lequel Manou ait parlé de la confession.

Voici deux autres slocas aussi concluants :

« Tels sont les différents emplois permis aux brahmatcharis qui ont terminé leur noviciat et qui ont conquis le droit d'instruire et de diriger leurs semblables.

« L'élève ne doit jamais causer le moindre chagrin au brahme qui s'est imposé le devoir de l'élever, de lui faire connaître la sainte Écriture; il doit le vénérer comme un père et une mère.

« Un gourou est dix fois plus vénérable qu'un sous-précepteur, que cent instituteurs, il est l'égal du père. *Mais une mère est mille fois plus vénérable que le père.*

« Les sages prétendent même que le gourou qui initie le brahmatchari dans la science divine, doit

---

« Par un aveu fait devant tout le monde, par le repentir, par la dévotion, par la récitation des prières sacrées, un pécheur peut être déchargé de sa faute...

« Suivant la franchise et la sincérité de l'aveu fait par un homme qui a commis une iniquité, il est débarrassé de cette iniquité ainsi qu'un serpent de sa peau. »

(Manou, liv. XI, *sloca* 226 et suiv.)

Comme on le voit, les brahmes anciens avaient reçu quelques milliers d'années avec les bonzes de Rome le droit de confesser les gens.

On sait que, pendant les premiers siècles de l'Église, la confession fut publique, jusqu'au jour où la révélation du péché *de fornication* d'un diacre, pour employer l'expression sacerdotale, fit abolir cet usage, rétabli depuis dans le secret des églises.

être préféré au père, car la naissance spirituelle qui ouvre le swarga[1] au dwidja est éternelle, tandis que la naissance en ce monde est fragile et périssable.

« L'union du père et de la mère par l'amour ne donne à l'enfant qu'une existence purement humaine.

« Mais la naissance qu'il reçoit par l'initiation aux livres sacrés, par l'oupanayana, par la sâvatri est la seule véritable ; ni la vieillesse ni la mort ne sauraient l'atteindre[2].

« Il faut que l'on sache que le brahme qui procure à un enfant l'inappréciable avantage d'une seconde naissance par la science *des textes révélés* doit être considéré comme son père spirituel.

« Le gourou qui enseigne le Véda et les devoirs prescrits, et qui procure ainsi la naissance spirituelle, fût-il enfant, serait regardé comme le père d'un vieillard[3].

« Kavi, fils d'Angiras[4], à peine âgé de douze ans,

---

1. Lieu de béatitude.
2. La naissance naturelle et la naissance spirituelle..... On voit que ces arguties religieuses ne datent pas d'hier.
3. Le père spirituel opposé au père naturel, le père spirituel dominant la famille, la société..... Telles sont ces vieilles théories sacerdotales dont nos sociétés indo-européennes ne sont pas encore parvenues à se débarrasser.
4. Ce nom d'Angiras est appliqué à Agni par les pundits indous.

enseigna la sainte Écriture à ses oncles paternels et à ses cousins déjà âgés. Et en leur enseignant, pour montrer l'autorité d'un maître, il leur disait : *Enfants!...*

« Ceux-ci furent se plaindre aux dieux de ce peu de respect, mais les dieux leur répondirent :

« L'enfant a bien parlé, la science des vérités divines l'a élevé au rang de précepteur, et les sages ont dit que le titre de père lui était dû.

« Ce ne sont ni les cheveux blancs, ni les années, ni la caste, ni la famille qui rendent l'homme digne des respects de tous. L'ignorant âgé est un enfant, l'enfant instruit est un père.

« Il est grand parmi nous, celui qui connaît les Védas, les Angas et le livre de la loi[1], ont dit les sages.

« La science et la vertu règlent seules la prééminence entre les brahmes, le courage entre les xchatrias, la richesse entre les vaysias, l'âge entre les soudras.

« Un homme n'est pas vieux parce que sa tête gri-

Le Rig-Véda a dit, hymne Ier :

« Agni, toi qui portes le nom d'Angiras, le bien que tu feras à ton serviteur tournera à ton avantage. »

Le nom d'Angiras a été porté par de grandes familles sacerdotales.

1. Manou, Manava-Dharma-Sastra.

sonne, mais celui qui, quoique jeune, est versé dans la connaissance du Véda, est regardé comme un vieillard par les sages.

« Un brahme qui a négligé l'étude de l'Écriture sainte, n'est pas plus utile sur la terre qu'un éléphant de bois ou la peau d'un animal gonflé d'air, tous trois ont la même valeur.

« La femme ne conçoit pas d'un eunuque, une vache d'un bœuf, la science est inutile à l'ignorant, le brahme qui ignore la sainte Écriture est comme la femme stérile, il ne produit pas de fruits sur la terre.

« La science révélée ne doit être donnée qu'avec de douces et agréables paroles ; ce n'est pas en maltraitant les brahmatcharis qu'on doit enseigner la parole de Dieu.

« Pour profiter de tous les biens que donne la connaissance du Véda, il faut être pur de cœur, de pensée et de parole.

« Que le brahmatchari fuie tout honneur mondain comme du poison, et qu'il recherche le mépris comme l'amrita.

« Délaissé de tous, quoique dans l'indigence, il s'endort avec la paix du cœur, et se réveille joyeux ; il est heureux, tandis que celui qui recherche les honneurs meurt rongé par son orgueil.

« Le dwidja qui a été initié aux différents sacrements, et qui a appris les rites des sacrifices aux dieux domestiques doit, sous la direction de son gourou, se livrer peu à peu aux austérités méritoires, qui préparent à l'étude approfondie des Védas.

« Qu'il se soumette à ces austérités tout entier et s'imprègne de la lecture de la sainte Écriture, car c'est la dévotion la plus méritoire, la plus efficace qu'il soit recommandé au dwidja d'accomplir même le jour où il porte une guirlande de fleurs [1].

« Le bramatchari qui renonce à l'étude des Livres saints pour s'occuper d'autre chose, est rejeté à l'instant dans la caste de l'impur soudra, lui et toute sa descendance.

« La première naissance du dwidja a lieu par sa mère et par l'ondoiement, la seconde par l'initiation et l'investiture du cordon, la troisième par le késanta, et le droit d'offrir chaque matin le sacrifice du sarvaméda.

« Dans la seconde naissance, qui est l'initiation à la sainte Écriture, qui se distingue par l'investiture du cordon et de la ceinture, la sâvitri [2] — prière qui contient toute la substance du Véda — est la mère de l'initié et le gourou est son père.

---

1. Les jours de fête.
2. Cette prière, pour celui qui la fait tous les matins et tous les soirs, procure les mêmes mérites que l'étude du Véda.

« Le gourou a reçu des sages le nom de père, parce qu'il enseigne le Véda, et que le jeune élève ne peut accomplir aucun acte sérieux de sa vie avant d'avoir reçu de lui l'investiture.

« Jusqu'au moment où il sera régénéré par l'initiation et l'investiture, il est peu au-dessus du soudra, et il ne doit prononcer aucune autre invocation dans les sacrifices, que l'invocation des mânes — esprits désincarnés.

« Quand les éléphants sacrés frappent les premières heures de la nuit, il doit prononcer trois fois le mot :

Swadhâ! Swadhâ! Swadhâ!

qui est l'invocation des mânes.

« Après l'initiation, et dès qu'il commence à étudier la sainte Écriture, qu'il se soumette à toutes les pratiques prescrites, qu'il change ses vêtements, son cordon, sa ceinture, son bâton, son aiguière aux époques indiquées.

« Qu'il se conforme dans la maison de son directeur à tous les usages de dévotion pieuse, qu'il veille sur ses sens, et cherche sans cesse à augmenter sa dévotion.

« Que, chaque jour, il commence par se baigner; puis, quand il est en état de pureté parfaite, qu'il fasse les oblations prescrites aux dieux, aux saints, aux mânes, avec de l'eau fraîche ; puis qu'il fasse l'oblation du feu, et entretienne le feu sacré[1].

« Qu'il s'abstienne de miel et de viandes de toutes sortes, qu'il ne se parfume pas, ne couvre pas son corps de fleurs, ne boive pas de liqueurs extraites du suc savoureux des fruits et des végétaux.

» Qu'il s'abstienne de femme et de toute substance fermentée, qu'il ne s'oigne pas le corps d'huiles embaumées, qu'il ne se teigne pas les cils avec des collyres, qu'il ne porte ni souliers, ni parasols, s'abstienne de toute sensualité, de chant, de danse, de musique.

« Qu'il fuie la colère, la cupidité, le jeu, les querelles, les mensonges, les impostures, les médisances.

« Qu'il ne séduise jamais une femme !

« Qu'il se garde de nuire à autrui !

« Qu'il ramasse le bâton de celui qui l'a frappé et le lui rende.

« Qu'il rende le bien pour le mal[2] !

» Qu'il se couche seul à l'écart, et fuie à l'égal du

---

1. Feu sacré, qui ne doit jamais s'éteindre. Dans le temple il est entretenu par les vierges, dans la maison du gourou par les brahmatcharis, dans les demeures ordinaires par les femmes.

2. La morale moderne n'a rien ajouté à ces prescriptions du vieux législateur brahmanique.

plus grand des crimes toute pollution nocturne; en cédant à des désirs infâmes, il abrége sa vie et descend au naraca [1].

« Si le jeune dwidja reçoit involontairement une souillure pendant son sommeil, il doit au lever du soleil se plonger par trois fois dans l'étang sacré en disant : « Que ce qui est parti malgré moi, revienne à moi. »

« Qu'après avoir accompli les premières oblations prescrites du lever, le dwidja aille chercher, selon les besoins de son gourou, de l'eau, des fleurs, de l'herbe cousa, de la terre et de la bouse de vache [2], et s'en aille ensuite quêter sa nourriture.

« Le dwidja ne doit demander sa nourriture qu'auprès des gens renommés pour la connaissance de la sainte Écriture, qui accomplissent leurs devoirs et les sacrifices prescrits.

« Il doit commencer toujours par les parents de son directeur, et ses parents paternels et maternels, mais en commençant par ceux qui sont les plus éloignés dans la parenté.

« S'il n'a pas de parents dans le village qu'il habite auprès de son gourou, qu'il aille mendier auprès des

---

1. Enfer.
2. Les Indous se servent de la bouse de vache pour enduire la terre battue de leurs maisons. C'est un désinfectant des plus utiles dans les contrées chaudes.

gens de sa caste en négligeant ceux qui ne jouissent pas d'une bonne réputation.

« Qu'il s'en aille ensuite dans la forêt chercher du bois qu'il fera sécher à l'air, et dont il fera deux parts, une pour le soir et l'autre pour le lendemain matin, afin de faire les oblations au feu.

« Il ne se servira jamais d'autres bois que de ceux du manguier, du sandal, du figuier, du tamarinier sauvage et de l'acacia rose.

« S'il arrive que, pendant sept jours, le dwidja, hors le cas de maladie, ait négligé de recueillir sa nourriture suivant le mode consacré et d'entretenir le feu sacré, il doit subir la punition de celui qui a violé son vœu de chasteté[1].

« Recueillir sa nourriture par l'aumône est aussi méritoire pour le novice que de jeûner.

« Quand il se trouve à un repas sacré offert en l'honneur des dieux, des saints et des mânes, il lui est permis de manger autant qu'il le pourra, en se conformant aux règles de purification des sannyassis[2].

---

1. « Le dwidja qui a violé le vœu de chasteté doit, pour se purifier, sacrifier un âne noir à Neiritia, suivant les rites des invocations mystérieuses, pendant une nuit sombre, dans un lieu où quatre chemins se rencontrent. »

(Manou, lib. XI.)

2. Anachorètes du deuxième degré.

« Ce cas n'a été étendu par les sages ni aux xchatrias ni aux vaysias ; il ne concerne que les brahmes.

« Le jeune novice doit s'appliquer à l'étude et chercher à satisfaire en tout son directeur.

« Il doit obéir à tous ses ordres, maîtriser ses sens et sa volonté, et s'appliquer à ce que son esprit soit un reflet de celui du gourou dont il reçoit les leçons.

« Qu'il ait un maintien convenable, un vêtement décent, et ne s'assoie que quand il en reçoit l'invitation.

« Que sa nourriture, ses habits et tous les objets dont il se sert soient des plus chétifs; que jamais, soit pour sortir, soit pour rentrer, il ne prenne le pas sur son directeur.

« Il ne doit répondre à une interruption de son gourou, ni couché, ni assis, ni en mangeant, ni en courant, ni de loin, ni en regardant de côté.

« Qu'il vienne auprès de lui et, debout, écoute respectueusement et réponde de même.

« Son lit et son siége doivent être le plus près de terre possible; une natte suffit.

« Qu'il évite de prononcer le nom de son gourou, et, quand il y est obligé, qu'il le fasse en faisant précéder son nom de : seigneur.

« Qu'il ne se moque jamais de lui en son absence, et ne s'amuse pas à contrefaire sa voix, ses gestes, sa démarche, ses discours.

« S'il entend tenir de mauvais propos sur la réputation de son gourou, qu'il se bouche les oreilles et s'éloigne.

« Si lui-même calomnie son directeur, il renaîtra, à la première migration, âne ; s'il en médit, chien ; s'il le vole, insecte ; s'il regarde sa femme avec amour, ver.

« Il ne doit jamais lui faire rendre ses hommages par une autre personne, ni quand il est irrité, ou en présence d'une femme avec laquelle il s'entretient.

« S'il est en voiture et qu'il aperçoive son gourou, qu'il descende immédiatement pour lui rendre les honneurs.

« Qu'il ne s'asseye pas avec lui contre le vent, et ne parle pas en criant, quand il est loin, pour se faire entendre.

« Si le gourou de son gourou vit encore et qu'il vienne dans la maison, le brahmatchari doit en user avec lui exactement comme s'il était son propre directeur.

« Si ses parents entrent chez son père spirituel, il ne peut les saluer qu'après en avoir reçu la permission.

« Il doit tenir la même conduite, et vénérer tous les gens qui lui enseignent la vérité, lui donnent de bons conseils, et cherchent à l'éloigner de l'erreur, quand bien même ils ne seraient point ses professeurs et n'appartiendraient pas à sa parenté.

« Qu'il se comporte de même avec tous les gens de bien, avec les parents et le fils de son directeur, s'il est plus âgé que lui.

« Mais il ne doit ni oindre de parfums la chevelure et le corps du fils de son directeur, ni le servir et le masser au bain, ni lui laver les pieds, ni manger ses restes.

« Si la femme de son directeur et les autres parentes qui habitent la maison sont de la même caste que lui, le novice doit les honorer à l'égal de son gourou ; mais si elles sont d'une caste inférieure, il n'est tenu que de se lever en leur présence et de les saluer.

« L'élève ne doit point accepter de servir au bain la femme de son directeur, de répandre des parfums sur elle, de la masser, d'arranger ses cheveux avec art, et de les oindre de parfums.

« Il ne doit pas non plus se prosterner devant la jeune épouse de son directeur en touchant respectueusement ses pieds, si par son âge il a déjà acquis la science du bien et du mal.

« Il est dans la nature de la femme de chercher à plaire aux hommes et à les séduire, mais les sages ne se laissent jamais aller jusqu'à céder à leurs attraits, quand cela est blâmable.

« La femme peut détourner de l'honnêteté et de modération les hommes forts et pleins d'expérience, aussi bien que les hommes faibles et ignorants. Le joug des passions amoureuses ne nous abandonne plus dès qu'il nous a courbés sous lui.

« Il ne faut pas demeurer dans des lieux isolés, seul avec sa mère, ses sœurs, sa fille ou ses autres parentes; les sens excités par l'isolement sont si puissants qu'ils ont parfois raison de l'homme le plus sage.

» C'est ainsi que le richi Vasta, retiré dans une caverne avec ses deux filles, pour fuir la méchanceté des hommes du pays de Kota, les rendit mères toutes les deux; et pour cela il accomplira des milliers de migrations parmi les végétaux et les animaux, avant de reconquérir la forme humaine[1].

« Mais un jeune élève ignorant le mal peut, suivant le mode prescrit, se prosterner aux pieds de la jeune épouse de son directeur, et les toucher en signe de respect.

« Le brahmatchari, au retour d'un voyage, doit s'incliner dans la poussière et toucher avec respect, du front, les pieds des femmes de son père spirituel.

« L'homme qui creuse la terre sans relâche avec une pioche, finit par rencontrer une source d'eau; de

---

1. La tradition de Loth serait-elle donc aussi un souvenir de la légende indoue?

même l'élève studieux et plein de zèle qui s'applique sans cesse à comprendre les leçons de son gourou, arrive à la source de la vie qui est la science.

« Qu'il ait la tête rasée, moins la touffe du sommet de la tête ; qu'il porte la tonsure seulement ou tous ses cheveux, comme les sannyassis, ou qu'il soit entièrement rasé[1] ; que jamais le soleil, soit qu'il se lève, soit qu'il se couche, ne le trouve endormi.

« Si le soleil se couche ou se lève sans qu'il l'accompagne de ses prières, étant déjà livré au sommeil, il jeûnera pendant un jour entier en répétant, sans s'arrêter plus longtemps que l'espace de cinq aspirations, la prière de la sâvitri.

« Après avoir fait ses ablutions, et en état de pureté parfaite, que le brahmatchari se recueille, et, se plaçant dans un endroit purifié par l'eau lustrale, qu'il adresse, par la sâvitri, son invocation au Grand-Tout, chaque fois que le soleil se lève ou se couche.

« Il y a des hommes sensés qui disent : Le bonheur consiste dans la vertu et la fortune.

« D'autres disent que c'est dans le plaisir et la richesse.

---

1. Ces modes indiquent la caste et la profession : la tonsure indique l'élève en théologie, de caste brahme, destiné à la prêtrise ; la tête rasée moins la touffe indique le xchatria ; les cheveux longs, le cénobite, le fakir ; la tête rasée, le vaysia.

« D'autres, dans la richesse seulement.

« Mais les sages ont dit: Le bonheur ne consiste que dans la vertu.

« Le gourou est l'image de l'éternel Brahma ; le père est l'image de Viradj, le seigneur des créatures. Mais la mère est l'image de l'immortelle vierge Nari. Le frère aîné est l'image des ancêtres.

« Le gourou, un père, une mère, un frère aîné ne doivent jamais être méprisés par le brahmatchari, même quand il ne recevrait d'eux que de mauvais traitements.

« Des siècles de dévouement ne payeraient pas un père et une mère de ce qu'ils font pour leurs enfants.

« Que le brahmatchari se fasse une loi d'obéir toujours et sans murmurer aux ordres de ses parents et de son directeur spirituel ; par leur satisfaction, l'élève acquiert une longue existence et une bonne réputation.

« Ces trois personnes, le gourou, le père et la mère, représentent la sainte Trimourti, les Trois Mondes, les Trois Castes, les Trois Livres sacrés, les Trois Feux.

« Le père entretient perpétuellement le feu sacré de la maison, le feu dédié à l'éternel Brahma, appelé Gârapathya. La mère entretient le feu des cérémonies, et des oblations consacrées aux pitris [1] appelé Dockchina. Le gourou entretient le feu des sacrifices religieux, appelé Ahavanya.

« Celui qui n'oublie pas la vénération qui leur est due verra son âme se dépouiller rapidement, en passant par les Trois Mondes, et, brillant de l'éclat le plus vif, parvenir au séjour céleste.

« Par son respect envers sa mère, le brahmatchari se dépouille de son enveloppe terrestre ; par son respect envers son père, il se dépouille de la forme plus subtile qu'il revêt dans l'atmosphère ; par son respect envers son directeur, il devient plus léger, plus pur encore, et monte au séjour de Brahma.

« Quiconque n'honore pas ces trois personnes, est incapable d'accomplir une action méritoire.

« Pendant la vie de ces trois personnes, le brahmatchari ne doit avoir d'autre occupation que de leur obéir, d'autre devoir que de leur être soumis, mettant toute sa gloire à prévenir leurs désirs.

« La vénération de ces trois personnes est appelée, par l'Écriture sainte, le premier des devoirs ; tous les autres sont considérés par les sages comme secondaires.

« La foi accomplit des merveilles ; quiconque la possède peut être instruit des choses qu'il ignore par

---

[1] Mânes des ancêtres.

un vil soudra, apprendre à connaître la vertu d'un homme vil, et recevoir une épouse charmante d'une famille méprisée.

« On peut retirer de l'amrita du poison, recevoir d'un enfant un conseil salutaire, apprendre d'un ennemi des choses utiles et extraire de l'or de métaux impurs.

« Les femmes, l'or, les choses précieuses, la vertu, la pureté, la science, un bon conseil et tout ce qui est utile et beau, doivent être reçus d'où qu'ils viennent.

« En cas de nécessité absolue, il a été reconnu par les sages qu'on pouvait étudier la sainte Écriture avec un professeur qui n'appartienne pas à la caste des brahmes ; alors la soumission lui est due pendant tout le temps de l'éducation.

» Mais le brahmatchari ne peut, s'il veut sanctifier son âme et tenir son corps dans un état de pureté complète, rester pendant toute sa vie auprès d'un professeur qui ne serait pas brahme, ou qui, étant brahme, aurait une conduite réprouvée par les gens de bien.

« S'il désire rester toute sa vie auprès de son directeur spirituel, l'aimer, le servir, jusqu'à la désagrégation de son âme et de son corps, il le peut si le gourou remplit les conditions exigées, et si le brahmatchari respire dans sa maison un air chargé de chasteté, de douceur, de bonté et de vertu.

« Le novice qui se sera soumis, pendant tout le temps de son éducation, aux volontés de son directeur; qui, après avoir reçu l'initiation sacrée et tous les sacrements qui y sont attachés, aura ensuite étudié à fond le Véda, les sciences mystérieuses, et surtout les mentrams auxquels obéissent même les Dieux [1];

---

1. L'édifice religieux du djeïnisme et du brahmanisme repose tout entier sur la prière (en sanscrit, *mentram*). Aucune puissance céleste, fût-ce même le mystérieux Swayambhouva, ne peut résister à une invocation faite à propos, et chaque matin, au sacrifice de l'aswamedha, le prêtre qui officie fait descendre sur l'autel, par la vertu d'une prière, le dieu Vischnou, seconde personne de la Trimourti, incarné dans Christna. Armé de ses mentrams ou oraisons, le pouvoir du prêtre brahme est sans bornes. C'est ce qu'exprime ce sorite sanscrit que l'on trouve gravé sur le salagrama des vieilles pagodes du sud de l'Indoustan, et que nous avons relevé à Chelambrum.

> Dévadinam djagat sarvam,
> Mantradinam ta dévata,
> Tan mantram brahmanadinam :
> Brahmana mama dévata.

Tout ce qui existe est au pouvoir des dieux,
Les dieux sont au pouvoir des mentrams,
Les mentrams sont au pouvoir des prêtres brahmes :
Donc les dieux sont au pouvoir des brahmes.

D'après le *Brahmatara-Kanda*, vieux poëme indou composé en l'honneur de Siva, troisième personne de la Tri-

« S'il n'a jamais négligé de réciter les prières du soir et du matin, la face tournée du côté du soleil levant et du soleil couchant; s'il a, chaque jour, récité la sainte invocation de la sâvitri;

« S'il n'a jamais négligé de prononcer, dans le silence des bois, sur les bords des claires fontaines, au milieu du calme des nuits, l'invocation infinie contenue dans le mystérieux monosyllabe: Aum;

« S'il n'a jamais oublié ses ablutions corporelles,

---

mourti (trinité), les mantrams ont été donnés à l'homme comme un moyen de rester en communication constante avec la divinité, et c'est ainsi que les sages, les sannyassis, les vanaprasthas parviennent à attirer à eux une partie de la puissance du dieu qu'ils invoquent.

Le miracle est né de la prière.

L'extrait suivant de l'ouvrage que nous venons de citer énumère les vertus des mentrams :

« Les prières sont plus agréables à Zeous ou Zyaus, que l'encens et les cinq parfums (pantcha-amarita).

« Les prières sont la nourriture des dieux.

« Les prières purifient tout : la terre, l'eau, le feu, l'air et l'éther.

« Les prières chassent les démons et les génies malfaisants.

« Les prières effacent les péchés.

« Les prières calment les penchants aux plaisirs sensuels.

« La prière est supérieure au Véda. — Ce texte est peut-être le seul que l'on puisse rencontrer, dans les livres sacrés des Indous, qui place les mentrams au-dessus des Védas.

qui effacent les souillures du corps, et ses ablutions spirituelles, *par l'aveu et la pénitence*, qui effacent les péchés ;

« S'il n'a jamais négligé de faire l'aumône et de mendier lui-même sa nourriture, s'il a fui la colère, l'orgueil, l'envie, la médisance ; s'il a su se conserver chaste ;

« S'il a accompli les dix vertus dont les sages apprennent que se compose le devoir ;

« Celui qui donne son existence à la prière est exempt de chagrins et de craintes, il n'a rien à appréhender des souffrances du naraca (enfer).

« La prière est un refuge assuré, même pour ceux qui ne la comprennent pas, et elle leur procurera une éternité de bonheur.

« Sans prière, nul ne parviendra à interrompre le cours des transmigrations, et à s'absorber dans le sein de Brahma.

« C'est le cerveau qui reçoit la pensée, et la pensée est fixée par la parole, la pensée et la parole doivent se purifier constamment par la prière, etc... »

Le Brahmatara continue ainsi pendant plusieurs centaines de slocas, dont la citation nous paraît superflue. Ces quelques lignes suffisent à indiquer ce que fut la prière antique, et combien il est peu scientifique de croire que le mosaïsme et le christianisme n'ont pas eu de précurseurs.

Le *Karunany-yoya*, troisième Véda du djeïnisme, contient également de nombreuses stances sur la prière, elles sont plus spiritualistes encore que les précédentes :

« La prière est un parfum qui réjouit le Djeïnessouara comme la lumière réjouit nos yeux.

« Il est assuré d'un bonheur éternel, cette terre ne verra plus son âme venir s'envelopper dans sa grossière substance.

« Pendant tout le temps que dure son éducation, le brahmatchari ne doit faire aucun présent, de quelque nature qu'il soit, à son directeur; mais, sur le point de le quitter et de faire l'oblation du départ, qu'il lui offre ce qui est en son pouvoir de lui donner.

« Une terre, une maison, de l'or, une vache, un cheval, un parasol, des sandales, un siége, du riz, de simples herbes potagères, qu'il laisse à son vénérable directeur un souvenir selon sa fortune.

« Si son directeur spirituel vient à mourir, le

« La prière est un souvenir constant que l'âme a conservé du swarga (ciel).

« Par la prière et la contemplation, l'âme se dépouille peu à peu de son enveloppe mortelle et s'absorbe dans l'âme suprême.

« Celui qui prie est consolé s'il pleure, est guéri s'il souffre. La prière donne l'immortalité. »

(*Karanany-Yoya.*)

La prière, qui purifie le simple mortel, confère aux pénitents et aux prêtres le don des miracles ; les ouvrages indous sont pleins de légendes dans lesquelles on voit des possédés du démon, des sourds, des boiteux, des aveugles, des morts même guéris ou ressuscités par la puissance de mentrams célèbres récités par de saints personnages.

Les prières les plus célèbres dont usaient les anciens thaumaturges de l'Inde, étaient :

brahmatchari qui veut passer sa vie dans l'étude et la méditation de la sainte Écriture, doit se conduire, avec le fils aîné de son gourou, s'il est vertueux, et avec sa veuve, comme il le faisait avec son vénérable professeur.

« Si ni le fils, ni l'épouse, ni un parent paternel du gourou ne sont vivants, que l'élève devenu sna-

---

La sâvitri, dont nous avons donné une traduction dans la note 1, p. 52.

Le namah-sivaya, ou salut à Siva, sorte de litanies exaltant les mérites, la bonté, la puissance de la troisième personne de la trinité,

Et le mystérieux monosyllabe AUM! dont chacune des lettres représente une des personnes de la trimourti.

Rien ne pouvait résister au pouvoir de ces trois *mentrams*.

Nous disons *rien ne pouvait*, car aujourdhui, hélas! dans l'Inde, comme ailleurs, le miracle n'a plus cours ; les vertus efficaces et les effets si vantés des mentrams ne se laissent plus apercevoir, et beaucoup d'Indous commencent à désespérer de leurs dieux en voyant leur impuissance. De temps à autre les pieux fainéants des pagodes, pour attirer les dons et les offrandes dans leurs repaires sacrés, viennent, il est vrai, annoncer au peuple quelque guérison ou quelque apparition miraculeuse, mais ils ont toujours soin que le fait n'ait pu avoir d'autres témoins qu'eux-mêmes, ou quelques humbles *golla* ou *kourouba*, bergers ou gardiens de chèvres, tout glorieux d'ordinaire du rôle que les prêtres leur font jouer. Éternelles et misérables jongleries sacerdotales, toujours les mêmes dans tous les temps et dans tous les lieux.

taca [1], qui a terminé ses études, s'installe dans l'ermitage de son gourou, et, les yeux fixés sur la délivrance finale, qu'il continue les exercices pieux et à entretenir le feu sacré.

« Le brahme qui continue à vivre ainsi après l'achèvement de son noviciat, se prépare à atteindre la condition suprême : il ne renaîtra plus sur la terre [2] ! »

---

1. Qui a fait l'ablution de la fin.

2. Tel est cet étrange livre de Manou, sur la naissance et l'éducation de l'enfant et de l'adolescent, qui, à part quelques détails particuliers de mœurs, nous révèle un état religieux, moral et philosophique identique au nôtre.

Où trouverons-nous des maximes supérieures à celles qui sont semées à profusion dans ces quelques pages si pleines d'enseignements chastes, sains et honnêtes :

Le bonheur n'est que dans la vertu.

Il faut fuir l'envie, la médisance, l'orgueil, la calomnie, la colère..., etc.

Et ces invocations constantes à la Grande Cause première, au Grand Tout, à Swayambhouva, l'être existant par lui-même... Comme nous sommes loin de ces mœurs sémitiques, stupides et grossières, mœurs de brigands nomades que nous aurons à étudier, et que l'influence des émigrations indoues, en leur apportant des traditions honnêtes et une morale élevée et philosophique, parvinrent à peine à changer.

Nous ne voulons pas examiner ce passage important de Manou, indépendamment de ceux que nous allons donner encore, et avec lesquels il se lie intimement. Relevons cependant les traditions les plus importantes qui y sont contenues.

Ce livre de la Jeunesse établit :

1° L'unité de Dieu dans la trinité ;

2° L'existence d'esprits inférieurs, demi-dieux, mandataires du Dieu suprême ;

3° L'existence des mânes et pitris, esprits qui vivent dans notre atmosphère et qui sont en communication constante avec les créatures ;

4° Il donne, comme origine de toute science divine et humaine, la Révélation — Srouti — et la Tradition — Smriti ;

5° Établit l'excommunication contre les athées, peine terrible dont l'élément sacerdotal abusa pour maintenir sa puissance, et que messieurs de Rome n'eurent garde d'oublier dans leur réédification du brahmanisme ancien en Europe ;

6° Il reconnaît que le mobile du bien est dans l'amour de soi, mais qu'il serait préférable qu'il fût dans l'amour de la vertu. Ce principe est la base de toute philosophie ;

7° Il contient une prophétie de l'avénement du rédempteur Christna, promis à Eva par Brahma ;

8° Il établit les sacrements, qui sont :

La purification de la conception par les oblations au feu ;

L'ondoiement du nouveau-né ;

L'investiture par l'huile sainte, ou confirmation de la purification ;

L'investiture de la prêtrise ;

(Nous verrons les autres sacrements dans les chapitres suivants.)

Il ordonne :

9° La prière du matin et du soir ;

10° Les sacrifices, les oblations, l'aumône, le jeûne;

11° La confession et la pénitence;

12° Les neuvaines dans les forêts et dans les lieux consacrés;

13° Il donne la dénomination de père spirituel au directeur religieux;

14° Il parle des sciences occultes enseignées aux bramatcharis et des communications des pitris avec les créatures;

15° Il enseigne l'immortalité de l'âme humaine qui, suivant ses actions bonnes ou mauvaises, ira jouir d'un bonheur éternel dans le sein de Brahma, ou reviendra accomplir sur la terre, après s'être purifiée dans le naraca, — enfer, plusieurs séries de transmigrations nouvelles;

16° Il établit le ciel — swarga — et l'enfer — naraca;

17° Enfin, il contient toute une série de prescriptions morales, sur les devoirs des fils envers leurs parents, des élèves envers leurs professeurs, de l'adolescent dans le monde, qu'aucune religion et aucun système philosophique n'ont surpassés. Nulle société même ne s'est approchée de ce rigorisme, de cette sévérité de mœurs des anciens Indous qui évitaient toute souillure *matérielle* ou *spirituelle*, comme une atteinte portée aux grandes lois de la nature qui, dans leur éternelle évolution, font monter le dernier des atomes, de la boue des mers, de la goutte d'eau, jusqu'à Brahma, par des modifications progressives.

Qu'on lise attentivement la nomenclature de toutes les cérémonies, de tous les sacrements, sacrifices, prières, ablutions, qui sont imposés au brahme qui veut se rendre digne de ce nom, de toutes les vertus qu'il doit pratiquer pour qu'il puisse, suivant l'expression de Manou:

« Être assuré d'un bonheur éternel, et que cette terre ne voie plus son âme venir de nouveau s'envelopper de sa grossière substance; »

Et qu'on nous dise si le bien, la vertu, le devoir et les idées d'unité de Dieu et de trinité, et d'immortalité de l'âme, n'ont pas revêtu dans l'Inde le caractère le plus élevé qui puisse leur être donné, et si, en copiant ces traditions indoues, le sémitisme chrétien y a ajouté quoi que ce soit.

LIVRE III.

DU MARIAGE ET DES DEVOIRS DU PÈRE DE FAMILLE.

(Du repos funéraire).

« L'étude de la sainte Écriture, des mystères, des cérémonies et des sacrifices doit durer, sous la direction suprême du gourou, *neuf ans, dix huit ans* ou *trente-six ans*, suivant le degré d'intelligence ou d'aptitude du brahmatchari[1].

« Après avoir étudié les livres saints dans l'ordre établi, en s'arrêtant spécialement sur telle ou telle partie, suivant sa caste, le brahmatchari, le jeune xchatria et le vaysia peuvent entrer dans la catégorie des pères de famille[2].

---

1. Et selon que l'étudiant en théologie veut parvenir au premier, au deuxième ou au troisième degré d'initiation.

2. Ses études du premier degré terminées, l'étudiant entre dans l'ordre des grihastas ou pères de famille. Après le don de la génisse il peut se marier. Les membres des trois castes sont obligés de prendre ce premier degré d'initiation. Le soudra ne peut y prétendre en aucun cas.

« Connaissant tout ce qui se rapporte aux devoirs, et sachant interpréter la Sainte Écriture, il peut quitter la maison de son père spirituel, qui, sur le seuil, le couronne de fleurs, appelle la bénédiction des dieux sur sa tête, et lui fait cadeau d'une génisse.

« Le dwidja — deux fois né — doit alors, avec l'assentiment de son gourou, prendre son bâton et son aiguière, et se mettre à la recherche d'une femme de la même caste que lui, qui brille par ses qualités, et qui soit pourvue des signes prescrits.

« Il ne peut épouser une femme descendant en ligne directe d'un de ses aïeux paternels ou maternels, jusqu'au sixième degré. Il ne peut avoir aucune union charnelle avec des femmes parentes de son père ou ayant avec lui une origine commune.

« Qu'il évite toute union avec une femme appartenant à une famille qui n'accomplit pas ses devoirs religieux, dans laquelle le nombre des filles est bien plus grand que celui des fils[1], qui ignore la sainte Écriture, ou dont les membres sont affligés de difformités, comme la phthisie, la dyspepsie, l'épilepsie, les hémorroïdes, la lèpre et l'éléphantiasis.

---

1. Cette recommandation vient de la croyance que le père de famille ne voit le swarga (ciel) s'ouvrir devant lui que par les prières et les cérémonies accomplies par son fils sur sa tombe. De là la nécessité d'avoir un fils.

« Il fuira ces familles, quelles que soient leur puissance, leur renommée, leurs richesses.

« Qu'il cherche une femme belle de formes, dont le nom soit agréable à prononcer, qui ait la démarche d'un cygne ou d'un jeune éléphant, la voix douce, dont le corps soit couvert d'un léger duvet, dont les cheveux soient soyeux, les dents petites et régulières, les membres d'une souplesse délicate.

« Une belle femme fait la joie de la maison, conserve l'amour de son mari et lui donne des enfants bien constitués.

« Qu'il n'épouse pas une fille qui n'a pas de frère[1], ou dont il ne connaît pas le père[2].

« Le premier mariage du dwidja ne peut avoir lieu que dans sa propre caste. Si la nécessité l'oblige à une seconde union[3], il peut la choisir dans les castes inférieures.

---

1. Son premier-né pourrait être malgré lui adopté par son beau-père, pour l'accomplissement des cérémonies funéraires, et, dans ce cas, s'il venait à ne pas avoir un second fils, il serait obligé lui-même d'avoir recours à l'adoption.

2. Ne connaissant pas le père, il ne pourrait comparer sa généalogie à celle de sa femme, et il s'exposerait à épouser une femme qui serait sa parente à un degré prohibé.

3. La nécessité de se procurer un fils qu'il n'a pu avoir de sa femme légitime.

7

« En cas de nécessité et pour assurer l'accomplissement des cérémonies funéraires sur sa tombe, le brahme peut contracter une seconde union, avec le consentement de sa première épouse, avec une femme xchatria ou vaysia.

« Le xchatria avec une femme vaysia ou même soudra, le vaysia avec une soudra. Le soudra n'épouse jamais qu'une soudra.

« Aucune tradition ne fait mention d'un brahme, même en cas de nécessité, ayant épousé une femme de la caste impure.

« Le brahme qui épouse une soudra est dégradé sur-le-champ, et il rabaisse sa famille à la condition servile[1]. Il est rejeté parmi les tchandalas ou gens des classes mêlées.

« Des sages, comme Sanaca et Brighou, ont pré-

---

1. « Il est rejeté parmi les tchandalas ou gens des classes mêlées. »
Cette expression de tchandala se rencontre si souvent dans Manou que nous croyons utile de donner quelques explications sur ces gens *des classes mêlées* et le chemin parcouru par quelques-unes de leurs migrations les plus curieuses, émigrations sur lesquelles nous nous fondons pour donner à la Chaldéo-Babylonie l'Inde pour ancêtre.

La division du peuple en quatre castes, les brahmes, les xchatrias, les vaysias et les soudras, fit naître dans l'Inde un droit pénal dont nous retrouvons des vestiges chez toutes les nations de l'antiquité et même dans les codes

tendu que le brahme épouseur d'une soudra n'était dégradé que par la naissance d'un enfant mâle, mais les éminents richis Atri et Gotama, fils d'Antathya, déclarent que l'union seule suffit.

---

modernes. Cette forme de pénalité s'appela, dans l'Inde, le rejet de la caste.

A Athènes, le bannissement avec privation de ses droits de citoyen.

A Rome, *la diminution de tête*.

Dans les codes modernes, la mort civile.

Par le rejet de la caste, l'homme perdait dans l'Inde non-seulement ses droits sociaux, mais encore ses droits naturels. Il n'était plus rien non-seulement pour les gens de son village et de sa caste, mais encore pour sa femme, ses enfants et tous ses parents. Du jour où le rejet de la caste était prononcé, sa succession était ouverte.

On lui interdisait l'eau, le riz et le feu, non qu'il ne conservât le droit de se nourrir, mais il était défendu à qui que ce fût, sous peine de subir la même flétrissure, de lui fournir aucun de ces objets, d'observer à son égard les droits de l'hospitalité.

Le tuer n'était pas un crime.

La société indoue n'avait pas encore inventé la prison, les tortures, la mort... elle resta stationnaire pendant plusieurs milliers d'années devant ce mystérieux problème de la vie sans oser y toucher, n'admettant d'autre droit pour la société que celui de chasser de son sein celui de ses membres qui refusait de se soumettre à ses lois.

Cette coutume engendra bientôt toute une catégorie d'individus qui reçurent le nom de *tchandalás* ou *gens des classes mêlées*.

« Il est donc prescrit que le brahme qui épouse une soudra, s'il n'en a pas d'enfant, devra, après sa

---

Les pariahs actuels descendent des tchandalas.

Lorsque l'Indou était frappé par un arrêt de rejet de caste, il n'entraînait pas dans sa chute, à moins de complicité, sa femme et ses enfants ; mais si ces derniers voulaient par dévouement le suivre dans sa disgrâce, ils étaient dégradés par ce seul fait et rejetés dans la classe impure, de même tous les enfants qui lui naissaient, soit de sa femme, soit d'unions passagères, appartenaient à la classe des tchandalas.

Cette classe n'avait aucune existence légale. La loi ne reconnaissait pas plus les liens de parenté de ses membres que ceux des animaux ; les malheureux décastés étaient moins protégés même que ces derniers, puisqu'on pouvait les blesser et les mettre à mort impunément.

Comme toutes les races abandonnées à la vie de nature, les tchandalas se développèrent avec une extraordinaire rapidité. Issus des criminels de toutes les castes, même des castes brahmes et xchatrias, ils ne tardèrent pas à former un ensemble beaucoup plus intelligent, plus capable que la moyenne des soudras et même des vaysias ; peu à peu, ils se réunirent en villages dans les contrées incultes et jugées inhabitables jusqu'alors ; ils cultivèrent la terre, élevèrent des troupeaux, et chacun ayant conservé la caste précédemment possédée dans la société qui les avait chassés, ils ne tardèrent pas à former une petite nation, s'élevant à côté de la grande et sur son modèle, et ayant elle aussi ses brahmes, prêtres, ses xchatrias, chefs, ses vaysias, négociants, et ses soudras, cultivateurs. Les plus anciens historiens indous, Vina-Snati et Véda-Vyasa par exemple, leur attribuent l'*invention de la brique.*

mort, aller se purifier dans le naraca; mais s'il en a une fille, il est dégradé de sa caste.

Les brahmes ne pouvaient accepter cette situation qui devait infailliblement conduire à des luttes séculaires le jour où les tchandalas seraient assez forts pour braver ceux qui les avaient rejetés de leur sein.

La persécution commença.

Un premier édit du brahmatma Yati-Richi défendit à tous les gens *des classes mêlées* d'habiter dans les villages.

Ils se firent nomades et vécurent avec leurs troupeaux, mais sans s'éloigner du centre commun de ralliement, c'est-à-dire de leurs fours à briques. Ils continuèrent à se développer et à croître avec une extraordinaire rapidité.

Toutes les provinces de l'Inde avaient leurs tchandalas gouvernés par ceux d'entre eux qui étaient d'origine brahme et xchatria. De plus, quoique parlant des langages différents suivant les latitudes, tous les groupes tchandalas possédaient les mêmes mœurs, les mêmes croyances que les Indous, car les brahmes chassés de leur caste avaient doté les classes mêlées d'un culte et d'une discipline religieuse semblables à ceux des castes régulières. Bientôt ils se hasardèrent à bâtir quelques modestes édifices en terre et pierre sèche, servant de pagodes et d'écoles... Malgré tous les obstacles, malgré la loi civile et religieuse, une nouvelle nation se formait dans la nation.

Le brahme Vamana, le vainqueur de Prithou, homme intelligent autant qu'habile, conseillait à l'artaxchatria Aristanata, dont il avait consolidé le trône par ses victoires, d'admettre tels quels dans les castes tous les groupes tchandalas et de leur restituer les droits dont avaient joui leurs ancêtres. Si cet avis eût prévalu, toutes les persécutions et les révolutions serviles qui ensanglantèrent l'Inde

« Le brahme doit toujours être assisté de sa femme, dans les sacrifices aux dieux, les offrandes aux pitris, et dans l'accomplissement des devoirs.

---

pendant des siècles eussent été évitées. Mais déjà, à cette époque, la logique, la justice et le sens commun étaient de peu de poids dans les conseils du gouvernement, et l'on ne songea à se défendre des tchandalas qu'en leur infligeant les plus odieux traitements.

Environ huit mille ans avant notre ère (on m'a souvent reproché avec peu de bonne foi *mes dates*... ai-je besoin de dire que ce sont les dates de la chronologie brahmanique? ai-je tort de les préférer aux dates fantaisistes que l'Europe veut imposer à l'Inde?), l'artaxchatria — grand roi — Pratichta lança contre eux l'édit connu dans l'Inde sous le nom de Arta — l'acte juste, par lequel il leur défendit l'exercice du culte de Brahma et la lecture des Védas.

Voici cet acte que nous avons traduit de l'Avadana-Sastra ou recueil des récits historiques.

« Manou a dit : les tchandalas naissent de l'adultère, de l'inceste et du crime. Ils ne peuvent avoir pour vêtements que les habits des morts, pour plats que des pots brisés, pour parure du fer, pour culte que celui des mauvais génies et qu'ils vaguent sans cesse d'un lieu à un autre.

Les sages ont de tous temps confirmé ces décisions. Il est interdit aux tchandalas *de faire aucunes cérémonies funéraires en l'honneur des mânes des ancêtres, de se réunir en villages, d'observer entre eux les différences de castes et d'y attacher des privilèges, d'offrir les sacrifices et les oblations à l'eau et au feu, de faire les ablutions prescrites.*

Il leur est interdit *de prononcer le nom de Brahma, l'être existant par lui-même, et le mystérieux monosyllabe, de lire, de copier et d'enseigner le Véda, d'écrire de gauche à droite,*

d'hospitalité. Comment voudrait-il que les dieux et les mânes acceptassent des oblations, que les voyageurs de sa caste qui viennent se reposer sous son

---

qui *est le mode réservé aux hommes vertueux des quatre castes et pour la transcription de l'Écriture sacrée.*

Pour les actes entre eux, ou constater les louages de service pour l'enlèvement des immondices et des cadavres en putréfaction, et pour leurs marchés de briques, il leur est interdit d'écrire de la main droite et autrement que de droite à gauche. La main droite est la main pure réservée aux sacrifices aux dieux et aux oblations que les gens des castes reconnues ont seuls le droit d'offrir. »

« Que cela soit sous peine de mort.

« Telle est la loi. »

Ces distinctions de main droite et de main gauche, et d'écriture de gauche à droite et de droite à gauche, sont encore observées dans toutes les provinces du sud de l'Inde, bien que les castes se soient multipliées à l'infini ; les castes supérieures les ont imposées aux castes inférieures, et un pariah qui voudrait les transgresser aujourd'hui se ferait assommer par les gens de bonne caste. Retenons bien ce fait :

De l'interdiction de la main droite et de l'écriture de gauche à droite, faite aux gens des classes mêlées par Manou et l'édit de Pratichta.

Rien n'y fit : les tchandalas se bâtissaient des cases de feuillage qu'ils renversaient à la moindre alerte, vivaient et priaient en commun, fabriquaient des ouvrages de poterie et des briques qu'ils allaient vendre aux abords des cités, car l'entrée leur en était interdite, et le besoin de leur aide était tel pour cet ouvrage pénible, qu'un karana

toit acceptassent une nourriture offerte par une impure soudra?

« Pour le brahme qui s'est uni à une soudra et qui en a eu un fils, il n'est pas d'expiation connue sur cette terre.

(bulle, rescrit, ordonnance) du brahmatma Yati-Richi avait déclaré :

« Qu'il était permis *de se servir de la brique fabriquée par les hommes des classes mêlées*, car la terre était si pure qu'elle ne pouvait être souillée par l'attouchement des tchandalas. »

(*Avadana-Sastra*, 1re partie.)

Enfin ces pauvres proscrits, par tous les moyens dont ils pouvaient disposer, reconstruisaient peu à peu entre eux le pacte social déchiré par leurs ancêtres.

Ils n'avaient pas le droit de posséder la terre, aussi la vente des objets qu'ils manufacturaient, leur vie sobre, leurs économies de plusieurs siècles, finirent par concentrer dans leurs mains une partie de la richesse monnayée de l'Indoustan. Malgré l'interdiction de l'eau, du riz et du feu qui pesait toujours sur eux, ils parvenaient à se procurer, en secret, le riz, le safran, et tous les objets nécessaires à leur nourriture et à la toilette de leurs femmes. Ils s'étaient rapprochés des villes, aux cases en feuillage avaient succédé des abris en briques construits sur un autre modèle que celui de leurs oppresseurs, pour ne pas exciter leurs persécutions. Insensiblement ils ruinaient les bases légales de leur proscription. En deux mille ans, ils étaient arrivés à former presque le tiers de la nation, et le jour approchait où il allait être nécessaire de compter avec

« Apprenez maintenant quels sont les différents modes de mariage en usage dans les quatre castes, et que les sages ont reconnus comme bons ou mauvais.

« Ils sont au nombre de huit :
Le mode de Brahma ;

---

eux, lorsque, sous l'artaxchatria Agastya, la persécution recommença avec de telles rigueurs, qu'en quelques mois ils furent rejetés dans la condition misérable que la loi leur avait primitivement faite.

Les montagnards de l'Himalaya ayant, pour la seconde fois, fait irruption dans les plaines de l'Indoustan, et détruit Asgartha, la ville du soleil, Agastya, après avoir été à deux doigts de sa perte, finit par les anéantir, et jugea l'occasion bonne pour s'emparer de toutes les richesses amassées par les tchandalas. Il accusa ces derniers d'avoir favorisé les envahisseurs et rendit coup sur coup une série d'édits qu'il fit exécuter par ses soldats.

Le premier, connu sous le nom de karana-karaya, l'édit d'impôt royal,

« Confisque tout ce qui sera trouvé en possession des tchandalas, par ce motif qu'ils n'avaient pas le droit de rien posséder. »

(*Aradana-Sastra*, 1re partie.)

Le second, appelé karana-kuhanaya, l'édit sur les choses de terre cuite,

« Ordonne que les tchandalas soient désormais employés uniquement aux travaux de briques et de poterie, pour le compte des raysias dont ils deviennent les esclaves ; et que, divisés en escouades, ils soient immédiatement employés à

Celui des dieux inférieurs (dévas) ;
Celui des richis (saints) ;
Celui des pradjapatis (créateurs) ;
Celui des assouras (génies malfaisants) ;
Celui des gandharbas (musiciens célestes) ;

---

entourer les villes de murs en briques, à construire des pagodes et des forteresses sans autre salaire que leur nourriture. »

(*Avadana-Sastra*, 1re partie.)

Le troisième, appelé karana-munkundakaya, l'édit sur les légumes impurs,

« Ordonne que la seule nourriture qu'il sera permis de leur donner consistera en ail et oignons (munkundaka, oignons), les livres sacrés défendent qu'il soit donné aux tchandalas ni grains, ni fruits portant grains, ni feu ni eaux. »

(*Avadana-Sastra*, 1re partie.)

La même ordonnance porte :

« Qu'ils ne pourront prendre de l'eau pour leur subsistance, ni dans les fleuves, ni dans les sources, ni dans les étangs, mais seulement aux abords des marécages et des abreuvoirs, et dans les trous faits dans la vase par les pas des bestiaux. »   (*Id.*)

Défense fut faite également :

« De laver leur linge et de faire leurs ablutions, l'eau croupie, qui leur était concédée, ne devait être employée qu'à éteindre leur soif. »

Il fut interdit aux femmes soudras d'accoucher les

Celui des rakchasas (géants précipités dans les cieux inférieurs après leur révolte contre Brahma);

Et enfin celui des pisâtchas (vampires).

« Voici quels sont les modes que chaque caste doit adopter, les chances heureuses qui y sont attachées,

---

femmes tchandalas, et à ces dernières de s'aider entre elles, etc...

(*Avadana-Sastra*, 1re partie.)

On aurait de la peine à ajouter foi à toutes ces horreurs, si l'antiquité de l'Orient n'était pleine de pareils actes.

Tout, comme on le voit, fut combiné de façon à amener le plus rapidement possible l'extinction de cette race, que les moyens ordinaires n'avaient pu empêcher de croître.

Excès de travail au soleil et devant le feu des fours à briques, des légumes crus pour toute nourriture — l'eau bourbeuse pour boisson — défense de procéder à aucuns soins de propreté — interdiction d'aider aux femmes enceintes à se délivrer. Un pareil traitement aurait raison en quelques années de la nation la plus robuste et la plus énergique.

Le premier résultat de ces atroces dispositions que l'Avadana-Sastra signale, fut amené par la défense faite à ces malheureux de procéder à aucune ablution corporelle.

En peu de temps, presque tous ces malheureux furent atteints de plaies purulentes aux parties génitales. Comme en cet état ils ne pouvaient travailler, Agastya rendit l'ordonnance appelée karana-nistrincaya, l'édit du couteau, par lequel :

« Tout homme et tout enfant mâle en naissant furent

et les qualités bonnes ou mauvaises qui en résultent pour les enfants.

« Il est des sages qui permettent les six premiers mariages aux brahmes et les quatre derniers aux autres castes, moins le mode des géants, interdit aux soudras.

---

astreints à la circoncision, et toute femme dut subir l'ablation des petites lèvres vaginales... »

(*Avadana-Sastra*, 1re partie.)

Toutes ces prescriptions, exécutées à la lettre sous Agastya, avaient eu pour résultat, à la mort de ce prince, de diminuer d'une bonne moitié le nombre des tchandalas.

Sous les successeurs de cet homme de fer, les rigueurs se relâchèrent un peu, et les malheureux, quoique plongés dans le plus dur esclavage, purent se procurer une nourriture moins malsaine, et reconstruire leurs primitives cases de branchages.

Nous les retrouvons, environ quatre mille ans avant notre ère, possédant des troupeaux et vivant à peu près tranquilles à condition de ne pas bâtir de maison, de ne pas se réunir en village, et de se soumettre aux prescriptions de Manou.

« La demeure des tchandalas doit être hors des villages; ils ne peuvent avoir des vases entiers, et ne doivent posséder pour tout bien que des chiens et des ânes.

« Qu'ils aient pour vêtements les habits des morts, pour plats des pots brisés, pour parure du fer. Qu'ils vaguent sans cesse d'un lieu à un autre.

« Qu'aucun homme fidèle à ses devoirs n'ait de rapports avec eux; ils doivent n'avoir d'affaires qu'entre eux et ne se marier qu'entre leurs semblables.

« D'autres n'accordent aux brahmes que les quatre premiers, aux xchatrias que le mode des géants, aux vaysias celui des musiciens célestes, et aux soudras le plus vil, celui des vampires.

« Le présent code n'accorde au brahme que les quatre premiers modes :

« Que la nourriture qui leur est accordée ne leur soit donnée que sur des tessons, et qu'ils ne circulent pas la nuit dans les villages et les villes.

« Qu'ils n'y entrent de jour que leur besogne, portant les signes prescrits par le roi pour qu'on les reconnaisse. Qu'on les charge de transporter les morts qui ne laissent pas de parents.

« Qu'ils exécutent les sentences de condamnation à mort.... »

Ils étaient devenus exécuteurs des hautes œuvres lorsque, pour ne pas augmenter le nombre des *gens des castes mêlées*, la répression pénale par la mort et les tortures avait remplacé le rejet de la caste, qu'on n'avait conservé que pour les crimes religieux d'une gravité exceptionnelle, comme la divulgation des mystères par un initié.

A l'époque des luttes brahmaniques et bouddhistes, environ quatre mille ans avant notre ère, pris entre des ennemis aussi acharnés contre eux les uns que les autres, *les tchandalas, au rapport de l'Avadana-Sastra :*

« *Emigrèrent en foule par le pays du Sind et d'Aria (Iran) avec leurs troupeaux, route qu'avaient déjà parcourue Harakala et ses guerriers...* » Comme on le voit, c'est le chemin de l'Euphrate et du Tigre, le chemin de la Chaldée et de la Babylonie.

Celui de Brahma;
Celui des dévas;
Celui des richis;
Celui des pradjapatis.

« Aux xchatrias, que le sixième et le huitième mode :

L'émigration la plus considérable notée par la tradition historique de l'Avadana eut lieu sous la conduite d'Artaxa-Phasical.

Une foule de souverains babyloniens conservèrent cette expression à la suite de leurs noms, signe frappant de leur origine indoue.

Le mot *pal* en sanscrit signifie *chef de tribu*, de là le mot *palli*, qui prend le sens de *tribu, village*. La route suivie fut celle du Sind que prirent ensuite toutes les émigrations, ca, dans ces immenses plaines qui s'étendent le long de la mer d'Oman et du golfe Persique, les tchandalas étaient à l'abri, eux et leurs troupeaux, des poursuites de leurs oppresseurs, qui, du reste, ne voyaient peut-être pas sans plaisir le flot des castes serviles qui menaçait de les envahir se déverser sur des contrées étrangères.

Il est un principe fatal qui préside au développement des nations, et auquel les peuples modernes ne se soustrairont pas plus que leurs ancêtres de l'antiquité. L'esclavage naît de l'égoïsme humain, dans toute société; le travail du bas voit ses résultats de bien-être profiter surtout au sommet; les heureux du hasard se liguent pour conserver leur situation, mais il arrive un jour où l'esclave ne veut plus travailler pour le maître... Toutes les émigrations antiques sont nées de là, à part quelques vaincus ambitieux qui, comme Manou-Véna, Hara-Kala et Iodha, allèrent coloniser

Celui des gandharbas;
Celui des rakchasas.
« Aux vaysias, que le sixième mode :
Celui des gandharbas (musiciens célestes).
« Aux soudras, que le cinquième mode :
Celui des asouras (mauvais génies).

---

l'Égypte, l'Asie-Mineure, et les contrées du Nord, à la suite de luttes sanglantes. La plupart des tribus tchandalas et autres qui quittèrent l'Inde furent des émigrations de déshérités, allant chercher d'autres cieux où il leur fût loisible de vivre libres, d'avoir une famille et de posséder.

L'organisation de la société indoue, telle qu'elle résulte des prescriptions de Manou dont nous avons donné la traduction, ne laissait aucune place à l'homme décasté, au tchandala, au pariah; au fur et à mesure que le nombre de ces pauvres gens s'est augmenté, ils sont allés demander un peu d'air, de soleil et de liberté à ces immenses plateaux de l'Asie centrale parsemés d'oasis et de déserts, contrée où ils ne rencontrèrent pas les conditions de la vie qui pouvaient leur permettre de constituer des nations durables et de jouer un grand rôle dans l'histoire de l'humanité.

La nature du sol les força à continuer cette vie nomade qui avait été leur lot dans l'Inde, et ils la continuent aujourd'hui dans le Bélouchistan, les déserts de Karman, le Kurdistan, et en Arabie jusqu'aux rives de l'Euphrate et du Tigre.

La loi du passé est la loi du présent, l'homme obéit aux nécessités de la terre. Nul grand royaume, nulle nation puissante n'eût pu s'établir, ni dans le passé, ni dans le

« Si un père, après avoir amplement pourvu sa fille de vêtements et de bijoux, la donne à un dwidja versé dans la science des livres saints, vertueux et jouissant d'une bonne réputation, et qui soit de la même caste que lui, ce mariage est dit :

Le mode de Brahma!

---

présent, dans la contrée comprise entre la mer Caspienne, l'Euphrate, le golfe Persique, la mer d'Oman et l'Indus, et aucun peuple n'y jouera dans l'avenir un grand rôle historique, à moins qu'un bouleversement géologique qu'on ne peut prévoir ne vienne changer les oasis rabougries, les steppes et les déserts sans fin de ce pays en terres riches et fertiles.

Regardez toutes ces immenses contrées qui se nom
Desert de Karinn,
Désert de Khorassan ou désert Salé,
Désert de Kouhistan,
Désert de Kerman,
Désert de Zerrah,
Désert de Djalk,
Désert de Lora, Désert de Saravan,

Pour ne nommer que les plus importants, et dites-nous s'il n'est pas absurde, à tous les points de vue ethnographiques, de faire vivre là des civilisations puissantes, ancêtres des Chaldéo-Babyloniens et de tous les peuples que la science officielle appelle les Sémites.

Vous avez fait de la science avec la Bible et vous ne voulez pas en démordre, mais vos inventions sont aussi surannées que les livres sacrés du judaïsme, l'histoire des familles humaines qui se rattachent à la race blanche veut, aujourd'hui, autre chose que les conceptions do ca-

« Lorsque le brahme prêtre offre le sacrifice du sarvaméda, et qu'un père, s'approchant pendant la cérémonie, consacre sa fille à celui qui officie, ce mariage est dit, par les sages :
Le mode des dévas!

---

binet, et des compilations approuvées par la Rome orthodoxe...

Les émigrations des déshérités, des tchandalas indous, apportant dans ces contrées leurs langues différentes par tribus, leurs croyances religieuses uniques, leurs habitudes d'écriture de droite à gauche, la circoncision imposée qui avait fini par passer dans les mœurs, leurs habitudes nomades, leurs connaissances des travaux de briques et de poteries... voilà la véritable source des nations dites sémitiques qui se sont développées dans la mesure du possible sur les plateaux de l'Asie centrale et les rives de l'Euphrate et du Tigre.

Quant à toutes ces grandes luttes assyriennes et babyloniennes, exagérées par cette tradition orientale qui ne connait pas de bornes sur le terrain de l'emphatique épopée, ce ne furent que des guerres de tribus se disputant les bords plus favorisés de l'Euphrate, et la possession des camps retranchés de Ninive et de Babylone, qui donnaient la suprématie passagère à la peuplade qui les possédait.

Ainsi également toutes ces guerres interminables entre Athènes, Sparte, Corinthe, Mégare, etc., ne furent que des disputes de village.

Voilà la vérité historique.

Il est temps de voir juste à travers toutes ces exagérations antiques, immortalisant des révolutions de bourgade, et livrant à l'admiration de la postérité des hommes qui,

« Lorsqu'un père accorde sa fille suivant les règles prescrites, à un homme qui lui a fait présent d'un ou de plusieurs couples de taureaux pour les sacrifices religieux, ce mode est dit :

Le mode des richis !

---

comme Alcibiade, *l'équivoque ami* du savetier Socrate, faisaient couper la queue à leur chien pour amuser la foule...

Il faudra faire la réduction de tout cela, et tout en gardant une admiration raisonnée pour le développement artistique et littéraire, qui procédait de l'Inde et s'est continué sur le sol de la Grèce, ramener une foule de petits hommes et de petits faits à une taille que Plutarque et consorts ont par trop exagérée.

Aucun des peuples de l'antiquité ne s'est développé isolément et en un jour, et tout dans le domaine artistique, littéraire, philosophique et scientifique, doit être, comme les anneaux d'une chaîne, rattaché au berceau commun. De même que nous avons aujourd'hui sur toutes matières un fond commun *de conceptions européennes*, de même l'antiquité eut un fond commun *de conceptions indo-asiatiques*.

Les prétendus Sémites, eux-mêmes, furent si bien des esclaves tchandalas émigrés qu'ils ne purent jamais s'élever au-dessus des conceptions vulgaires qu'ils avaient emportées de la mère-patrie. Les tchandalas ignorants n'avaient guère vu dans le culte indou que les manifestations extérieures abandonnées à la plèbe, rien dans ce que nous ont laissé les Chaldéens, leurs descendants, ne prouve que sur le terrain religieux ils se soient élevés aux croyances philosophiques et spirituelles des brahmes. M. Lenormand lui-même va nous en donner une preuve, en même temps

« Lorsqu'un père accomplit les cérémonies d'usage, en disant aux deux nouveaux époux : « Vous êtes unis; allez et pratiquez les devoirs prescrits, » ce mariage est dit :

Le mode des pradjapatis (les créateurs) !

---

qu'il constate, peut-être sans s'en douter, la filiation indoue des Chaldéens.

L'éminent assyriologue, citant la description suivante de l'écrivain anglais M. J. Roberts, du caractère superstitieux des basses castes indoues, l'applique également aux Chaldéens.

« Le peuple indou a affaire à tant de démons, de dieux et de demi-dieux, qu'il vit dans une crainte perpétuelle de leur pouvoir. Il n'y a pas un hameau qui n'ait un arbre ou quelque place secrète regardée comme la demeure des mauvais esprits. La nuit, la terreur de l'Indou redouble, et ce n'est que par la plus pressante nécessité qu'il peut se résoudre, après le coucher du soleil, à sortir de sa demeure. A-t-il été contraint de le faire, il ne s'avance qu'avec la plus extrême circonspection et l'oreille au guet. Il répète des incantations, il touche des amulettes, il marmotte à tout instant des prières, et porte à la main un tison pour écarter ses invisibles ennemis. A-t-il entendu le moindre bruit, l'agitation d'une feuille, le grognement de quelque animal, il se croit perdu; il s'imagine qu'un démon le poursuit, et dans le but de surmonter son effroi il se met à chanter, à parler à haute voix; il se hâte et ne respire librement qu'après qu'il a gagné quelque lieu de sûreté. »

Ce tableau est des plus fidèles. Nous avons été à même

« Si le prétendu reçoit la femme qu'il a choisie en raison des cadeaux et des présents qu'il a faits aux parents, ce mode est dit :

Le mode des asouras !

---

de le constater pendant les longues années que nous avons habité l'Inde.

Il ne nous est pas arrivé une seule fois de faire une excursion de nuit, sans que les Indous que nous rencontrions sur une route déserte, ne se missent à suivre notre voiture au pas de course, en s'appuyant sur un point quelconque du véhicule, pour diminuer par la compagnie les terreurs de la route.

Lorsque nous les interrogions, ils nous répondaient à voix basse et en tremblant, que la nuit, les esprits des eaux, des forêts et de l'air venaient tourmenter les hommes pour obtenir d'eux des cérémonies de purification funéraires.

A propos de la description de l'auteur anglais, M. Lenormand s'exprime ainsi :

« Cette description des Indous *modernes* s'applique trait pour trait aux *anciens* Chaldéens, et peut donner une idée de l'état de terreur superstitieuse où les maintenaient constamment les croyances que nous venons d'esquisser. Contre les démons et les mauvaises influences de tout genre dont ils s'imaginaient être entourés à chaque moment de leur existence, quels étaient les secours que leur offrait la magie sacrée, etc. ?... »

Les inscriptions laissées par les Chaldéens ne permettent de relever que les plus grossières superstitions; la ressemblance des mœurs de ces peuples avec les mœurs du bas peuple dans l'Inde, que M. Lenormand constate, est une

« Quand l'union d'un jeune homme et d'une jeune fille est le fruit d'un choix mutuel, cette union, née de l'amour et qui a pour but l'amour, est dite :

Le mode des musiciens célestes !

---

preuve de plus en faveur du système que nous avons exposé.

Nous ne ferons à l'éminent assyriologue qu'une légère querelle.

Pourquoi dit-il :

Cette description des Indous *modernes* s'applique trait pour trait aux *anciens* Chaldéens? Par cette opposition des mots *modernes* appliqués aux Indous, et d'*anciens* appliqués aux Chaldéens, voudrait-il, sans oser le dire, laisser supposer au lecteur que les Indous auraient pris ces coutumes des Chaldéens? M. Lenormand, bien qu'il ait inventé les Accadiens pour repousser l'influence indoue à l'égard de la Chaldéo-Babylonie, n'a certainement pas eu l'intention de dicter un pareil anachronisme... Mais comme il pourrait se faire que ces oppositions de mots — modernes et anciens — pussent faire naître cette opinion, nous dirons que cette croyance aux esprits et la science des incantations et des exorcismes forment le fond de la théologie vulgaire des Indous, et que les Védas, Manou et les Pouranas, et tous les ouvrages religieux de l'Inde ancienne sans exception, témoignent hautement de ces croyances. Qu'on nous permette de ne pas mettre notre bien mince autorité dans la balance avec celle de M. Lenormand, et de nous adresser à l'illustre William Jones, et à Loiseleur-Deslongchamps, son traducteur. Ces deux indianistes, dans une note sur Manou, à propos des vampires et des rakchasas ou esprits mauvais, s'expriment ainsi :

« Quand on enlève de la maison de son père une

―――

« Les rakchasas sont des génies malfaisants qui sont de plusieurs sortes :

« Les uns sont de grands ennemis des dieux, comme Ravana, dans le poëme épique de Ramayana ; les autres sont des espèces d'ogres et de vampires avides de chair humaine, hantant les forêts et les cimetières, comme Fli-dimbha dans le curieux épisode du Mahabharata publié par M. Rapp. Les rakchasas viennent sans cesse troubler les sacrifices des pieux ermites qui sont forcés d'appeler à leur secours des princes célèbres par leur valeur. Ainsi dans le Ramayana, liv. Iᵉʳ, le mouni Viswamitra vient réclamer l'assistance de Rama, fils du roi Dasaratha, et dans le drame de Sacountala, les ermites appellent à leur secours le roi Douchmanta. Le nombre des rakchasas est incalculable et ne cesse de se renouveler, les âmes criminelles étant souvent condamnées à entrer dans le corps d'un rakchasa et à y être logées plus ou moins longtemps, selon la gravité de leur faute. »

Nous pensons que le mot de *modernes*, appliqué à ces coutumes indoues, n'était pas dans la pensée de M. Lenormand, sans cela il serait obligé d'adresser la même épithète à Manou, aux Védas, au Ramayana, au Mahabharata, etc., c'est-à-dire à tous les monuments écrits les plus anciens de la pensée humaine.

En présence de toutes ces preuves, il n'est pas contestable que cette foule mêlée dont parle Eschyle, cette multitude d'hommes de diverses nations, parlant des langages différents, et unis cependant par les mêmes mœurs et les mêmes croyances religieuses, qui, selon le chaldéen Bérose, vinrent coloniser la Chaldéo-Babylonie, ne soient partis

jeune fille qui résiste, qui appelle à son secours ; que

de l'Inde aux époques signalées par les traditions de l'Avadana-Sastra.

Chaldéens, Assyriens, Babyloniens, Syriens, Phéniciens et Arabes doivent donc leur origine aux différentes tribus de tchandalas qui émigrèrent de l'Indoustan à des époques différentes, pendant les longues et sanglantes luttes des brahmes et des bouddhistes.

A leur tour, les Hébreux furent le produit d'une émigration chaldéenne.

L'Égypte fut la seule de ces contrées qui fut colonisée par les castes élevées de l'Indoustan, aussi son état social, ses croyances, son culte, ses traditions furent-ils de simples reproductions, des copies des usages de la mère-patrie. Mêmes influences sacerdotales, mêmes divisions de castes, même impossibilité d'en sortir, même droit pénal qui, comme dans l'Inde, produisait cette foule de décastés et de mêmes peuples qui, ainsi que le constate la Bible, s'enfuirent de l'Égypte avec les Hébreux.

Et c'est ainsi que nous repoussons, même à titre de classification, toute conception touranienne et sémitique, pour n'admettre qu'une seule conception, la conception indoue, qui fut le résumé de toutes les traditions antédiluviennes, et que nous appelons pour les contrées occidentales :

Traditions indo-européennes ;

Et pour les contrées orientales :

Traditions indo-asiatiques.

L'Occident fut peuplé par des émigrations de guerriers, ce qui fait, pour nous servir d'une expression de Manou, d'un usage encore général dans l'Inde, que nous sommes *des gens de main droite*, c'est-à-dire *issus des hautes castes*, et ayant le droit de nous servir de la main droite réservée

l'on brise la clôture, et que l'on tue ou blesse ceux qui s'y opposent, le mariage est dit :

Le mode des géants ! [1]

---

aux sacrifices, pour manger et écrire de gauche à droite dans le sens de l'écriture des livres sacrés.

L'Orient fut peuplé par les tchandalas, gens sans caste et *dits de main gauche*, et comme tels soumis à la circoncision, à tous les travaux des castes serviles et à l'obligation de travailler, de manger et d'accomplir la plupart des actes de la vie de la main gauche.

Sur le terrain ethnographique les plus petits faits ont souvent une importance considérable. Nous croyons qu'il n'est pas inutile de remarquer, qu'encore aujourd'hui les populations européennes ont conservé la main droite comme agent principal de tout travail, tandis que tous les prétendus Sémites se servent de la main gauche.

Les habitudes de l'esclavage, de l'isolement, la privation des femmes souvent imposée aux tchandalas pour arrêter le développement de la race, avaient fait naître chez eux des vices contre nature que Sodome et Gomorrhe n'eurent pas seules en partage, car tous les peuples dits sémitiques en furent et en sont encore infectés.

Ces ignobles et dégradantes coutumes sont considérées avec horreur dans l'Inde comme des vices de pariahs, et on n'a pu les remarquer chez les nations européennes qu'à titre d'exception.

Tout concourt donc, les grandes lignes comme les points de détails les plus infimes, à donner à ce système *force de loi historique !*

1. Continuons ces curieux rapprochements à l'aide desquels l'avenir écrira l'histoire du passé, lorsque les biblio-

« Lorsqu'on s'empare d'une femme après l'avoir endormie, à l'aide d'une liqueur préparée à cet effet, ou par le pouvoir du fluide pur, — agasa — ou quand sa raison est égarée, ce mariage détestable est dit :

Le mode des vampires !

« Le mode des mauvais génies et celui des vampires ne doivent jamais être employés par les hommes vertueux des trois premières castes.

« Que le brahme s'en tienne au mode de Brahma, et le xchatria à celui des géants !

---

thèques des pagodes de l'Inde n'auront plus de secrets pour nous.

Manou nous indique que ce mode de mariage était spécialement celui des xchatrias, c'est-à-dire des guerriers.

Une pareille coutume existe également dans toute l'Océanie : les guerriers partent en pirogues et vont enlever dans les îles voisines les jeunes filles dont ils veulent faire leurs épouses.

A Sumatra, chez les Battas, peuplade guerrière, un homme est déshonoré s'il n'enlève pas, le fer à la main, au milieu de sa famille, la femme qu'il veut épouser.

Le *Kalevala*, épopée des Finnois, offre de nombreux exemples d'une semblable coutume.

Voici un extrait que nous empruntons à la belle traduction de M. Léouzon-le-Duc :

« Lemmikaïnen était parti à la recherche d'une épouse...

« Une vierge, une belle vierge qu'aucun prétendant n'avait pu fléchir, qu'aucun homme n'avait pu charmer,

« Le mariage d'un brahme doit toujours être accompagné de libations d'eau à Swayambhouva, l'être existant par lui-même, à Nari, la mère immortelle, à Sourya, le dieu du feu, aux trois Mondes et aux quatre Éléments.

« Dans les autres castes, les mariages s'accomplissent suivant les usages reçus et la volonté du père de famille.

« Sachez de moi maintenant, ô brahmes qui m'é-

---

lui résista; c'était la belle Kylliki, la gracieuse fleur de Soari.

« Le joyeux Lemmikaïnen, le beau Kankomiali usa cent paires de chaussures, cent paires de rames, à courir après elle, à chercher à la captiver.

« La belle Kylliki lui dit : Pourquoi restes-tu, misérable, pourquoi, vilain oiseau, rôdes-tu dans cette île, t'enquérant des jeunes filles, épiant les ceintures d'étain? je ne serai libre que lorsque j'aurai usé le mortier à piler le grain, que lorsque j'aurai usé le pilon hors de service.

« Que m'importent les folles cervelles et les libertins turbulents? Je veux pour époux un homme comme moi, sérieux et digne, je veux, pour ma fière beauté, une beauté plus fière encore, je veux, pour ma noble taille, une taille encore plus noble.

« Un peu de temps s'écoula, un demi-mois à peine, et voilà qu'un jour, un beau soir, les jeunes filles de Soari folâtraient et dansaient joyeusement sur la lisière d'une forêt, au milieu des bruyères fleuries, Kylliki était à leur tête comme la plus illustre et la plus belle.

coutez, quelles sont les qualités que Manou lui-même a assignées à ces différents mariages.

« Le fils né d'une union accomplie selon le mode de Brahma, par une vie honnête et des pratiques pieuses, délivre *du péché et de l'enfer* dix de ses ancêtres paternels ou maternels, dix de ses descendants et lui-même.

« Tout à coup Lemmikaïnen vint les surprendre ; il était dans son traîneau attelé de son fougueux étalon ; il enleva Kyllild et la força de se placer à côté de lui sur son tapis d'éclisses.

« Puis il fit claquer son fouet, il en frappa les flancs du coursier, et partant aussitôt, il dit : Gardez-vous bien, ô jeunes filles, de jamais me trahir ; gardez-vous bien de dire que je suis venu ici et que j'ai enlevé la belle vierge.

« S'il vous arrivait de le raconter, un grand malheur fondrait sur vous, je provoquerais vos fiancés au combat, je précipiterais les jeunes hommes sous les coups du glaive, et je les ensorcellerais de telle sorte que vous ne les verriez, que vous ne les entendriez plus, ni durant les jours, ni durant les mois de cette vie terrestre, se promener sur ces routes fleuries, fouler aux pieds ces bois défrichés par le feu... »

Cet enlèvement fut la cause de luttes interminables, et les guerriers du Kalévala semblent n'avoir d'autres occupations que celles d'enlever les jeunes filles des peuplades rivales.

Le traducteur, relevant cette singulière coutume, dont il semble ne pas trouver l'explication dans le poëme, s'exprime ainsi :

« Un trait que je relèverai dès maintenant, parce qu'il

« Celui qui est né d'une union contractée selon le mode des dieux, sauve du naraca — enfer — sept de ses ancêtres, sept de ses descendants et lui-même.

« Celui qui doit le jour à un mariage célébré selon le mode des richis (saints) en sauve cinq dans la ligne ascendante et cinq dans la ligne descendante et lui-même.

---

suffirait à lui seul pour établir le fondement historique du poëme finnois, c'est la recherche en mariage des filles de Pohja par les héros de Kalévala. Comment expliquer une telle recherche entre deux parties animées l'une contre l'autre d'une hostilité aussi flagrante?

« Le savant Castren vous apprend qu'elle avait sa raison d'être dans une institution commune à tous les peuples de race finnoise. En effet, ces peuples formaient jadis plusieurs tribus divisées par un antagonisme fécond en luttes sans cesse renaissantes. Or il était interdit aux hommes de prendre leurs femmes dans celle à laquelle ils appartenaient. De là, par conséquent, ces aventures, ces violences, ces épreuves étranges qui préludaient chez les Finnois à la conclusion des mariages, et dont les *runot* — chants — ont perpétué le souvenir.

« Les chants héroïques des Ostiaks, des Samoïèdes et des Tatars, etc., roulent aussi la plupart sur ce sujet ; et encore aujourd'hui, parmi les peuplades d'origine finnoise de la Sibérie, l'usage d'enlever la jeune fille que l'on veut épouser est généralement répandu.

« Il est donc démontré que les héros du Kalévala vivaient sous l'empire de l'institution dont il s'agit : autrement n'eussent-ils pas choisi leurs femmes dans leur propre tribu, de préférence à cette région de Pohja qu'ils

« Celui qui provient de l'union accomplie selon le mode des créateurs, en sauve trois dans chacune des branches et lui-même. »

---

avaient en horreur? Cet accord de tous les peuples finnois et d'un grand nombre de ceux qui leur sont unis même par une affinité éloignée sur un fait aussi capital, nous fournit un indice certain de la haute antiquité du Kalévala. »

La question que M. Léouzon-le-Duc a posée : Comment expliquer la recherche des filles de Pohja par les héros de Kalévala, alors que les deux tribus éprouvaient l'une pour l'autre la haine la plus vigoureuse ?... n'est résolue ni par les explications qu'il donne, ni par celles qu'il emprunte au savant Castren.

Castren résolut la question par la question, un peu à la manière du médecin de Molière qui trouve qu'une fille est muette parce qu'elle ne peut pas parler...

Pourquoi les fils de Kalévala enlevaient-ils les filles de Pohja ? dit M. Léouzon-le-Duc.

Parce que c'était une institution commune aux peuples de race finnoise, répond Castren...

Tout le poëme du Kalévala constate que c'était une institution des Finnois, puisque la majeure partie de cet ouvrage est consacrée à chanter ces enlèvements. Nous n'avons donc pas besoin qu'on vienne nous dire *assez naïvement* que les Finnois enlevaient les filles des tribus rivales, parce que c'était une coutume de la race finnoise... ce que le traducteur du Kalévala recherche, ce qu'il nous importe de connaître, c'est *le pourquoi* de la coutume, c'est *l'origine même* de l'institution.

Nous avons vu que les mœurs finnoises ne sont pas les seules à présenter de pareilles singularités. La plupart des

« De ces quatre mariages, naissent des hommes vertueux, renommés par leur science des livres sacrés, la pureté de leurs mœurs, et l'estime dont ils jouissent pendant toute leur vie.

---

peuples de l'antiquité et des tribus de l'Océanie ont possédé et possèdent encore des coutumes identiques. Il est donc logique d'assigner à ces coutumes une origine commune.

Les Finnois, comme tous les peuples de l'Occident qui furent en possession de ces usages, sont des Indo-Européens.

Les Océano-Polynésiens et les Battas de Sumatra, dont les mœurs et les croyances religieuses sont des copies serviles de celles de l'Inde, sont incontestablement des Asiatiques séparés du foyer commun par les derniers diluviums.

Il faut donc remonter jusqu'à la coutume indoue pour avoir l'explication que nous cherchons :

« Lorsqu'on enlève, dit Manou dans le texte qui nous occupe, de la maison de son père, [une jeune fille qui résiste, qui appelle à son secours; que l'on brise la clôture, et que l'on blesse ceux qui s'y opposent, ce mariage est dit : le mode des géants, » — c'est-à-dire de la caste royale et des guerriers.

Le brahme Collouca-Batta, que William Jones, le grand indianiste anglais, a illustré, le commentateur de Manou le plus renommé dans l'Inde, s'exprime ainsi sur ce sloca :

« Primitivement les xchatrias — ou guerriers de la caste royale — se glorifiaient de n'accepter pour femmes que les princesses que, par leur valeur, ils avaient faites

« Ils dépassent leur dixième décade (cent ans), ces hommes doués des meilleures qualités ; ils sont aimés

captives à la guerre. Un jeune xchatria qui à seize ans n'avait pas encore trouvé l'occasion d'enlever quelque belle fille célèbre par sa beauté, son origine, ses richesses, en combattant ceux qui cherchaient à s'y opposer, n'était pas considéré comme parvenu à l'âge viril. Plus tard, quand les différentes peuplades de l'Indoustan se réunirent, se disciplinèrent sous la domination des brahmes, les querelles intestines s'apaisèrent, mais les xchatrias conservèrent au nombre de leurs priviléges le droit d'enlever, même par la force, les jeunes filles dont ils voulaient faire leurs épouses. C'est ce que Manou appelle *le mode des géants ou des guerriers*. Peu à peu, avec le relâchement des mœurs et l'augmentation de la puissance royale, les xchatrias prirent l'habitude d'en user ainsi même pour se procurer des concubines... »

Colloucc-Batta.
(Commentaire sur Manou.)

L'enlèvement des Sabines par les guerriers de Romulus ne fut également que le résultat de mœurs identiques, communes aux tribus du Latium. On ne trouvera rien d'hypothétique à cette opinion si l'on veut bien se souvenir que l'Italie a été colonisée par des peuplades asiatiques, et que le latin est un des dérivés les plus directs et les plus purs du sanscrit.

L'importance de cette preuve est extrême, car les études ethnographiques ont établi que les populations qui émigrent modifient beaucoup plus vite leur langue que leurs usages.

Chez les nations civilisées qui s'appliquent à fixer leur

des dieux, qui voient en eux le sommet des transformations humaines [1].

« Les quatre derniers mariages ne produisent que des fils dissipés, querelleurs, menteurs, qui ignorent la sainte Écriture et les devoirs qu'elle prescrit.

« Des mariages honnêtes et recommandables, naissent des enfants recommandables et honnêtes ; mais les mauvais mariages ne voient qu'une postérité méprisable.

« La cérémonie de l'union des mains par les deux anneaux soudés que l'on brise [2] n'a lieu que quand les deux époux appartiennent à la même caste ; pour les autres cas, la règle suivante est imposée.

---

parler, les modifications du langage marchent également avec une singulière rapidité. En France le peuple ne comprend déjà plus Rabelais, dans un siècle il ne comprendra plus Molière...

La coutume chez les peuples anciens, signe de patrie, de famille et de croyance religieuse, résistait aux conquêtes, aux invasions, aux émigrations les plus lointaines.

Le droit de jambage exercé au moyen âge par les bandits féodaux, qui s'attribuaient l'homme et la terre par la conquête, fut un souvenir des usages des ancêtres indous et des priviléges de la caste des xchatrias ou des chefs,

Voilà ce que nous dit un texte de Manou !

1. Ils ont fini leurs transmigrations et n'ont plus à craindre une renaissance terrestre.

2. Dans les mriages entre brahmes, ou xchatrias, ou vay-

« La fille de la caste militaire qui épouse un brahme doit tenir entre ses mains une flèche.

« La fille de la caste commerçante qui épouse un brahme ou un xchatria doit tenir un aiguillon.

« La fille de la caste soudra qui s'unit à un homme des castes supérieures, doit être à genoux et tenir entre ses mains le bas du manteau de son maître.

« Que le mari s'approche de sa femme dans la saison favorable, à l'exception des jours lunaires défendus. Il doit venir à elle avec amour, et lui rester fidèle et éternellement attaché.

« Seize nuits par mois forment la saison naturelle des femmes favorables à la conception.

« Les gens de bien s'abstiennent des quatre premières, sans qu'elles soient défendues cependant. La onzième et la treizième sont prohibées, car elles sont vouées aux esprits. Les dix autres nuits sont approuvées.

« Les nuits paires donnent des fils; les nuits impaires donnent des filles.

« L'enfant mâle est aussi engendré par un sang

---

sias, les deux époux passent le troisième doigt de la main gauche ou de la main droite, suivant les castes, dans deux anneaux d'or ou d'argent légèrement soudés ensemble par un côté; la plus légère pression brise la soudure, et chacun des époux garde son anneau.

plus fort, plus énergique chez le père; le contraire produit une fille. Les eunuques et les monstres sont produits par une faiblesse du sang et du cerveau, soit des deux époux, soit d'un seul.

« Celui qui, pendant les nuits interdites, respecte sa femme, se respecte lui-même, et il reste aussi chaste qu'un novice.

« Le père de famille qui connaît ses devoirs ne doit accepter aucun présent en mariant sa fille, car celui qui accepte, par cupidité, la plus légère gratification, est considéré comme ayant vendu son enfant.

« Tous les présents faits par le futur en vêtements, en parures et en objets de prix, doivent être laissés à la femme.

« Les parents qui, par cupidité, s'emparent de ces choses, se mettent en possession de ses bijoux, de ses voitures, de ses riches étoffes, descendent après leur mort au naraca.

« Quelques sages ont pensé que dans le mariage suivant le *mode des saints*, le présent d'un taureau et d'une vache était une gratification au père de famille; c'est une erreur : ce présent est fait aux dieux, et il doit être immolé dans le sacrifice.

« Si les parents ne prélèvent rien sur les cadeaux fait, il n'y a pas de vente: ces présents sont une marque d'amour du futur à sa fiancée.

« Les femmes mariées doivent être comblées d'attentions et de cadeaux par leurs pères, leurs frères, leurs maris, et les frères de leurs maris, lorsque ceux-ci désirent une longue prospérité.

« Partout où les femmes sont honorées, les divinités sont satisfaites ; mais lorsqu'on ne les honore pas, tous les actes pieux sont stériles.

« Toute famille où les femmes vivent dans la douleur ne tarde pas à s'éteindre ; mais celles qui les rendent heureuses s'augmentent et vont sans cesse en prospérant davantage.

« Les maisons maudites par les femmes auxquelles on ne rend pas les honneurs qui leur sont dus, peu à peu se détruisent, comme si elles étaient frappées par une puissance magique.

« Les hommes qui désirent prospérer doivent être pleins d'égards pour les femmes de toute leur famille, leur donner des parures, des vêtements, des mets recherchés, pour les fêtes particulières et les cérémonies religieuses.

« Dans toute famille où le mari se plaît avec sa femme et la femme avec le mari, le bonheur est assuré pour jamais[1].

---

1. Il est intéressant de rapprocher ces prescriptions de celle de la loi mosaïque où la femme est traitée comme une bête de somme.

« Si une femme n'est pas heureuse et parée d'une manière digne d'elle, elle ne fera pas naître le plaisir et l'amour dans le cœur de son mari; et si le mari n'éprouve pas d'amour, le mariage sera stérile.

« Lorsqu'une femme est heureuse, toute la famille l'est également.

« Par des unions interdites, l'oubli de la sainte Écriture et des devoirs, par la négligence des sacrifices, par l'irrévérence envers les prêtres brahmes, les familles tombent dans le mépris et finissent par s'éteindre.

« Le brahme qui se livre au trafic, prête à usure, exerce des métiers défendus, se livre à la débauche, épouse une soudra, fait commerce de chevaux, de vaches, de voitures, et sert un roi autrement que comme chapelain ;

« Celui qui, par l'appât d'un salaire, célèbre un sacrifice pour ceux qui n'ont pas le droit d'en offrir, qui nie les récompenses et les châtiments futurs, qui abandonne l'étude des livres sacrés, prépare à toute sa famille et à lui un retour aux transmigrations les plus basses.

« Celui, au contraire, qui s'abstient de tout ce qui est défendu et qui étudie chaque jour le Véda, se prépare une place au swarga, ainsi qu'à sa famille.

« Le père de famille doit, chaque jour, faire les oblations domestiques aux mânes du foyer, et les cinq grandes offrandes à Dieu, à l'aide du feu consacré, dit feu nuptial[1].

« Le feu qui n'est pas employé aux sacrifices, mais seulement à la cuisson des aliments, ne porte pas bonheur.

« Le père de famille a cinq instruments de destruction pour les petits animaux ; le foyer, la pierre à moudre les graines, le balai, le mortier, le pilon et la panelle à eau. Chaque fois qu'il s'est servi de ces instruments, il est obligé de se purifier des meurtres involontaires qu'il a commis[2].

« C'est pour cela que les saints maharchis ont institué les cinq grandes offrandes que le maître de maison doit accomplir tous les jours.

« La lecture et l'étude de la sainte Écriture est dite l'offrande du Véda.

« Les libations d'eau sont l'offrande aux pitris (mânes).

---

1. Le feu allumé le jour du mariage ne doit plus s'éteindre. La garde en est confiée à la femme, qui est chargée de le conserver sous la cendre et de l'alimenter dans l'intervalle des sacrifices et des repas. Il faut voir là un souvenir consacré par l'idée religieuse, du soin avec lequel les premiers hommes qui découvrirent le feu durent s'appliquer à conserver cette précieuse conquête.

2. Tout ce passage est motivé par la croyance indoue à la préexistence des âmes et les doctrines de la métempsycose.

« Le beurre liquide répandu dans le feu des sacrifices est l'offrande aux divinités.

« Le vin et tous les aliments dont use l'homme sont l'offrande que l'on offre aux esprits. L'hospitalité et l'aumône sont l'offrande que l'on fait aux hommes.

« Ces cinq offrandes ont reçu le nom de : Ahouta, — Houta, — Prahouta, — Brahmy-Houta, — Prasita[1].

« Le chef de famille qui ne néglige jamais ces cinq oblations prescrites ne contracte aucune souillure par la mort des animalcules qu'il détruit sans le vouloir ; celui qui ne les accomplit pas, abrége sa vie.

« Le chef de famille doit être exact à accomplir l'offrande de l'Écriture sainte, et l'offrande aux dieux, car c'est par la prière et les sacrifices que cet univers et tous les êtres qui l'habitent sont soutenus.

« Lorsqu'il jette, selon le mode prescrit, le beurre clarifié dans le feu des sacrifices, l'eau qui y est contenue à l'état de vapeur s'élève vers le soleil, du soleil elle redescend en pluie, de la pluie naissent

---

1. Adoration sans offrande effective par la seule lecture du Véda, — offrande, — excellente offrande, — offrande céleste, — offrande du repos aux voyageurs.

les végétaux, et des végétaux les créatures [1].

« L'enveloppe mortelle de tous les êtres animés ne vit que par le secours de l'air; l'âme ne vit que par le secours de la prière.

« Le brahme par la prière, les offrandes et les sacrifices, soutient les trois autres castes; c'est pour cela qu'il est le premier entre toutes les créatures.

« Celui qui veut acquérir au ciel une félicité éternelle doit vénérer le brahme, seigneur de toutes les créatures.

« Il doit maîtriser ses sens; les hommes qui n'ont pas d'empire sur leurs sens ne sont pas capables de remplir leurs devoirs.

« Les dieux, les saints, les mânes, les esprits et les hôtes doivent recevoir les offrandes prescrites, celui qui ne les donne pas, ne connaît pas ses devoirs.

« On honore Swayambhouva, l'être existant par lui-même, par la lecture du Véda, les dieux par les offrandes au feu, les saints par des libations d'eau, les mânes par des services funéraires, les esprits par des offrandes de riz, les hommes par l'aumône.

---

1. Comme on le voit par ce passage et une foule d'autres de Manou, les théories naturalistes modernes sur la formation progressive des êtres par l'eau et les végétaux, ne sont pas nouvelles, l'Inde les a agitées des milliers d'années avant nous.

« Chaque jour, l'homme vertueux doit faire des offrandes de riz, de menu grain, d'eau, de lait, de caillé, de miel, de fruits et de racines, afin de se rendre les esprits propices.

« L'homme vertueux des classes régénérées peut inviter un brahme aux offrandes qu'il fait aux saints, aux mânes, et aux esprits, mais nul ne doit assister aux offrandes qu'il fait aux dieux.

« Après avoir sacrifié aux dieux, le dwidja doit faire chaque matin par le feu domestique l'oblation au soleil, et chaque soir à la lune.

« Qu'il offre aussi tous les jours le sacrifice à Dhanwantari[1]; à chaque phase de la lune, au ciel et à la terre, et au seigneur des créatures.

« Après avoir fait l'offrande de riz, de beurre clarifié, de miel et de lait, qu'il se tourne successivement du côté des quatre régions célestes et qu'il fasse l'oblation à Indra, Yama-Varouna et Couvera[2].

« Qu'il répande un peu de riz cuit sur le seuil de sa maison, en disant : adoration aux marouts[3]; dans

---

1. Dhanwantari ou Tcharaka, le dieu de la médecine.
2. Esprits qui président aux quatre points cardinaux.
3. « A peine la formule de l'offrande a-t-elle été prononcée que les marouts, dont le nom mérite d'être invoqué dans les sacrifices, viennent exciter de leur souffle le feu à peine sorti du sein de l'aravi.

« Avec ces marouts qui brisent tout rempart et suppor-

l'eau en disant : adoration aux esprits des eaux ; dans son mortier en disant : adoration aux esprits des forêts[1].

« Qu'il fasse les mêmes oblations dans l'intérieur de sa demeure à Brahma lui-même, et aux quatre coins de sa chambre, aux pieds et à la tête de son lit, aux esprits protecteurs du foyer.

« Qu'il jette dans les airs une poignée de riz grillé, comme un hommage à tous les dieux, et qu'il fasse une oblation aux esprits du jour et de la nuit.

« Qu'il place à part, au dehors de sa maison, de la nourriture pour les chiens, pour les corbeaux, pour les hommes sans caste, et ceux attaqués d'éléphantiasis ou de lèpre.

« Le brahme qui honore tous les dieux, tous les saints et tous les esprits, et qui se rend utile à tous les êtres, même aux plus impurs, monte au ciel sous une forme resplendissante.

« Après avoir accompli ses prières, les sacrifices

---

tent la nue, Indra, tu vas du sein de la caverne délivrer les vaches célestes. »

(Rig-Véda).

Les marouts sont les dieux des vents.

1. Le mortier est l'instrument de nécessité première de toute maison indoue ; il sert à décortiquer les grains de riz, et à piler les menues graines du carry, base de la nourriture indigène.

et les oblations prescrites, qu'il distribue la nourriture à ses hôtes, et fasse l'aumône aux novices qui viennent la lui demander.

« Les offrandes faites aux dieux, aux mânes, aux saints et aux esprits, par les ignorants ou les pervers ne portent pas de fruit, et le brahme qui accepte d'eux la nourriture, est obligé d'accomplir les cérémonies de la purification.

« Quand un voyageur vient frapper à la porte d'une demeure, que le père de famille, d'après les usages prescrits, lui offre un siége, de l'eau pour se laver les pieds, et des aliments qu'il a préparés de son mieux.

« Du riz, des légumes, un lit pour se reposer, un visage aimable, de bonnes paroles, ne manquent jamais dans la demeure des hommes vertueux.

« Le père de famille ne doit pas traiter comme des hôtes ceux qui restent dans le même village que lui, et qui viennent lui rendre visite par manière de passe-temps.

« Les gens qui vont sans cesse en visite à droite et à gauche, dans le but unique de se faire inviter à partager le repas, après leur mort deviennent bestiaux de ceux qui leur ont donné des aliments.

« Le père de famille ne doit jamais fermer sa porte aux étrangers qui viennent y frapper après le coucher du soleil.

« Il ne faut pas dire à l'hôte qui se présente : tu arrives trop tard, il n'y a plus de nourriture à la maison, le feu dort sous la cendre [1].

« Celui qui répondra toujours ainsi, arrivera toujours trop tard pour franchir le seuil du swarga et pénétrer dans la demeure céleste.

« Le père de famille ne doit prendre aucune nourriture sans en donner à son hôte. Honorer ceux que les esprits ont guidés vers votre demeure, est le meilleur moyen d'obtenir le bonheur en ce monde et dans l'autre.

« Le lit, la place, le siége que le père de famille offre à ses hôtes, les honneurs qu'il leur rend doivent être proportionnés au rang de chacun.

« Si l'oblation aux dieux qui doit précéder chaque repas, est terminée quand un étranger se présente, qu'on le reçoive et lui offre ce qui est prescrit, mais l'oblation ne doit pas être recommencée.

« Pour obtenir une place à un repas, un brahme ne doit pas se targuer de sa dignité, qu'il attende que le maître de maison lui rende les honneurs qui lui sont dus.

« Les hommes des trois classes inférieures à la sienne ne sont pas considérés comme des hôtes par

---

1. N'est-ce pas textuellement la vieille formule d'hospitalité de tous les peuples de l'Orient ?

le brahme ; qu'il remplisse cependant à leur égard les devoirs de l'hospitalité de la manière suivante :

« Qu'il donne à manger à un xchatria, après que les brahmes présents et toute sa famille sont rassasiés.

« Qu'il fasse manger un vaysia avec ses domestiques et un soudra sous la vérandah de sa maison.

« Avant d'offrir de la nourriture à ses hôtes, il doit servir auparavant les femmes nouvellement mariées, les jeunes filles, les malades et les femmes enceintes.

« Celui qui mange sans se conformer à cette règle servira lui-même de pâture aux chiens et aux vautours. Telle est la loi.

« Après avoir distribué la nourriture aux brahmes, aux hôtes et prélevé la part des domestiques, que le maître de maison et sa femme prennent leur repas.

« La nourriture que le chef de maison prépare pour lui seul, qu'il prend seul, se tourne en poison.

« Un roi, un brahme prêtre, un novice qui vient d'achever ses études, un directeur spirituel, un beau-père ou gendre, un oncle, doivent, quand ils viennent en visite, recevoir un présent de lait caillé, de miel et de fruits.

« Pendant la célébration du sacrifice, la même nourriture doit être offerte au brahme.

« Chaque mois, au renouvellement de la lune, le

brahme doit offrir aux mânes les pindas consacrés[1] et faire le repas funéraire que l'on appelle pindan-waharya[2].

« A ce festin mensuel en l'honneur des mânes, qui doit être composé d'aliments purs, je vous ferai connaître quels sont les gens qu'il faut inviter et les mets qu'il faut leur servir.

« Au repas funéraire que l'on offre aux saints, le père de famille doit inviter deux brahmes, et trois au repas funéraire qui a lieu en l'honneur de son père et de ses aïeux.

« Qu'il invite peu de monde, tout le bénéfice de la présence des brahmes serait détruit par une trop nombreuse assemblée.

« Mille prospérités sont assurées à celui qui, chaque mois, au moment prescrit, ne manque jamais d'accomplir les cérémonies et le repas en l'honneur des morts.

« Tout ce qui a été consacré aux mânes et aux saints dans les cérémonies funéraires, doit être donné

---

1. Gâteaux de miel, de beurre clarifié et de riz qui sont dans l'Inde la base de toutes les offrandes, et de tous les sacrifices.

2. Tous les Indiens sont tenus d'offrir, à chaque anniversaire de la mort de leurs parents, les repas funéraires dont le mode est suffisamment expliqué dans les slocas qui suivent.

aux brahmes invités ; c'est le meilleur moyen de se rendre les dieux propices.

« On peut n'inviter qu'un seul brahme, instruit dans la sainte Écriture, et connaissant parfaitement le mode des oblations aux saints et aux mânes.

« Les cérémonies accomplies par un brahme seul sont plus profitables que celles accomplies par une foule de gens ignorants des livres saints.

« Que celui qui désire offrir la cérémonie funéraire aux mânes, choisisse un brahme qui a déjà parcouru une longue carrière, et qui a achevé l'étude du Véda.

« Cet homme est le plus digne d'offrir les oblations aux saints, aux mânes et aux esprits.

« Dans un repas funéraire, donner de la nourriture à un seul brahme savant dans le Véda est plus méritoire que de nourrir un million d'hommes.

« Parmi les brahmes, les uns se consacrent spécialement à l'étude des livres saints, d'autres à la science des sacrifices, d'autres aux austérités plus méritoires et à l'accomplissement de tous les actes pieux prescrits.

« Quelles que soient les occupations du brahme, dans l'ordre qu'elles viennent d'être définies, tous peuvent présider à un repas funéraire et faire les oblations aux mânes.

« On ne doit pas prier un ami de venir faire les

oblations au repas funéraire, l'amitié se prouve autrement. Seul le brahme qui n'est ni ami ni ennemi doit officier à la cérémonie.

« Celui dont les repas funéraires ne sont que des prétextes à des réunions d'amis ne reçoit ni en ce monde ni en l'autre la récompense de ses offrandes.

« L'homme qui ne se rend aux cérémonies et aux repas funéraires que pour y rencontrer ses connaissances et en faire de nouvelles sera exclu du séjour céleste.

« L'offrande funéraire qui n'est offerte à une nombreuse réunion que pour montrer la richesse et la libéralité de celui qui la donne a été appelé Paisâtchi par les sages [1].

« Ainsi que le laboureur qui jette sa semence dans une terre aride et stérile n'en retire absolument rien, de même celui qui emploie, pour faire les offrandes de beurre clarifié, un brahme ignorant, n'en retire aucun avantage.

« Mais ce qui est offert, selon les prescriptions de la loi, par un homme versé dans la science sacrée, produit des fruits en ce monde et dans l'autre pour la famille qui fait offrir et les brahmes qui accomplissent le sacrifice.

« S'il n'y a pas de brahme à proximité de sa

---

1. En sanscrit : *Qui ne porte pas de fruits*.

demeure, pour accomplir la cérémonie funéraire, on peut inviter un ami versé dans l'Écriture, mais jamais un ennemi, quelle que soit sa science, l'oblation des gâteaux sacrés mangés par un ennemi pendant le sacrifice n'est d'aucun avantage ni sur la terre ni au swarga.

« On peut convier à la cérémonie funéraire un brahme profondément versé dans le *Rig-Véda*, un autre dans l'*Yadjour-Véda*, un autre dans le *Sama-Véda*, un quatrième dans l'*Atharva-Véda*. Mais la présence et les prières d'un seul brahme connaissant à fond un de ces livres suffisent pour ouvrir le séjour des bienheureux à sept ancêtres dans la branche paternelle et maternelle.

« Telle est la condition nécessaire de toute cérémonie funéraire. Après l'invitation faite aux brahmes, on peut inviter au sacrifice tous ses parents dans les lignes ascendante et descendante, et dans la ligne collatérale jusqu'aux cousins seulement.

« Il peut aussi inviter au sraddhâ[1] le chapelain de

---

1. Repas funéraire.
Dans la littérature sanscrite sraddhâ est la personnification de la prière.

« Le matin nous appelons sraddhâ, nous l'appelons à midi, nous l'appelons au coucher du soleil; ô sraddhâ, fais que nous soyons pleins de toi. »

(Rig-Véda.)

son aïeul paternel ou maternel, ou le prêtre qui offre les sacrifices pour lui.

« Tous les brahmes peuvent offrir les sacrifices aux dieux, mais le sacrifice aux mânes des ancêtres qui attendent la purification dans les cieux inférieurs ne peut être offert que par un brahme très-pur lui-même.

« Les brahmes qui se sont rendus coupables de vols ou de grands crimes, ceux qui professent l'athéisme et le matérialisme ne doivent être priés à aucune cérémonie.

« Ceux qui n'ont pas passé par le noviciat, qui ont négligé l'Étude de l'Écriture sainte, *ceux qui ont été circoncis et qui se trouvent ainsi rejetés dans la classe impure des tchandalas.* Ceux qui font métier pour les soudras, *ceux qui ne peuvent lire que de droite à gauche*, ne doivent pas être priés aux cérémonies funéraires[1].

« Les charlatans, les prêtres qui adorent des

· Le repas funéraire n'étant qu'une longue suite d'oblations et de prières, a reçu sans doute pour cela le nom de sraddhâ.

1. Ce texte curieux vient à l'appui de notre hypothèse, que les prétendus Sémites ne seraient que des descendants des tchandalas indous. Nous avons exposé plus haut la raison de ces singulières coutumes dans la note-étude sur les tchandalas.

idoles, ceux qui débitent de la viande hors les cas prescrits pour les sacrifices, tous ceux qui vivent d'un commerce infâme doivent être exclus de toute cérémonie.

« Les valets de ville, les lépreux, ceux qui sont frappés d'éléphantiasis, le brahme qui n'entretient plus le feu sacré, celui qui vit du prêt à usure.

« Le frère marié avant son aîné, ceux qui castrent les bestiaux, le brahme qui n'accomplit pas chaque jour les cinq oblations, celui qui vit aux dépens des autres.

« Les danseurs de profession, celui qui viole son vœu de chasteté, le mari infidèle, celui qui épouse une femme de la caste servile, celui qui vit de l'inconduite de sa femme et de sa fille.

« Ceux qui n'enseignent la sainte Écriture que moyennant salaire, les soudras, l'enfant adultérin, celui qui quitte son père ou sa mère, qui s'allie à des gens de mauvaise réputation.

« L'incendiaire, l'empoisonneur, le meurtrier, ceux qui mangent de la nourriture impure, les faux-témoins, les marchands de liqueurs fortes, les courtisans, les adulateurs de la puissance.

« Le fils qui ne respecte pas son père, celui qui tient une maison de jeux de hasard, celui qui trompe son ami.

« L'épileptique, l'homme affligé de maladies honteuses, les astrologues et sorciers ambulants, ceux qui font battre des oiseaux, les dompteurs d'animaux féroces, les maîtres d'armes.

« Celui qui détourne le cours des ruisseaux pour nuire à la récolte de ses voisins, les espions.

« Les dresseurs de faucons pour la chasse, celui qui a séduit une jeune fille, le brahme qui fréquente des soudras, le brahme qui sacrifie à des divinités cruelles, celui qui adore des dieux inconnus[1].

« Celui qui n'a pas de bonnes mœurs, qui ne se conforme pas aux usages établis, qui se joue de sa parole la donnant à tout propos sans la tenir, ceux qui portent les morts au bûcher.

« Tous ces hommes qui ne sauraient être reçus dans la société des gens de bien, doivent être soigneusement éloignés des cérémonies funéraires que leur seule présence pourrait seule souiller.

---

1. En lisant la nomenclature de tous ces gens qui ne doivent pas être priés aux repas funéraires, charlatans, usuriers, danseurs, hommes qui vivent de métiers infâmes, courtisans, ceux qui tiennent des maisons de jeu, ceux qui font battre les oiseaux, les sorciers, les maîtres d'armes, les dresseurs d'animaux féroces, et de faucons, on voit combien est puissant l'empire de la tradition, et à quel point, dans nos préjugés contre certains métiers, comme dans la physionomie particulière de certaines manières de vivre dégradantes, nous avons conservé les habitudes de nos ancêtres.

« Il ne faut, à ces cérémonies destinées à purifier les mânes de leurs dernières souillures, et à leur ouvrir le swarga, que des gens purs.

« Écoutez : ce qui résulte de l'admission des hommes aux sacrifices aux dieux, aux offrandes et oblations aux saints, et aux cérémonies funéraires en l'honneur des mânes.

« Tous ces sacrifices, oblations, offrandes, cérémonies sont repoussés par les dieux et les saints et ne profitent pas aux mânes, pour le salut desquels ils sont offerts; ils tournent au profit des rakchasas [1].

« Le frère cadet qui accomplit la cérémonie nuptiale alors que son frère aîné n'est pas marié, descend droit au naraca après sa mort.

« La jeune fille qui s'est mariée ainsi, sachant que le frère aîné n'était pas marié, le père qui l'a donnée, le prêtre qui a célébré la cérémonie, ont tous trois le même sort.

« Celui qui, remarié avec la veuve de son frère pour procurer au mort un fils qui puisse accomplir sur sa tombe les cérémonies funéraires, et qui ne songe qu'à assouvir ses passions va au nacara [2].

---

1. Démons.
2. Nous aurons occasion d'étudier plus particulièrement cette curieuse coutume au livre XI.

« L'enfant adultérin, né pendant la vie du mari de sa mère, ou après sa mort, détruit par sa présence tout l'effet des cérémonies funéraires.

« Lorsqu'un homme des classes honnêtes donne une cérémonie funéraire et qu'il laisse s'y introduire des gens de peu, pour la satisfaction de leur curiosité, tout le mérite de la cérémonie est détruit.

« Le brahme officiant qui dans les cérémonies ne tient pas compte de ces recommandations et, moyennant salaire, laisse s'y introduire des gens qui ne doivent pas y assister, se détruit lui-même aussi sûrement qu'un vase de terre non cuite se détruit quand on le plonge dans l'eau.

« Toute nourriture céleste [1] qui a été d'abord offerte aux dieux et que le prêtre présente aux gens déclarés inadmissibles, au lieu de leur préparer l'entrée du swarga — se change en ordure.

« Écoutez maintenant quels sont les moyens par lesquels les brahmes officiants, ainsi que les réunions funéraires peuvent être purifiés de la présence des personnes inadmissibles.

« Tous les brahmes parfaitement versés dans l'Écriture sainte, dans les commentaires des livres saints et qui appartiennent à une famille de théologiens

---

1. Cette cérémonie où la nourriture céleste est distribuée aux assistants est l'ancêtre de la communion catholique.

fameux effacent toutes les souillures d'une réunion.

« Le brahme, qui a consacré sa vie à l'étude du *Yadjour-Véda*. Celui qui entretient les cinq feux et offre chaque jour les oblations prescrites.

« Celui qui connaît tous les hymnes du *Rig-Véda* et les six commentaires sacrés. Celui qui s'est marié suivant le mode de Brahma.

« Celui qui est capable de commenter toutes les parties obscures de l'*Atharva-Véda* [1]; le brahmatchari qui, en terminant son noviciat, a offert mille vaches pour les sacrifices; l'homme âgé de cent ans effacent par leur seule présence toutes les souillures d'une réunion.

« Pour que ni la présence ni le *mauvais* [2] œil des

---

1 et 2. Recueil de conjurations magiques destinées à défendre les hommes contre les maladies, les démons et les mauvais esprits, et à conjurer la malice des gens doués de mauvais œil.

Il ne nous paraît pas inutile à ce sujet de citer notre étude sur la magie dans l'Inde ancienne.

Les dévas étaient des esprits supérieurs, mandataires directs de la divinité, dont le principal emploi était de conduire des âmes et de les défendre auprès de Yama, juge des enfers. Les pitris ou esprits familiers, sans cesse en communication avec les hommes, leur inspiraient l'amour du bien. Les pouléars protégeaient les villages, les champs, les bornes des héritages, préservaient leurs sectateurs des mauvaises rencontres la nuit sur les routes

personnes qui ne sont pas dignes d'assister aux cérémonies mortuaires ne puissent les souiller, que le maître de maison ait soin d'inviter un de ces trois hommes ou tous les trois ensemble, en les priant d'une manière honnête.

et dans les bois. Ces trois ordres de divinités protectrices se réunissaient, en outre, dans le but commun de défendre les hommes contre la malice des boutams, des pisatchas, des nagas, des rakchasas et autres esprits infernaux dont l'air et la terre étaient infestés.

Ces bons et ces mauvais génies, constamment aux prises les uns avec les autres, symbolisent la lutte du bien et du mal. Chaque village, chaque maison avaient les leurs, et tout événement heureux ou malheureux était invariablement attribué aux esprits bons ou mauvais.

Malheur à celui qui partait en voyage sans avoir, par de pieux sacrifice, obtenu qu'un des pitris familiers de sa caste l'accompagnît; son corps était exposé à devenir le lieu de rendez-vous de tous les esprits errants, de tous les diablotins qu'il viendrait à rencontrer. Et une fois un corps possédé par eux, ce n'était que par les exorcismes les plus coûteux, les mentrams les plus énergiques, et des présents considérables faits aux temples, qu'on parvenait à les faire changer d'hôtellerie.

Les sannyassis (pénitents, anachorètes), en le rencontrant sans *ange gardien*, pouvaient, par des invocations, se débarrasser sur lui comme sur un bouc émissaire de toutes leurs souillures.

Il pouvait être également victime à chaque pas des conjurations des sorciers.

« La magie, dit Dubois, semble avoir établi son lieu de prédilection dans la presqu'île de l'Indoustan. »

« Les mânes des ancêtres accompagnent de tels brahmes conviés. Sous une forme aérienne, ils les suivent et prennent place à côté d'eux quand ils s'asseyent. »

Ce pays, en effet, n'a rien à envier sous ce rapport à l'antique Thessalie, ni à cette Colchide rendue si fameuse par les enchantements de Circé et de Médée.

Rien n'est attribué dans l'Inde à des causes naturelles, et il n'est pas de sortilége ou de maléfices dont les Indous ne croient les enchanteurs capables.

Contradictions, contre-temps, événements malheureux, maladies, morts prématurées, stérilité des femmes, fausses couches, épizooties, tous les fléaux enfin auxquels l'humanité se trouve en butte, sont toujours imputés aux pratiques occultes ou diaboliques de quelque méchant enchanteur soudoyé par un ennemi.

Si un Indien, au moment où il est affligé d'un revers, est en mésintelligence avec quelque personne, c'est sur elle que portent à l'instant ses soupçons, c'est elle qu'il accuse d'avoir eu recours à des procédés magiques pour lui nuire. Mais celle-ci ne supporte jamais une pareille imputation. Les esprits s'aigrissent, la discorde gagne les parents et les amis, et les suites de ce démêlé deviennent parfois très-sérieuses.

Plusieurs milliers d'années de despotisme sacerdotal, de superstitions et d'ignorance habilement entretenues dans le peuple ont porté la crédulité à sa dernière période. Aussi rencontre-t-on à chaque pas des troupes de devins et de sorciers débitant à tout venant leurs oracles, et qui, moyennant salaire, déroulent aux yeux du riche comme du pauvre les secrets de leur destinée. Ce genre-là n'est point très-redouté.

« Le brâhme invité à un srâddha et qui profite de l'obscurité du lieu de réunion pour assouvir sa passion sur une femme soudra, ou toute autre suivante de la maison, négligeant ainsi l'accomplissement du

---

Mais il en est d'autres dont l'art diabolique ne conçoit point de bornes, et qui sont initiés à tous les mystères de la magie.

Inspirer l'amour ou la haine, envoyer le diable dans le corps de quelqu'un ou l'en chasser, faire mourir subitement un ennemi, lui procurer une infirmité incurable, faire naître des maladies contagieuses parmi le bétail ou l'en garantir, découvrir les choses les plus secrètes, les objets volés ou perdus, etc..., tout cela n'est qu'un jeu pour eux.

La vue seule d'un homme qui passe pour être doué d'une si vaste puissance inspire la plus profonde terreur aux Indous.

Ces docteurs en magie sont souvent consultés par des personnes qui ont des ennemis dont elles désirent se venger en employant la voie des maléfices : d'un autre côté, tel qui attribue à une cause de cette nature la maladie dont il est affecté, va invoquer le secours de leur art pour qu'ils l'en délivrent par un contre-charme, et fassent retomber son mal sur ceux qui le lui ont si méchamment causé.

Les Indous ont plusieurs livres qui traitent ex-professo de toutes ces conjurations magiques. Le principal et le plus ancien est le quatrième Véda, l'*Atharva-Véda*, dans lequel on prête aux cérémonies et aux prières le pouvoir de faire descendre les dieux dans les temples, sur l'autel, dans la nourriture consacrée. Cette faiblesse crédule se rencontre dans toutes les religions.

plus sacré des devoirs, la purification des mânes, se charge par ce fait de toutes les fautes que tous les assistants ont commises depuis leur naissance, et renaîtra dans le corps d'un porc.

Quelques brahmes s'occupent encore de magie de nos jours, ils voilent cependant tout ce qui pourrait les faire soupçonner d'être initiés aux ténébreuses opérations des sorciers qui partout sont craints et détestés.

Il est réel cependant que les conjurations occultes occupent une des premières places dans le tableau des sciences dont les brahmes se disent les héritiers exclusifs. Leurs ancêtres, on n'en saurait douter, les cultivèrent de temps immémorial, et il n'est pas probable que leurs successeurs aient renoncé à cette source si abondante de bénéfices.

Plusieurs brahmes, dans chaque village, malgré les précautions dont ils s'entourent, et qui ne sont sans doute prises que pour se faire payer plus cher, sont connus pour avoir fait une étude particulière des sciences mystérieuses.

Au reste, les sacrifices et les prières de tous les prêtres, dans tous les temps et dans tous les lieux, avec les effets merveilleux qu'ils sont censés produire, le pouvoir qu'on leur attribue de remettre les fautes, de guérir les malades et d'avoir Dieu à leur dévotion pour lui faire accomplir toutes sortes de miracles... ne sont que des espèces de conjurations magiques qui ne valent guère mieux que celles de Circé, de Médée et des sorciers indous, et ne témoignent guère d'un état social avancé.

Il existe un livre indou sur la matière, lequel est peu connu des indianistes, l'*Agrouchada-Parikchaï*, et dont l'extrait suivant ne paraîtra pas dénué d'intérêt à ceux qui

« Sachez que les pitris qui sont les ancêtres des mânes et des hommes sont nés des dieux ; ils doivent être spécialement honorés. »

---

aiment à méditer sur les aberrations humaines et les folies sacerdotales.

L'auteur examine d'abord jusqu'où peut s'étendre le pouvoir du magicien. Ce pouvoir est immense, il est le dispensateur du bien et du mal, mais, par une sorte d'entraînement, il fait plutôt le mal que le bien.

Rien ne lui est plus facile que d'envoyer au premier venu la fièvre, l'hydropisie, l'épilepsie, la folie, un tremblement nerveux continuel, tous les maux enfin. Mais ce n'est rien encore, son art peut aller jusqu'à causer la destruction entière d'une armée qui assiége une ville, ou la mort soudaine du commandant d'une ville assiégée et de tous les habitants.

Mais si la magie enseigne les moyens de faire le mal, elle enseigne aussi ceux d'y remédier. Il n'est pas de magicien si madré qui n'en trouve de plus madrés encore, qui détruisent les effets de ses charmes et en font retomber tout le poids sur lui ou sur ses clients.

Indépendamment de leur intervention directe, les magiciens ont une ample collection d'amulettes, de talismans, préservatifs efficaces contre les sortiléges et les maléfices, et dont ils font sous lucre un fort grand débit.

Ce sont des grains de verre enchantés par des mentrams (prières), des racines et des herbes aromatiques desséchées, des feuilles de cuivre sur lesquelles sont gravés des caractères cabalistiques, des mots baroques, des figures bizarres. Les Indous en portent toujours sur eux, et munis

« De Brahma, aux trois visages, sont issus les dieux supérieurs ; des dieux les dévas, des dévas, les saints, et des saints les mânes qui forment les tribus des pitris.

---

de telles reliques ils se croient à l'abri de toutes sortes de maux.

Les secrets pour inspirer l'amour, rallumer les passions qui menacent de s'éteindre, rendre la vigueur aux affaiblis, sont aussi du ressort des adeptes de la magie, et ce n'est pas la branche la moins lucrative de leurs spéculations. C'est toujours à eux que s'adresse une femme qui veut ramener son mari infidèle ou empêcher qu'il ne le devienne ; c'est à l'aide de philtres qu'il compose qu'un jeune libertin ou une femme galante cherche à séduire ou à captiver l'objet de sa passion.

« Ce n'est pas sans quelque surprise, continue Dubois, que j'ai vu ce livre faire mention des *Incubes*.

« Ces démons de l'Inde sont beaucoup plus diables encore que ceux dont parle le jésuite Delrio dans ses *Disquisitiones magicæ*. Par la violence et la continuité de leurs étreintes, ils fatiguent tellement les femmes qu'ils visitent la nuit sous la forme d'un chien, d'un tigre, ou de quelque autre animal, que ces malheureuses meurent de lassitude et d'épuisement.

Notre auteur parle longuement des moyens propres à enchanter les armes.

Les effets que ces armes sur lesquelles ont été prononcés les mentrams magiques ont la vertu de produire, ne le cèdent en rien à ceux de la fameuse épée de Durandal et de la la lance d'Argail qui jadis mirent à mal tant de mécréants. Les dieux indous et les géants, dans les

« Les mânes sont les âmes des hommes revêtues d'un corps aérien, et qui remontent, après leur mort,

---

guerres qu'ils soutiennent entre eux, ne se servent que de ces armes enchantées.

Rien ne saurait se comparer par exemple à la *Flèche de Brahma*, qui ne fut jamais décochée sans détruire une armée entière; à la *Flèche du serpent Capel* qui, lancée au milieu des ennemis, a la vertu de les faire tomber tous en léthargie, ce qui comme on le pense, contribue singulièrement à ce qu'on ait bon marché d'eux.

Il n'est point de secret que la magie n'enseigne; il y en a pour acquérir des richesses et des honneurs, pour rendre fécondes les femmes stériles, pour découvrir en se frottant les mains et les yeux avec certaines mixtions enchantées, les trésors enfouis dans la terre ou cachés quelque part que ce soit; pour se rendre invulnérable et même terrible dans les combats, au moyen de quelques ossements qu'on porte sur soi. La seule chose qu'on n'y trouve pas exposée aussi clairement que les autres, c'est le moyen de ne pas mourir, et cependant combien d'alchimistes ont pâli dans les cryptes des pagodes, et combien de philtres étranges ils ont composés pour arriver à surprendre le secret de se rendre immortels!

Ce n'est pas en faisant un pacte avec le diable, ainsi qu'on le racontait naguère de nos sorciers d'Europe, que les magiciens indous deviennent capables d'opérer tant de prodiges. Il suffit pour rendre un Indou expert en magie qu'il ait reçu du gourou — professeur — l'initiation obligée aux sciences surnaturelles; mais aussi par contre, si ce dernier le guide, lui communique son pouvoir, à son tour il lui doit obéissance.

Le pouvoir du gourou est immense. Si un dieu, un dé-

par les purifications et les austérités de leur fils, jusqu'au séjour céleste.

---

mon, un esprit dédaignait d'écouter un nouvel initié, celui-ci n'aurait alors pour être obéi à la minute qu'à répéter une seconde fois l'injonction au nom de son gourou.

Brahma, Vichnou, Siva, c'est-à-dire les trois personnes de la trimourti, sont elles-mêmes soumises au commandement des magiciens.

Il y a cependant certaines divinités qu'ils évoquent de préférence. Au premier rang sont les planètes : le nom de graha, sous lequel elles sont désignées, signifie l'*action de saisir*, c'est-à-dire de s'emparer de ceux qu'une conjuration magique leur enjoint d'aller tourmenter. Viennent ensuite les boutams ou démons qui représentent chacun un principe de destruction; les pisatchas, rakchasas, nagas et autres esprits malfaisants; les chaktys, génies femelles qui violentent les hommes qu'ils rencontrent la nuit; Kaly, déesse du sang, et Marana-Dévy, déesse de la mort.

Pour mettre tous ces esprits en action, le magicien a recours à diverses opérations mystérieuses, à des mentrams, à des sacrifices et à des formules différentes. Il doit être nu s'il s'adresse aux déesses et vêtu modestement s'il s'adresse aux dieux.

Les fleurs qu'il offre à la divinité qu'il évoque doivent être rouges, le riz bouilli teint du sang d'une jeune fille vierge ou d'un enfant lorsqu'il s'agit de causer la mort.

Les mentrams ou prières ont en matière magique une telle efficacité, elles exercent un tel ascendant sur les dieux, même du premier ordre, que ceux-ci ne sauraient

« Les somapas sont les mânes des brahmes.

« Les havichmats sont les mânes des xchatrias.

---

se dispenser de faire dans le ciel, dans l'air et sur la terre, tout ce que le magicien ordonne.

Mais ceux dont l'effet est décisif et irrésistible, ce sont les mentrams dits fondamentaux, et qui consistent en divers monosyllabes baroques, d'un son étrange, et difficiles à prononcer, dans le genre de ceux-ci :

H'hom, h'rhom, sh'hrum, sho'rhim.

Quelquefois le magicien récite ses mentrams d'un ton respectueux, terminant toutes ses invocations par le mot namaha — salut respectueux — et comblant d'éloge le dieu qu'il évoque. D'autres fois, il lui parle d'un ton impérieux et s'écrie avec l'accent de la colère :

— Si tu es disposé à faire ce que je te demande, cela suffit : sinon, je te l'ordonne au nom de tel Dieu ! Sur quoi le dieu est obligé de s'exécuter.

On ne saurait énumérer les drogues, les ingrédients et les ustensiles qui composent l'attirail d'un magicien. Il y a tels maléfices, pour lesquels il lui faut employer des os de soixante-quatre animaux différents, ni plus ni moins; et parmi ces os d'animaux sont compris ceux d'un homme né le premier jour d'une nouvelle lune, ou d'une femme, ou d'une vierge, ou d'un enfant, ou d'un pariah, etc. Si tous ces ossements mêlés ensemble, enchantés par des mentrams et consacrés par des sacrifices, sont enterrés dans la maison ou à la porte de son ennemi, une nuit propice pour cela d'après l'inspection des étoiles, la mort de cet ennemi s'ensuivra infailliblement.

De même si le magicien, dans le silence de la nuit, enfouit ces os aux quatre points cardinaux d'un camp ennemi, et se retirant ensuite à distance prononce sept fois le *men-*

« Les adjyapas des vaysias; les soucalis des soudras.

---

tram *de la déroute*, toutes les troupes que le camp renferme périront entièrement, ou se dissiperont d'elles-mêmes avant que sept jours se soient écoulés.

Trente-deux armes enchantées auxquelles on a offert en sacrifice une victime humaine jettent dans une armée assiégeante une terreur telle que cent assiégés lui paraissent comme mille.

En pétrissant de la terre tirée des soixante-quatre endroits les plus sales — nous nous dispensons de suivre l'auteur indou dans l'énumération à laquelle il se livre à ce sujet, — avec des cheveux et des rognures d'ongles de son ennemi, on fait de petites figurines, sur la poitrine desquelles on écrit le nom de celui dont on veut se venger, on prononce sur elles des paroles et des mentrams magiques, on les consacre par des sacrifices, et tout cela n'est pas plutôt achevé que les génies des grahas ou planètes vont saisir la personne à qui l'on en veut et lui font subir mille maux.

On perce quelquefois ces figures d'outre en outre avec une alêne, ou on les estropie de diverses manières, dans l'intention de tuer ou d'estropier en réalité celui qui est l'objet de la vengeance.

Soixante-quatre racines de diverses plantes des espèces les plus malfaisantes sont connues des magiciens, et à l'aide de leurs préparations impies deviennent des armes puissantes pour porter à la sourdine des coups funestes aux personnes que l'on hait.

Cependant notre auteur déclare qu'il s'en faut de beaucoup que le métier de magicien soit sans danger; les dieux et les génies bons ou mauvais sont vindicatifs et ils n'obéis-

« Les agnibagdhas, les canias, les barhichads, les aguichwattas et les tomyàs sont les mâles ancêtres des brahmes.

---

sent pas sans un peu de mauvaise humeur aux injonctions qu'un misérable mortel leur fait; il arrive souvent qu'ils le punissent fort cruellement des manières brutales dont il use en les commandant.

Malheur à lui s'il commet la plus petite erreur, la plus légère omission dans les innombrables cérémonies qu'il est obligé de faire! Il voit sur-le-champ pleuvoir sur lui tout le mal qu'il prétendait faire aux autres.

Il doit aussi redouter sans cesse, paraît-il, que des confrères plus habiles que lui ne parviennent par des contre-charmes à faire retomber sur sa tête ou sur celle de ses clients tout le poids de ses propres malédictions...

Toutes ces croyances superstitieuses existent encore dans l'Inde, et la plupart des pagodes possèdent des charmeurs et des magiciens dont on vient louer les offices, ni plus ni moins que ceux des fakirs pour l'accomplissement d'un vœu.

Tantôt il s'agit de débarrasser une femme des embrassements nocturnes d'un incube. Tantôt il faut rendre à un homme la puissance virile qu'un sort jeté par un magicien ennemi lui a fait perdre.

D'autres fois ce sont les troupeaux décimés par les maléfices qu'il faut mettre à l'abri de ces funestes influences...

De temps en temps, de pagodes à pagodes, pour entretenir le public dans ces *saines* croyances, on voit ces sinistres jongleurs se porter des défis et entrer en lice en présence de témoins et d'arbitres appelés à décider lequel des deux champions est le plus habile dans son art.

« L'oblation de l'eau pure et du feu est ce qu'il y a de plus agréable à Brahma. L'amrita composée des cinq substances est l'offrande des dieux.

La lutte consiste à s'emparer d'une fétu de paille, d'une petite baguette ou d'une pièce de monnaie enchantée.

Les antagonistes, placés tous deux à égale distance de l'objet, font mine de s'en rapprocher, mais les mentrams qu'ils prononcent, les évocations qu'ils font, les poussières enchantées qu'ils se jettent réciproquement ont la vertu de les arrêter l'un et l'autre, une force invisible et irrésistible semble les repousser; ils essayent de nouveau d'avancer, mais ils reculent... ils redoublent d'efforts... des mouvements convulsifs les agitent; ils suent à grosses gouttes, crachent le sang. Enfin l'un des deux vient à bout de se saisir de la chose enchantée, et il est déclaré vainqueur.

Quelquefois aussi il arrive que l'un des combattants est renversé par la force des mentrams de son adversaire. Alors il se roule par terre comme un démoniaque, et reste ensuite quelque temps immobile, paraissant avoir perdu connaissance.

A la fin, il recouvre l'usage de ses sens, se lève dans un état apparent de fatigue et d'épuisement, et semble se retirer couvert de confusion et de honte. Il rentre à la pagode et ne reparaît pas de quelque temps; une grave maladie est censée être la suite des efforts incroyables, quoique impuissants, qu'il a faits.

Il est certain que ces pitoyables farces sont concertées d'avance entre les prêtres des deux pagodes rivales et les charlatans qui les jouent, et que les victoires sont attri-

« Le riz, les menus grains, les herbes vertes sont les offrandes agréables aux saints.

---

buées aux uns et aux autres à tour de rôle. Mais la foule qui assiste à ces spectacles et les paye grassement, remplie de crainte et d'admiration pour ces sorciers, est fermement persuadée que leurs grimaces sont dues à des causes surnaturelles.

Il est un fait qu'il faut constater, c'est que ces hommes remplissent leurs rôles avec une vérité d'expression extraordinaire, et que sur le terrain du magnétisme pur ils sont arrivés à produire *réellement* des phénomènes dont on ne se doute même pas en Europe.

Il existe aussi dans l'Inde un autre genre d'ensorcellement appelé drichty-dotcha ou *sort jeté par les yeux*. Tous les êtres animés, toutes les plantes, tous les fruits y sont sujets. C'est pour l'éloigner qu'on a coutume de dresser dans les jardins et dans les champs cultivés une perche à la cime de laquelle on attache un grand vase de terre bien blanchi à l'extérieur avec de la chaux. Cet appareil a pour but d'attirer comme l'objet le plus apparent les regards de tout passant malintentionné et d'empêcher par là qu'il ne les porte sur les productions de la terre qui en ressentiraient à coup sûr quelque méchant effet.

Nous avons peu vu de champs de riz à Ceylan et dans l'Indoustan qui ne possédassent un ou deux de ces contre-charmes.

Les Indous sont sur ce point d'une telle crédulité, qu'ils s'imaginent à chaque acte de leur vie même le plus indifférent, à chaque pas qu'ils font, avoir reçu d'un voisin, d'un passant, d'un parent même, le drichty-dotcha. Rien en apparence ne fait connaître les gens qui possèdent ce don

« Les cérémonies funéraires sont agréables aux mânes revêtus d'un corps aérien. »

---

funeste du mauvais œil, ceux qui l'ont souvent ne s'en doutent même pas, aussi tout Indou fait-il accomplir sur lui, sur sa famille, sur ses champs et sa maison plusieurs fois par jour la cérémonie de l'aratty, qui a été inventée pour déjouer tous les bénéfices provenant de la fascination des yeux.

L'aratty est une des pratiques publiques et privées les plus usuelles, on peut l'élever à la hauteur d'une coutume nationale tellement elle est particulière à toutes les provinces; ce sont les femmes qui l'accomplissent, et toutes y sont aptes, excepté les veuves qui ne sont jamais admises dans aucune des cérémonies domestiques; leur seule présence porte malheur. Voici comment se fait cette cérémonie :

Dans un plat de métal on place une lampe garnie avec de l'huile parfumée de sandal, on l'allume, et une des femmes de la maison, lorsque son père, son mari, ou tout autre membre de sa famille, rentre de dehors, prend le plat, l'élève à la hauteur de la tête de celui qui est l'objet de la cérémonie, et décrit avec ce plat trois ou sept cercles, suivant l'âge ou la qualité de la personne.

Au lieu d'une lampe allumée, on se sert aussi souvent d'un vase contenant de l'eau parfumée avec du safran et du sandal, rougie avec du vermillon, et consacrée par l'immersion de quelques tiges de l'herbe divine du *cousa*.

L'aratty se fait publiquement et plusieurs fois par jour sur les personnes de distinction, telles que les rajahs, les gouverneurs de province, les généraux d'armée, et autres personnes d'un rang élevé; c'est une cérémonie à laquelle

« Tout sacrifice à Brahma, aux dieux, aux saints,

les courtisans sont conviés comme à l'ancien lever des monarques. Les deux coutumes se valent par le ridicule, et d'après ce que nous en avons pu voir dans certaines provinces du Décan où les Anglais laissent encore subsister quelque fantôme de rajah, les courtisans de ce pays sont aussi bas, aussi rampants que les nôtres. Cette caste qui paye son parasitisme, et les faveurs dont elle jouit, par le sacrifice de toute conscience et de toute dignité, est la même partout... Nous devons cependant dire, en l'honneur des courtisans indous, qu'ils n'ont jamais fait de leurs femmes ni de leur filles les maîtresses de leurs rajahs.

En général même, tout Indou de caste rougirait de devoir sa fortune au déshonneur de sa femme...

Toutes les fois que les gens de condition princière ont été obligés de se présenter en public ou de parler à des étrangers, ils ne manquent jamais, en rentrant dans leurs palais, d'appeler leurs femmes ou les devadassi — bayadères — du temple voisin pour faire accomplir cette cérémonie sur eux, et prévenir par là les suites dangereuses des funestes coups d'œil auxquels ils se sont trouvés exposés. Souvent même, ils ont à leurs gages des filles destinées à cet effet.

«Lorsque vous entrez dans une maison indoue, si vous y êtes considéré comme un visiteur de distinction, le chef de famille vous fait faire l'*aratty* par les jeunes filles.

Cette cérémonie se fait aussi pour les statues des dieux.

Lorsque les danseuses des temples ont terminé leurs autres cérémonies, elles ne manquent jamais de faire deux ou trois fois l'aratty sur les dieux au service desquels elles sont consacrées.

Cela se pratique aussi avec plus de solennité lorsque ces

aux mânes doit être procédé des formules ma-

---

statues ont été portées en procession par les rues, afin de détourner les malignes influences des regards, aux atteintes desquelles les dieux ne peuvent pas plus se soustraire que les simples mortels.

Enfin on fait également l'aratty sur les éléphants, les chevaux, les animaux domestiques, et surtout sur les taureaux sacrés, parfois même sur les champs et les riz en vert...

Nous nous sommes un peu étendu sur toutes ces matières, qui ont trait aux sciences occultes, à la magie, à la sorcellerie, au mauvais œil, car rien ne saurait mieux prouver l'origine asiatique de la plupart des nations de l'Europe, que le détail de ces bizarres coutumes identiques à celles que nous rencontrons sur notre sol, et que nos traditions historiques furent impuissantes à nous expliquer, jusqu'au jour où nous avons découvert notre filiation indoue. Tout le moyen âge a cru aux succubes et aux incubes, au pouvoir des formules magiques, aux sorciers et au mauvais œil. Et, plus près de nous, qui ne se souvient de ces fanatiques ligueurs qui poussèrent la superstition jusqu'à faire faire de petites images de cire qui représentaient Henri III et le roi de Navarre?

Ils perçaient ces images en différents endroits pendant quarante jours, et le quarantième, ils les frappaient au cœur, se persuadant que par là ils feraient mourir les princes dont elles étaient le simulacre. Ce genre de pratiques était si peu isolé qu'en 1571, un prétendu sorcier, du nom de Trois-Échelles, qui fut exécuté en place de Grève, avait déclaré dans ses interrogatoires qu'il existait en France plus de trois cent mille personnes qui faisaient le même métier que lui, et qu'il n'était femmes de cour, de

giques de l'*Atharva* pour chasser les mauvais

---

bourgeois et de manants, qui n'eussent recours aux magiciens surtout pour affaires d'amour.

Il n'y a pas deux siècles que l'on brûlait encore les sorciers, et l'on reste confondu devant certaines sentences, rendues par des magistrats dont la France s'honore, sentences qui, sur de simples accusations de magie, vouaient au supplice du feu de pauvres diables de charlatans, coupables tout au plus d'avoir escroqué quelques *sols*, avec leurs manœuvres plus ridicules que nuisibles.

Ces sentences ne se comprennent que par la croyance des magistrats eux-mêmes au pouvoir occulte des sorciers.

Nous avons fait heureusement quelques progrès depuis.

Du jour où nous avons secoué le joug du prêtre romain, le bon sens, la conscience et la raison ont retrouvé leur empire. Et alors que notre ancêtre l'Indou, encore livré aux brahmes et aux charmeurs, s'endort dans son immobilité et sa décrépitude, nous marchons, nous! à grands pas dans la voie du progrès scintifique et de la liberté intellectuelle.

Le prêtre et le sorcier se rencontrent toujours dans la même couche de charlatanisme social. Ce qui prouve qu'ils sont le produit des mêmes causes superstitieuses.

Il n'est pas sans intérêt de remarquer que les Romains tenaient également de leurs ancêtres indous des croyances semblables.

On sait ce qu'Ovide dit de Médée la magicienne :

Per tumulos errat, — passis discincta capillis,
 Certaque de trepidis colligit ossa rogis,
Devovet absentes, simulacraque cerea fingit
 Et miserum tenues in jecur urget acus.

Horace parle également de deux magiciennes, Canidie

esprits qui sans cela bouleversent les sacrifices [1].

« Toute cérémonie funéraire doit commencer par une offrande aux dieux et se terminer de même ; celui

---

et Sagana, qui avaient également dans leur appareil magique deux figures, l'une de laine, l'autre de cire.

. . . . Major
Lanea, quæ pœnis compesceret inferiorem;
Cerea suppliciter stabat, servilibus, utque
Jam peritura, modis.

Seulement on doit avouer que le chantre de Lydie ne prenait guère au sérieux ces charmeresses, quand on songe à l'aide de quel bruit... *proh pudor!*... il les fait mettre en fuite par le dieu des jardins qu'elles ennuyaient de leurs enchantements.

Horace n'aurait certainement pas envoyé ses deux sorcières au bûcher.

Ces idées sur les influences visuelles existaient aussi chez les anciens Romains, comme l'atteste entre autres ce vers de Virgile :

Nescio quis teneros oculus mihi fascinat agnos.

Ils avaient leur dieu Fascinus, et des amulettes du même nom destinés à préserver les enfants des maléfices de ce genre ; la statue de ce même dieu, suspendue sur le char des triomphateurs, les protégeait contre les atteintes des regards de l'envie...

Nous allons bientôt retrouver les mêmes traditions dans les îles reculées de la Polynésie.

1. Voici une de ces incantations les plus en usage :

« Que dans les lieux où vont ceux qui connaissent et comprennent Brahma, par la piété et la méditation, le feu veuille bien me conduire.

qui n'agit pas ainsi perd le mérite de son sacrifice et prépare la perte de sa race[1].

« Que le sacrifice funéraire se fasse sur une surface plane purifiée avec de la fiente de vache, et un peu inclinée vers le midi, qui est la demeure de Yama, régent des mânes.

« Les meilleurs lieux pour offrir le sacrifice de purification des mânes sont les clairières des forêts silencieuses, les bords des rivières dans les endroits déserts.

« Les carrefours où aboutissent quatre chemins dans un lieu écarté et la nuit sont aussi un endroit propice.

« Les brahmes officiants, après avoir fait leurs ablutions selon le mode prescrit, doivent être placés selon leur rang et leur âge, par le maître de maison, sur des siéges couverts de cousa.

Que le feu m'accorde les sacrifices. Adoration à Agni.
Que l'air veuille bien m'y conduire, que l'air m'accorde le souffle de vie. Adoration à Vayou!
Que le soleil veuille bien m'y conduire, que le soleil donne la lumière à mes yeux. Adoration à Sourya.
Que dans les lieux où vont ceux qui connaissent et comprennent Brahma par la piété et la modération, Brahma lui-même veuille bien me conduire.
Adoration à Brahma! »

[1]. Leurs mânes ne pourront jamais se purifier et arriver au swarga.

« Après une invocation préalable aux dieux, que les invités soient couronnés et parés de guirlandes odoriférantes, et qu'on leur verse sur les pieds, sur les mains et sur la tête, des parfums.

« Puis, chacun des assistants ayant reçu dans les mains un peu d'eau, de l'herbe cousa, et un peu de grains de riz, de mil et de sésame, les saints brahmes font l'offrande au feu sacré.

« Après l'invocation à Brahma et le sacrifice du feu expiatoire, une offrande de beurre clarifié doit être offerte à Agni[1], à Soma[2] et à Yama[3].

« Si celui qui offre le sacrifice n'a pas de feu sacré,

---

1. Dieu du feu sacré.
« C'est Agni que, dans leurs invocations, les hommes appellent sans cesse Agni le roi des nations, le ministre des holocaustes, l'ami du monde. »
(Rig-Véda.)

2. Soma est ici le régent de la lune :
« Lorsque les rayons d'argent que dirige Soma rejettent les ombres à l'est, les pisatchas maudits hantent les carrefours, hors d'ici chiens mauvais, je porte une offrande aux dieux. »
(Atharva-Véda.)

3. Dieu des enfers.
« Des trois mondes, deux appartiennent au domaine de Sâvitri, le troisième est la demeure de Yama et le séjour des morts... »
(Rig-Véda.)

n'étant pas encore marié ou étant veuf, qu'il verse son offrande de beurre clarifié dans les mains d'un brahme. Les mains d'un brahme sont aussi pures que le feu [1].

« Les brahmes de la race primitive, au visage calme et exempt de colère, à la conscience toujours pure qui travaille au perfectionnement progressif du genre humain, sont les véritables sacrificateurs des cérémonies funéraires, et les purificateurs des mânes des ancêtres. Ainsi l'ont reconnu les sages.

« Après avoir fait le tour du feu selon le mode prescrit, que le brahme officiant répande avec la main des sacrifices l'eau des libations sur la flamme ; l'eau qui s'élève en vapeurs au milieu des prières purifie les âmes des ancêtres, puis retombant en pluie donne naissance aux végétaux et aux animaux [2].

« Puis ayant fait trois gâteaux avec du riz, du safran et du beurre clarifié, qu'il fasse l'offrande *à celui qui existe par lui-même* et répande sur eux quel-

---

1. La femme mariée allumait le feu sacré en entrant vierge dans la demeure de son époux, et ce feu ne devait plus s'éteindre qu'à sa mort. Le veuf n'avait pas le droit de conserver du feu sacré chez lui.

2. Encore les théories naturalistes qui percent. Brahma a jeté un germe dans les eaux, et la nature s'est ensuite développée en suivant les lois éternelles.

ques gouttes d'eau lustrale, le visage tourné vers le midi.

« En faisant l'oblation aux quatre points de la terre qu'il mange une portion de ces gâteaux et partage ensuite le restant de cette nourriture sanctifiée aux assistants[1] en commençant par les brahmes présents, le chef de la maison, ses parents et les vieillards, en disant :

« Que cette nourriture sanctifiée purifie vos corps, et que les prières pures que vous prononcerez après ouvrent le svarga aux mânes des ancêtres.

« Que le chef de la maison et ses parents, après avoir fait une oblation, et mangé l'offrande céleste, appellent par leurs noms tous leurs ancêtres morts depuis l'aïeul de leur aïeul, et continuent par les noms de leurs descendants décédés.

« Alors le repas funéraire du srâddha peut commencer, et le brahme officiant peut répandre sur les mains des saints brahmes et des assistants l'eau lustrale[2].

---

1. Cette nourriture sanctifiée partagée aux assistants, ce repas sacré fait en commun, fut commun à toutes les religions antiques; le catholicisme en a quintessencié le symbole, il ne l'a pas inventé. Le protestantisme a fait renaître la tradition antique du repas sacré pris en commun en refusant d'admettre la présence réelle.

2. Eau pure, mélangée avec du sel et des aromates,

« Qu'il apporte d'abord le vase de riz cuit dans un vase de terre neuf et le place au milieu des assistants en prononçant avec recueillement les paroles de la purification.

« La nourriture que l'on sert sans prononcer ces paroles devient sur-le-champ la proie des mauvais génies.

« Qu'il place à côté du riz avec soin tout ce qui doit être mangé avec les sauces, les légumes, le lait, le caillé, le beurre clarifié, le miel, les confitures, les fruits, les racines odorantes, et les boissons parfumées.

« Qu'il prélève alors sur ces mets la part du voyageur, et qu'il la dépose sur le seuil extérieur de la maison[1], et la part des femmes.

« Et qu'il distribue le restant à tous les assistants en commençant par le vieillard qui a dépassé sa dixième décade — cent ans — puis par les brahmes et les parents qui font offrir le srâddha aux mânes.

« Pendant que chacun mange avec recueillement, qu'il explique les passages mystérieux de la sainte

---

servant pour la purification des assistants et des instruments du culte dans toutes les cérémonies religieuses.

1. Cette coutume, conservée chez nous pendant tout le moyen âge, existe encore dans certaines contrées de la France.

Écriture, sur l'immortalité de l'âme et l'Être suprême, c'est par là que les mânes sont purifiés.

« Par la lecture du Véda, de ce code de lois, le récit des actions des saints illustres, le chant des poèmes héroïques et des légendes primitives, les mânes sont purifiés.

« Que tous les assistants écoutent avec recueillement en mangeant les mets qui doivent être servis très-chaud; pendant ce repas, les mânes absorbent les prières du Véda et cette nourriture les purifie.

« Que nul ne s'avise pendant le repas de déclarer la qualité des mets, quand bien même il en serait prié par le maître de la maison.

« Ce qui serait mangé en causant, en riant, en racontant des histoires mondaines ne profiterait qu'aux rakchasas — démons.

« Il faut veiller avec soin à ce que les animaux domestiques, tels que les chiens, les coqs, les porcs, ne pénètrent pas dans le lieu du repas, et qu'un impur tchandala, un eunuque ou une femme fatiguée par ses affections mensuelles [1] ne puissent jeter un regard sur les mets préparés.

« Un brahme, un mendiant, un voyageur peuvent

---

1. La femme en cet état est considérée comme impure dans l'Inde. Tout l'Orient a partagé cette croyance.

entrer dans la maison ou le lieu où se donne le repas funéraire, à n'importe quel moment ; ils doivent être admis et être bien traités.

« A la fin du repas, le brahme officiant doit délayer un peu de chaque mets dans l'eau lustrale et le répandre sur l'herbe sacrée du cousa, c'est la part des enfants morts avant l'initiation[1] ; par cette cérémonie, leurs mânes sont purifiés et peuvent entrer au swarga.

« Ce qui reste du repas funéraire a été décidé par les sages être la part des serviteurs honnêtes et fidèles.

« Le srâddha fait pour le repas funéraire d'un brahme ne doit pas contenir de sacrifice aux dieux ni aux saints, il doit être consacré un seul gâteau, et fait une seule offrande, à l'Être suprême, à la grande Cause Universelle, et ainsi ce srâddha a reçu le nom de Ekodichta[2].

« Que tous les ans, au jour anniversaire de sa mort, le srâddha solennel soit offert par le fils aîné du dwidja.

« Celui qui donne les restes d'un repas funéraire à

---

1. Rappelons-nous que l'initiation commence par la cérémonie de l'ondoiement ou baptême.

2. Offert à un seul (sanscrit).

un impur soudra, est précipité après sa mort dans la région de l'enfer appelée Calasontra[1].

« Celui qui au sortir d'une cérémonie funéraire partage la couche d'une femme, renaîtra ver dans les excréments d'une femme.

« Le repas terminé, que le maître de la maison adresse la question d'usage : Êtes-vous rassasiés ; puis, après leur avoir fait servir l'eau pour les ablutions de la bouche, qu'il leur dise : Vous pouvez, si vous le désirez, vous reposer ici.

« Après avoir accompagné les saints brahmes jusqu'au milieu du chemin, et les autres convives jusqu'au seuil de la porte seulement, le maître de la maison, après avoir de nouveau fait ses ablutions, doit se tourner du côté de l'Orient et dire :

« Que notre famille croisse par le nombre de ses
« membres, qu'elle s'élève par la générosité, la vertu
« et la fidélité aux dogmes aux vérités révélées. Que la
« foi ne nous abandonne jamais, que la charité guide
« nos actions envers nos semblables, que nos richesses
« soient inépuisables pour l'aumône.

« Et en même temps les mânes des ancêtres disent : « Que notre famille restée sur la terre croisse
« par le nombre de ses membres, qu'elle s'élève par

---

1. Séjour des animaux venimeux.

« la générosité, la vertu et la fidélité aux vérités ré-
« vélées. Et que nos fils et les descendants de nos
« fils ne manquent jamais de nous offrir du riz
« bouilli dans du lait, du miel et du beurre clarifié,
« le treizième jour de la lune, à l'heure où l'ombre
« de l'éléphant tombe à l'est.

« Toute oblation faite par un fils dont le cœur est
« pur, d'après les règles prescrites, purifie les âmes
« de ses ancêtres et leur procure dans l'autre monde
un bonheur éternel.

« Dans la quinzaine de décroissance lunaire, le
dixième jour et les suivants, à l'exception du quatorzième, sont les jours favorables pour les cérémonies
funéraires, le meilleur est le treizième.

« Le fils aîné qui fait le srâddha pour les jours
pairs de la lune, purifie ses ancêtres jusqu'à l'aïeul
de son aïeul, et obtient l'accomplissement de ses
prières.

« Mais celui qui accomplit la cérémonie funéraire
les jours impairs de la lune, obtient des dieux la
purification des mânes de tous ses ancêtres aussi
éloignés qu'ils soient, et obtient pour lui-même la récompense future.

« Les nombres impairs sont les chiffres des dieux.
Un est le chiffre de Swayambhouva, l'Être suprême.
Trois est le chiffre de la trimourti — trinité — con-
nue dans le mystérieux monosyllabe *aum*! Sept, neuf,

treize, dix-sept, vingt et un, vingt-sept, et ainsi, aussi loin que l'on compterait dans l'éternité des temps, représentent les qualités et les forces créatrices des dieux.

« Sept représente les sept cieux, les sept vallées sacrées, les sept villes célestes, les sept planètes, les sept sages [1].

---

1. On connait l'adage latin : *Numero Deus impare gaudet*. Voici les noms des sept sages célèbres dans l'antiquité védique, avec les maximes familières qui leur sont attribuées comme caractérisant leur enseignement philosophique et moral :

ATRI. — La première de toutes les sciences est celle de l'âme.

ANGIRAS. — En toutes choses considère la fin, car les actions ne valent que par le bien qui en résulte.

CRATOU. — Quand vous rencontrez un homme orgueilleux de sa force et de son intelligence, dites-lui : — Qui es-tu? d'où viens-tu? où vas-tu?

PULASTYA. — Fais à ton frère ce que tu voudrais qu'il te fût fait à toi-même.

PULAHA. — L'homme vertueux ne craint ni les coups du sort ni la malice des voleurs, car il porte toutes ses richesses avec lui.

MARICHI. — Faire du bien aux méchants, c'est écrire sur le sable.

VASICHTA. — La plus méritoire de toutes les vertus est la tempérance, car c'est elle qui nous enseigne à user modérément des dons de Dieu.

On sait que la Grèce eut aussi ses sept sages qui furent

« Neuf représente les neuf vierges célestes qui président aux chants, à la poésie, à l'éloquence, à la danse sacrée, aux conjurations magiques, aux astres, aux récits héroïques, à la théologie et aux cérémonies funéraires.

« La quinzaine de décroissance de la lune est préférable à la quinzaine de croissance, pour les cérémonies funéraires.

Thalès, Solon, Bias, Chilon, Cléobule, Pittacus et Périandre.

A chacun d'eux également on prête des maximes familières qui se rapprochent beaucoup de celles que nous venons de donner.

Thalès, dans l'école ionienne, enseigna le panthéisme indou. Étudiant l'origine du monde, il place le germe de toute chose dans l'eau, et comme moteur reconnaît un principe qu'il appelle l'Esprit. Cette doctrine n'est autre que celle du législateur Mañou. Ce sage avait passé la plus grande partie de sa vie en Asie, où probablement il s'était formé à l'école des brahmes.

Le nombre sept fut dans l'Inde un nombre fatidique. On peut juger de la haute estime dont il jouit par une foule de lieux et de noms, objets d'une profonde vénération, et qui vont toujours par sept, tels que les sapta richis dont nous venons de parler, les sept cités saintes, sapta-poura, — les sept îles saintes, sapta douipa, — les sept mers, sapta samoutro, — les sept fleuves sacrés, sapta nady, — les sept montagnes saintes, sapta parvata, les sept déserts sacrés, sapta arania, — les sept arbres sacrés, sapta vrukcha, — les sept castes, sapta coula, — les sept mondes inférieurs et supérieurs, sapta loca.

« Toute la cérémonie du srâddha doit être accomplie par un brahme versé dans les rites funéraires, le cordon sacré sur l'épaule droite, ayant à la main une tige de cousa, et ne prenant aucun repos.

« Que l'oblation aux dieux et aux mânes ait toujours lieu avec la main droite, la seule qui soit destinée aux sacrifices.

Les sannyassis et les vanaprasthas portaient le bâton et la corde à sept nœuds.

Ce bâton à sept nœuds des fakirs leur servait à prédire l'avenir, à tracer des figures sur le sable en interrogeant les astres et à trouver des sources pendant la saison sèche, si terrible dans l'Inde. C'est l'instrument de la rabdomancie, ou divination par la baguette, que nous retrouvons entre les mains des magiciens de Pharaon, de Moïse, d'Aaron, d'Élisée et de tous les prophètes, de Circé, de Médée et de toutes les enchanteresses de l'antiquité, c'est le bâton augural des prêtres de la Rome ancienne, le bâton pastoral des faunes, des sylvains, des cyniques. C'est la baguette de coudrier des sorciers druidiques et du moyen âge, c'est la crosse ou bâton pastoral des évêques.

Les Indous partageaient leur vénération entre le nombre sept et le nombre trois, qui institué au nom de la trinité était réputé le symbole des jours heureux.

Sept et vingt et un, trois, treize et vingt-trois étaient des jours fastes par excellence, on devait les choisir par-dessus tout, pour commencer une affaire importante, se mettre en voyage, se marier et sacrifier aux dieux. Les mêmes jours étaient réputés heureux chez les Grecs et chez les Romains.

« Seul un brahme qui a dépassé sa huitième décade — quatre-vingts ans — peut offrir le sacrifice funéraire à toute heure du jour et de la nuit, en tous lieux, dans les maisons et dans la profondeur des bois, s'il est arrivé dans cet âge dans l'étude du Véda, la prière et les austérités méritoires.

N'est-ce pas en souvenir de cette vieille croyance védique que le nombre trois représentant la trimourty était le chiffre aimé des dieux, que Virgile a dit :

> Terna tibi hæc primum triplici diversa colore
> Licia circumdo, terque hæc altaria circum
> Effigiem duco : *Numero Deus impare gaudet*...
> Necte tribus modis ternos Amarylli colores.

On sait que le nombre sept est fatidique également dans les religions juive et catholique.

Dieu se repose le *septième* jour de la création.

Les terres doivent se reposer tous les *sept* ans.

Les murailles de Jéricho s'écroulent au bruit de *sept* trompettes, sonnées par *sept* prêtres pendant *sept* jours.

Les Israélites entrent dans cette ville après en avoir fait *sept* fois le tour.

Le grand chandelier d'or du temple a *sept* branches, dont les *sept* lumières représentent les *sept* planètes.

Jean dans l'Apocalypse ramène tout également au nombre sept. Il parle de *sept* églises, *sept* chandeliers, *sept* étoiles, *sept* lampes, *sept* sceaux, *sept* anges, *sept* fioles, *sept* plaies, etc...

Enfin on connaît sa prétention d'avoir été ravi jusqu'au *septième* ciel !...

« Les autres qui n'ont pas encore atteint ce degré de pureté, ne doivent jamais faire le srâddha la nuit, car, à ce moment, les cieux inférieurs et la terre sont peuplés de mauvais esprits qui s'emploient à tourmenter les saints ermites et à annuler l'effet des cérémonies funéraires.

« Le père de famille doit trois fois l'an convier les saints brahmes pour accomplir les cérémonies funéraires pendant la saison chaude, pendant la saison froide et pendant la saison humide, avec le repas funèbre et les rites prescrits.

« Mais qu'il n'oublie pas, chaque jour, de faire le srâddha journalier qui fait partie des cinq oblations.

« L'oblation en l'honneur des mânes doit toujours se faire dans le feu consacré. Le srâddha mensuel des brahmes doit avoir lieu le premier jour de la lune.

« Le grand srâddha, offert chaque année par des brahmes, pour la purification de toutes les âmes des mânes qui ont quitté cette terre, doit avoir lieu à la fin de la première quinzaine de màrgasircha[1].

« Que chaque jour, en accomplissant le sacrifice solennel, les brahmes fassent une libation d'eau en

---

1. Fin octobre.

l'honneur des mânes ; chaque oblation faite avec le cœur pur profite aux ancêtres.

« Nos pères ont reçu des sages le nom de vasous, nos ancêtres celui d'adityas, et les ancêtres de nos ancêtres celui de rutas[1].

« L'homme des classes régénérées qui veut rester pur et préparer sa place au swarga doit manger les restes de la nourriture sacrée, offerte par les saints brahmes, pendant le sacrifice aux dieux[2].

« Telles sont les règles que doivent suivre les pères de famille pour les sacrifices aux dieux, les offrandes aux saints, les cérémonies funéraires aux mânes et les cinq oblations journalières[3]. »

---

1. Les Indous prétendent descendre d'une race primitive et antédiluvienne qu'ils nomment les Rutas.
2. Toujours la communion, c'est-à-dire le repas en commun pendant les cérémonies religieuses.
3. Tout ce livre du vieux législateur de l'Indoustan relatif au mariage, aux sacrifices et aux cérémonies funéraires, serait à commenter sloca par sloca, mot par mot. Il n'est pas une seule de nos coutumes qui n'y retrouve son origine, pas une seule des théories chrétiennes sur les sacrements, les sacrifices et la purification des âmes des ancêtres, par les offrandes et la prière, qui ne soit une émanation directe du culte brahmanique.

LIVRE IV.

DEVOIRS ET PRÉCEPTES.

« Lorsque le brahmatchari a terminé ses études sous la direction de son gourou, et qu'il est entré par son mariage dans la classe des grishasta, il doit consacrer la seconde partie de sa vie à ses devoirs de père de famille.

« Hors les cas de nécessité absolue, un brahme ne doit jamais faire servir les êtres animés à sa nourriture.

« Que, sans se fatiguer, il se livre à des occupations permises et méritoires, pour gagner sa subsistance,

« Le *rita*, l'*amrita*, le *mrita*, le *pramrita*, le satyânrita même, mais la swavritti lui est interdite[1].

---

1. Le rita, — ou nourriture ordinaire, se dit de celle que l'on récolte en glanant après les moissons.

L'amrita, — ou nourriture céleste, est celle qui provient des offrandes de riz, miel, beurre clarifié, fruits, gâteaux, etc., offerte aux dieux par la piété des fidèles.

« Il est permis de remplir de graines ses agrahras[1], ou d'en faire des provisions plus modestes dans des amphores, ou de n'en avoir que pour quelques pièces dans des tiselles[2] ou de ne s'inquiéter jamais de sa nourriture du lendemain.

« De ces quatre condition, le brahmes qui préfère la dernière est reconnu comme le plus digne de parvenir aux mondes supérieurs.

« La première des conditions, procure six moyens d'existence, la seconde trois, la troisième deux, la quatrième un seulement[3].

Le mrita, — ou nourriture vulgaire, provient de l'aumône.

Le pramrita, — ou nouriture du travail, est celle qu'on obtient en labourant.

La Swyânrita, — ou nourriture qui a pour origine le vrai et le faux, s'obtient en faisant le commerce.

Le Sivavritti, — ou nourriture des chiens, est celle que l'on donne aux esclaves.

1. Agrahras, — greniers, réserves.

2. Tiselle, — petit pot qui peut contenir du riz pour un ou deux jours.

3. Ce quatrième moyen, qui consiste à mendier, est reconnu, par les brahmes, comme le plus méritoire ; selon eux, quand ils reçoivent l'aumône, il n'acceptent que leur propre nourriture, puisqu'ils sont les représentants de Dieu sur la terre.

C'est la prétention de toutes les castes sacerdotales, elles

« Le brahme qui ne vit qu'en glanant après les moissons doit être chargé de la garde du feu sacré, des sacrifices lunaires de ceux qu'on accomplit aux solsices, mais pas d'autres.

« Qu'il se conduise avec honnêteté et chasteté, et que le soin de sa nourriture ne le porte pas à des fréquentations défendues.

« Il n'y a d'autre bonheur sur la terre que la paix de la conscience ; que borné dans ses vœux, il cherche donc par-dessus tout à être en paix avec lui-même.

« Le brahme père de famille qui dans sa conduite se conforme aux règles indiquées par le présent livre de la loi, après une vie longue et prospère, parvient au séjour céleste.

« Qu'il ne recherche pas la richesse par les arts d'agrément, ou des fonctions indignes de lui, même dans la misère il ne doit accepter que d'une main honnête.

« Qu'il fuie les plaisirs des sens et toute occupation qui le priverait de l'étude du Véda.

« Qu'il conforme sa parole, ses pensées, ses actions, sa tenue à cette parole de l'Écriture sacrée : Le brahme est la figure de Brahma sur la terre.

---

mettent leur fainéantise et leurs vices sous la garde de Dieu.

« Qu'il étudie attentivement les sastras, qui renferment toute la tradition, et les commentaires que les sages ont faits de ce livre révélé [1].

« Qu'il n'oublie jamais, soir et matin, les cinq oblations aux personnages sanctifiés, aux dévas aux esprits, aux mânes, à l'humanité.

« Le grihasta doit offrir le sacrifice au feu au commencement et à la fin du jour, à la fin des quinzaines lunaires, en pleine et en nouvelle lune,

« Au commencement et à la fin des moissons, au commencement et la fin des saisons; qu'à la fin de chaque année il offre un cheval, un chevreau à toison rouge, ou une colombe, et qu'il fasse l'oblation du soma [2].

« Que le brahme qui désire une longue vie, ne

---

1. Sastras, — littéralement ouvrages de science.
2. Jus de l'asclépiade, qui, mélangé de lait, réjouit les dieux et guérit tous les maux des hommes.

« O Indra ce soma a été pris dans nos mortiers, et mêlé avec le lait de la vache, enivre-toi et daigne nous entendre.

« O Indra, écoute mon invocation, jouis du plaisir que te cause ce breuvage, que tempère le lait de ta vache.

« O Indra, ô Satacratou, ô toi qui triomphes de Vritra et sais inspirer également l'amour et la crainte, viens avec tes coursiers t'abreuver de soma.

(Rig-Véda.)

mange jamais le grain ou la chair d'un animal qu'après les avoir offerts en sacrifice, et qu'il répande le sang sur le trépied sacré[1].

« Le feu dévorera le brahme qui n'honore pas les dieux avec les grains des moissons, et qui mange la chair des animaux, sans les offrir dans le sacrifice.

« Que le maître de maison ne laisse jamais partir son hôte, sans lui offrir avec prévenance une place sous la lampe, du riz de l'eau, des racines, des fruits et une natte.

« Les incrédules, les charlatans, les gens qui ont des manières basses et félines, ne doivent jamais pénétrer dans sa maison; qu'ils n'entendent même pas le bruit de sa voix.

« Les brahmes qui ont fui la demeure de leur gourou, qui n'ont pas terminé leurs études, qui ignorent la sainte Écriture, et ce code de loi, ne doivent pas être mieux traités.

---

1. Ainsi les Hébreux ne pouvaient toucher qu'à la viande qui avait été sacrifiée sur l'autel, ils devaient également répandre le sang des victimes à l'entrée du tabernacle. Même prescription dans le Coran.

« C'est pourquoi les enfants d'Israël doivent présenter présenter au prêtre les animaux qu'ils veulent immoler, au lieu de les égorger dans les champs afin qu'ils soient sanctifier pour le Seigneur.

« Le prêtre répandra le sang sur l'autel à l'entrée du tabernacle... » (Lévitique.)

« Le maître de maison, s'il est dans une position aisée, doit faire préparer de la nourriture pour tout ce qui a besoin et tout ce qui souffre, même pour les méchantes gens et les athées, sans cependant que sa famille soit obligée de se priver.

« Le grihasta qui est dans le besoin ne peut recevoir de secours que d'un brahme, d'un xchatria, ou des brahmatcharis qui étudient sous ses ordres.

« Le grihasta qui est dans l'aisance, doit se nourrir sobrement, en prenant cependant tout ce qui lui est nécessaire; qu'il soit toujours propre dans ses vêtements;

« Qu'il ait la barbe et les cheveux rasés, ait une aiguière et des plats de bronze affectés à son seul service et qu'il ne néglige jamais ses ablutions soir et matin, au coucher et au lever du soleil.

« Qu'il fasse aussi les ablutions de midi, les ablutions du midi sont agréables aux dieux.

« Qu'il ne s'approche jamais de sa femme pendant ses fatigues mensuelles, qu'il ne repose même pas dans le même lit qu'elle[1].

« S'il veut conserver sa pureté, sa virilité, sa santé, et sa dignité d'homme,

---

[1]. Les mêmes prohibitions ont existé plus tard chez les Hébreux et la plupart des nations de l'Orient. Manou est le premier qui les ait codifiées.

« Qu'il s'abstienne d'entrer dans les appartements des femmes, pendant qu'elles font leur toilette, et qu'elles ont la gorge découverte ;

« Qu'il ne les regarde point nues, dans l'intérieur de leurs demeures, ou quand elles sont aux bains ;

« Qu'il ne se baigne jamais nu lui-même, et ne dépose jamais son urine ou ses excréments dans l'eau, sur un chemin public, aux abords des temples et des étangs d'ablutions.

« Qu'il accomplisse ces infirmités de l'imparfaite nature humaine avec modestie, dans un lieu écarté, avant le lever du soleil et au crépuscule du soir, à proximité d'un cours d'eau, où il puisse faire de suite les ablutions prescrites.

« Que le maître de maison ne place jamais le réchaud de braise sous son lit, dans une chambre fermée, ou dans tout autre lieu nuisible.

« Avant de se coucher le soir qu'il trace sur la terre les signes consacrés ; s'il se met en route qu'il offre le sacrifice qui doit lui rendre propices les divinités des bois, des eaux et des carrefours.

« Qu'il ne fasse pas sa demeure dans un lieu isolé ou habité par des malhonnêtes gens, ou infecté par les maladies ; qu'il ne voyage jamais seul, s'il peut se faire accompagner.

« Qu'il fuie les villages qui ont des soudras pour chefs et qui donnent asile aux tchandalas.

« Qu'il ne mange jamais au delà de son appétit, qu'il fuie les substances dont le jus ou l'huile ont déjà été exprimés.

« Qu'il ne se livre jamais à des distractions bruyantes, comme de chanter, de danser, de jouer d'un instrument de musique, qu'il ne fasse jamais éclater sa joie d'une manière immodérée.

« Qu'il ne se serve jamais que de plats neufs, et consacrés à son usage exclusif.

« Rien de ce qui a servi d'autres, aiguières, vêtements, bâton à sept nœuds, guirlandes de fleurs, couronnes et sandales, ne doivent souiller son corps.

« Qu'il ne voyage point avec des animaux atteints de maladie, qui ont les cornes ou les sabots brisés, la queue coupée ou des taches dans l'œil [1].

« Qu'il ne se mette point en route sous les signes de la vierge [2], qu'il évite la fumée des bûchers funéraires [3].

---

1. Les Indous croient vulgairement que les animaux dont les yeux sont tachés portent malheur à leurs maîtres, mais leur réprobation a pour ceux qui ont la queue coupée à une autre origine. Les tchadalas, ou gens sans caste, marquaient ainsi les maigres bestiaux qu'on leur tolérait.

1 et 2. Signe du zodiaque. — Le rasi-tchacra des brahmes ou zodiaque, destiné à marquer le mouvement annuel de *pré-*

« Qu'il ne se fasse jamais porter par un taureau ou une vache, avec des guirlandes sur la tête comme un efféminé ou un triomphateur.

« Qu'il ne s'adonne pas au jeu, à la boisson, qu'il

---

cession des astres, et à noter la situation du point équinoxial dans un des degrés d'un signe, est partagé en douze signes, divisés chacun en trente degrés, soit trois cent soixante pour le tout. Voici les noms de ces signes :

Mecha.	*Le Bélier.*
Vricha.	*Le Taureau.*
Mithouna	*Le Couple.*
Carcataca	*L'Écrevisse.*
Sinha	*Le Lion.*
Canya	*La Vierge.*
Toula	*La Balance.*
Vristchica.	*Le Scorpion.*
Dhanous.	*L'Arc.*
Macara	*Le Monstre marin.*
Coumbha	*L'Urne.*
Minas	*Les Poissons.*

On ne saurait douter que les zodiaques égyptien, chaldéen et grec ne soient la copie servile du zodiaque brahmanique, dont les émigrations avaient emporté avec elles le secret astronomique. Ce sont les mêmes noms, les mêmes divisions, le même esprit scientifique.

Il n'y a rien de plus impur dans la religion brahmanique que la fumée des bûchers funéraires; quiconque l'a respirée est astreint à des ablutions et purifications sans nombre.

ne mange pas couché sur un lit, en s'enivrant avec des femmes[1] comme les jeunes débauchés.

« Q'avant de manger, et de même après, qu'il se lave les pieds, les mains et la bouche, et de même également en se couchant et en se levant.

« Qu'il fasse attention de ne point marcher sur rien d'impur, ni sur rien de ce qui pourrait le blesser, comme les tessons, les os brisés, les résidus de paille fauchés, et encore en terre, et les épines, s'il veut vivre longuement.

« Qu'il fuie la présence des gens sans caste, tchandalas, pouccasas et autres impurs[2], des fous, des débauchés, des impuissants.

« Il ne doit avoir rien de commun avec les soudras, et qu'il ne leur donne jamais une portion des mets consacrés dans le sacrifice[3].

« Le brahme qui fréquente les gens de la caste servile, sera précipité avec eux dans le lieu de l'enfer appelé Asamvrita.

« Qu'il refuse tout présent d'un roi qui n'est pas de

---

1. Il est curieux de remarquer que cette singulière coutume a existé également à Rome.
2. Tribus diverses de tchandalas ou gens sans caste.
3. L'esclave était exclu du repas sacré, et du sacrifice; au moyen âge, les esclaves n'étaient pas admis à la communion.

caste xchatria, d'un homme qui exerce un métier élégant, ou d'une fille de joie ou de celui qui tient une maison de débauche.

« Le brahme qui accepte quoi que ce soit des gens qui viennent d'être indiqués, pour se purifier sera obligé de passer dans les vingt et un enfers suivants dont se compose le naraca[1] :

---

[1]. Le naraca est l'enfer brahmanique ; ce terrible séjour est divisé en vingt et un locas dont Manou fait le dénombrement de la manière suivante :

1° La tamisara, lieu des ténèbres ;

2° L'andhatamisara, séjour de ténèbres plus épaisses ;

3° Le rôrava, séjour des larmes ;

4° Le mahârôrava, séjour de larmes plus abondantes ;

5° Le mahâvitchi, lieu des torrents avec grandes vagues ;

6° et 7° le naraca et le mahanaraca, séjour de grandes douleurs pour l'esprit ;

8° Le calasantra, séjour des animaux venimeux ;

9°, 10°, 11°, 12°, 13°, 14°, 15°, le sandjivana, le lohadaraca, le panthara, le samhata, le sacácala, le coudmala, le poûtimrittica, ou séjours des insectes venimeux, des animaux impurs et féroces, des oiseaux de proie, du fiel et du poison ;

16°, 17° le tapana et le sampratâpana, lieu des grandes et terribles souffrances ;

18° Lohasancan, place des dards de fer ;

19° Le ridjicha, lieu où les méchants sont brûlés sur des grils de fer ;

20° L'asipatravana, ou lieu des épées et des tridents ;

« Tamisara. — Andhatamisara. — Maharorana. — Rorava. — Naraca. — Calasantra — Mahanaraca.

« Sandjivana. — Mahavitchi. — Tapana. — Sampratapana. — Samhâta. — Sacacola. — Coudmala. — Poutimrillica.

« Lohasancan. — Ridjtcha. — Panthâna. — Salmali. — Asipatravana. — Lohadaraca.

21* La salmali ou rivière de feu.

Les supplices qu'endurent les damnés dans ces différentes demeures sont épouvantables; voici un court extrait du *Padma-Pourana* suffisant pour faire comprendre l'esprit qui a donné le jour à ces inventions sacerdotales.

« Une nuit éternelle enveloppe le naraca, on n'y entend que des gémissements et des cris affreux. Les douleurs les plus aiguës qui puissent être causées par le fer et le feu y sont ressenties sans interruption. Il y a des supplices affectés à chaque genre de péché, à chaque sens, à chaque membre du corps; feu, fer, serpents, insectes venimeux, animaux féroces, oiseaux de proie, poison, puanteur effroyable, tout en un mot est employé pour tourmenter les damnés.

« Les uns ont les narines traversées par un cordon à l'aide duquel on les traîne sans cesse sur le tranchant de haches extrêmement affilées; d'autres sont condamnés à passer par le trou d'une aiguille, et sont pour cela battus sur une enclume par de noirs démons; ceux-ci sont entre deux rochers aplatis qui se joignent ensemble, les écrasent sans les détruire. Ceux-là ont les yeux continuellement rongés par des vautours affamés; on en voit des milliers

« Le grihasta doit se lever à l'heure de Brahma, ..ant le lever du jour, et méditer sur les vertus et les mérites que procure l'étude du Véda.

« Qu'il accomplisse alors ses nécessités, fasse ses ablutions, et à l'apparition du soleil récite la sàvitri du matin, de même au coucher il récitera celle du soir.

« C'est par ces deux prières, appelées les mentrams des deux crépuscules, que les richis ont obtenu une longue existence, une grande renommée pendant leur vie et une récompense immortelle après leur mort.

« Après avoir accompli la cérémonie de l'Oupacarnia, que le brahme, à la première lune de Dravana[1] ou de Bhâdra[2], commence chaque année l'étude de la sainte Écriture qui doit durer une saison et demie[3].

---

qui nagent continuellement et barbotent dans les étangs pleins de boue immonde et de détritus en putréfaction, ils sont eux-mêmes une pourriture vivante rongée par les vers... » Arrêtons-nous là ; à quoi bon donner jusqu'au bout le récit de ces tristes folies, à l'aide desquelles les prêtres de tous les temps et de tous les pays ont essayé d'abêtir la conscience humaine ?

1. Ce mois, en le comparant aux nôtres, irait de mi-juillet à mi-août.
2. Celui-ci, de mi-août à mi-septembre.
3. Environ quatre mois.

« Dans le huitième astérisme lunaire qu'il accomplisse dans la campagne la cérémonie de l'Outsarga[1].

« Qu'il étudie ensuite le Véda, pendant les quinzaines fortes, et les Védangas pendant les quinzaines néfastes.

« Qu'en lisant les Mentras, ou les Brahmanâ, il ne fasse jamais entendre la parole sacrée devant un soudra.

« Il est défendu de lire la sainte Écriture pour soi ou ses élèves dans les cas suivants.

« Pendant les jours ou les nuits de grand vent, lorsque la poussière envahit les maisons[2] et pendant la saison des pluies, les sages ont interdit la lecture du Véda comme peu profitable.

« Le vieux Manou a décidé que la lecture devait être interrompue jusqu'au jour suivant pendant les grands éclats de tonnerre, à l'apparition des comètes, pendant les tremblements de terre et les éclipses.

« Quand un grand malheur frappe un village, comme la peste, quand passe un convoi funéraire ou

---

1. Cérémonie destinée comme nos rogations à appeler la bénédiction des brahmes et des dévas, de Dieu et des saints, sur les fruits de la terre.
2. C'est sans doute aux épouvantables cyclones qui désolent l'Inde périodiquement.

un homme corrompu, la lecture du Véda doit cesser également.

« Lorsqu'un brahme versé dans la sainte Écriture a assisté à un sradha, il doit s'abstenir pendant trois jour de commenter et lire le Véda.

« Pareillement les jours de grande fête ou lorsqu'il naît un fils au roi, ou que Râhou est visible dans le ciel[1].

« Que le brahme observateur de la loi ne lise point le Véda près d'un charnier, ni dans les champs, ni revêtu d'un vêtement qu'il avait conservé en s'approchant de sa femme.

« Si le village est la proie des flammes, ou assiégé par des brigands, que le brahme sache qu'il doit cesser sa lecture et porter secours.

« Il ne doit lire ni à dos d'éléphant, ni monté sur un cheval, un chameau ou un âne, ni en voiture, ni pendant la colère, ni pendant que deux armées sont aux prises.

« S'il entend au dehors chanter un hymne du Sama et qu'il soit occupé à réciter les prières du Rig ou du Yadjous, qu'il cesse sa lecture.

« Le Rig est pour les dieux, le Yadjous est pour les hommes, le Sama est pour les mânes, et les sons

---

1. Nom d'une constellation.

funéraires du Sama ne doivent pas être mêlés à ceux des deux autres.

« Ainsi le dwidja instruit en tout ceci et qui possède la substance même des trois Védas[1], lira la sainte Écriture les jours permis et non les autres.

« Que le dwidja soit aussi chaste qu'un novice, pendant la première nuit de la nouvelle lune, la huitième et la quatorzième de la pleine lune, quand bien même sa femme se trouverait dans la situation permise.

« Qu'il ne prenne de bain ni après ses repas, ni en état de maladie, ni dans un étang d'eau croupie.

« Qu'en se promenant il ne traverse jamais l'ombre de son père, de son gourou, du roi ou d'un brahme qui vient de sacrifier, par respect pour eux, ou celle d'un homme à cheveux rouges, par crainte de lui.

« Qu'il fuie au sortir d'un festin, d'un repas funéraire, au crépuscule, ou à minuit, les sentiers dé-

---

[1]. De ce que Manou ne parle ordinairement que des trois Védas et n'a nommé qu'une fois l'Atharva, certains orientalistes en ont conclu que ce livre était moins ancien que les autres. Cela n'est pas une preuve, car les conjurations magiques de l'Atharva étaient primitivement tenues secrètes. Le savant Colbrook estime que ce Véda est en partie au moins aussi ancien que les autres.

Je crois cependant que l'on peut reconnaître, dans les trois derniers Védas, des interpolations plus modernes qui ne se rencontrent pas dans le Rig.

serts, et les carrefours des bois hantés par les mauvais génies[1].

« Qu'il ne recherche la société ni d'un ennemi, ni des amis d'un ennemi, ni d'un homme corrompu, mais qu'il se garde par-dessus tout de convoiter la femme d'un autre.

« Il n'y a pas en ce monde de crimes plus grands et qui causent des transmigrations inférieures plus nombreuses que la séduction de la femme du prochain.

« Le dwidja qui aspire à la béatitude finale ne doit mépriser personne, ni un brahme, ni un roi, ni un esclave, ni même un animal, ni une plante.

« Dans cette création, dont toutes les séries dépendent les unes des autres, les sages n'ont jamais méprisée aucune créature animée ou inanimée.

« Qu'il aspire à conquérir le bien, pratique la vérité, ne dise jamais rien de désagréable, et surtout ne mente jamais, même pour rendre service, telle est la loi établie par Manou.

« Qu'il ne parte en voyage ni avant le jour, ni quand la nuit est venue, et qu'il se garde des inconnus et des soudras et des gens sans caste.

---

1. Les populations européennes, comme leurs ancêtres indous, ont longtemps regardé les carrefours des bois comme hantés par les mauvais génies.

« Qu'il ne se moque jamais des infirmes, contrefaits, faibles d'esprit, âgés, pauvres ou laids.

« Le brahme, après ses repas, doit faire ses ablutions, avant de toucher le feu sacré, un prêtre ou une vache[1].

---

1. La vénération de la vache vient d'une tradition antique.

D'après cette tradition, les hommes échappés au déluge durent leur vie à un troupeau de vaches qui, réfugiées sur les hauteurs de l'Himavat — Himalaya, — pendant et après le grand cataclysme, les nourrirent de leur lait. Et c'est en souvenir de ce service signalé que le troisième jour de la fête du Pongol leur était consacré, et que ces animaux avaient le droit de brouter en liberté dans les champs de riz, de maïs ou de cannes à sucre.

C'est de cette légende également qu'est né le culte du bœuf que nous retrouvons chez les peuples anciens, culte tout symbolique destiné à conserver les services du passé et à constater les services présents rendus à l'agriculture par ce précieux animal, et non à le considérer comme un dieu.

Ni l'Inde, ni l'Égypte, ni la Grèce primitive n'ont adoré le bœuf ni aucune autre espèce d'animaux, et les historiens et les philosophes catholiques qui continuent à éditer cette pieuse calomnie ne font que se décerner un brevet d'ignorance.

On trouve au cinquième livre du *Prasada* (poëme des poëmes), vaste recueil de traditions antiques, de curieuses explications sur les motifs qui faisaient conserver des animaux dans les pagodes. Le principal était que la plupart des animaux étant assouplis au service de l'homme par la

« Qu'il n'oublie jamais les préceptes qui concernent les sacrifices, les purifications et les oblations, tels qu'ils ont été déclarés.

« Par l'obesrvation de ceci, son application à commenter les livres saints, à se livrer aux austérités méritoires, et à ne causer la mort d'aucun être vivant, le dwidja se prépare l'immortalité.

« Qu'il s'applique à ne jamais nuire volontairement ou involontairement à son gourou, à son père, à

---

castration, il était nécessaire de ne pas abandonner aux basses castes inintelligentes le soin de choisir et de conserver les plus beaux types destinés à perpétuer la race. Il fut défendu aux soudras de posséder des étalons, ce privilége étant réservé aux pagodes, qui, l'avidité sacerdotale aidant, durent en tirer de gros bénéfices. De là les taureaux Bassouvas, dans l'Inde, et les taureaux Apis, en Égypte, que l'on traite fort à tort de bœufs.

Les anciens avaient un tel mépris pour les eunuques qu'ils n'eussent certainement point infligé cette triste situation à un animal révéré.

Pour l'Inde le fait est certain, il a toute l'authenticité de la tradition *écrite*. Les Bassouvas étaient les taureaux types destinés à la reproduction, et chaque pagode, chaque temple même, dans le plus petit village, en entretenait quelques-uns.

Quant à l'Égypte, si nous n'avons rien de précis sur ce point, tout nous démontre que les hiérophantes n'ont dû changer en rien la tradition apportée de l'Inde par leurs ancêtres.

sa mère, aux brahmes, aux anachorètes et aux vaches.

« Qu'il fuie l'athéisme, l'oubli du Véda et des dieux, que la haine, l'hypocrisie, l'orgueil, la colère, et la mauvaise humeur soient bannis de son caractère.

« Qu'il ne frappe jamais personne de son bâton, néanmoins il peut donner quelque correction à son fils ou à son élève pour les punir.

« Le dwidja qui frappe un brahme avec l'idée préméditée de le blesser, sera condamné à tourner sur des pointes de fer pendant cent ans dans le tâmisara.

« Il ne le frapperait volontairement qu'avec un brin d'herbe, qu'il renaîtrait vingt et une fois dans le ventre d'un chacal immonde.

« Tout homme qui fait couler le sang d'un brahme sera dans l'autre monde dévoré par des animaux féroces autant d'années que le sang aura absorbé de grains de poussière[1].

« Que l'on sache que le mal porte toujours avec

---

1. Partout le prêtre a su protéger sa personne par les menaces les plus terribles. Chez tous les peuples en enfance le pieux sycophante a régné par la terreur, quand la civilisation arrive il se transforme et règne par la corruption.

lui sa punition; quiconque a fait le mal souffrira dans sa personne, ou dans sa descendance le mal engendre le châtiment.

« Le mal peut réussir un jour en apparence, il cause mille prospérités, mais il finit par amener la perte de celui qui l'a causé avec toute sa famille.

« Que le brahme ne se plaise que dans la vérité, la justice, la pureté de mœurs, qu'il enseigne cela à ses élèves, et renonce aux richesses et aux plaisirs quand ils ne sont pas d'accord avec la loi.

« Qu'il entraîne dans cette voie toute sa famille, son pourohita[1], son ritwidj[2], son père, sa mère, son frère, son fils, sa femme, sa fille,

« Ses oncles, ses hôtes, ses protégés, ses élèves, son médecin, ses parents par alliance, et ses domestiques.

« Son gourou il appelle la bénédiction de Brahma, son père celle des pradjapatis, son hôte celle d'Indra, son ritwidj celle des dieux.

« Qu'il fuie les présents au delà de ce qui est nécessaire à la vie; le dwidja avide de présents se perd et cause la perte de celui qui les lui donne comme le bateau qui coule entraîne ceux qu'il porte.

---

1. Prêtre sacrificateur.
2. Directeur spirituel.

« Celui qui accepte des présents qu'il n'a pas mérités par son savoir se met dans un cas aussi mauvais que celui d'une vache dans un bourbier.

« L'hypocrite qui pour mieux cacher ses vices parle toujours de sa vertu, qui pour mieux fronder parle toujours de sa bonne foi, ainsi que fait un poltron de son courage,

« Celui qui ne vous regarde pas en face, affecte des manières doucereuses, ceux qui agissent par surprise seront précipités dans l'andhatâmisara.

« Celui qui se pare des signes d'une caste qui n'est pas la sienne, renaît dans le corps d'un fauve, chargé de toutes les fautes de la caste dont il a usurpé les distinctions.

« Qu'un brahme ne se baigne jamais dans des étangs d'ablution appartenant aux autres, car il prendrait toutes les souillures laissées par les étrangers.

« Qu'il fasse le plus possible ses ablutions dans les étangs consacrés aux divinités, ou dans les ruisseaux et les torrents formés par les eaux pures de la pluie et des sources.

« Quelle que soit la reconnaissance que l'on doive aux dieux, les devoirs moraux doivent passer avant les devoirs pieux.

« Que le brahme n'accepte jamais d'assister à un sraddha funéraire offert qui ne connaît pas le Véda ou à un repas offert par une femme ou un eunuque.

« Les offrandes de beurre clarifié, de miel et de caillé, faites aux dieux par des gens de cette sorte, ne portent pas bonheur aux hommes vertueux qui y assistent.

« Qu'il n'accepte jamais d'aliments des gens déclarés impurs par le Véda, les courtisanes, les voleurs, les charlatans, les chanteurs publics, les usuriers,

« Les avares, les esclaves, les prisonniers, les eunuques, les femmes impudiques, les soudras, les chasseurs, les hommes corrompus, les femmes qui ont leurs fatigues mensuelles, les faux témoins, les danseurs, les acteurs,

« Les maîtres d'armes, les blanchisseuses, les barbiers, les teinturiers, un ennemi, un être dégradé.

« Qu'il se garde de toute nourriture flairée par un chien, laissée par un autre, ou offerte à un mort ou donnée par un médecin.

« Cependant les sages ont dit qu'en cas de détresse extrême, toute nourriture est purifiée par les bonnes œuvres et par la foi.

« Que le brahme évite par-dessus tout de faire du mal à aucun être animé, et qu'il augmente sans cesse la somme de ses bonnes actions comme des cariahs augmentent leur demeure, s'il ne veut arriver dans l'autre monde les mains vides.

« Son père, sa mère, son fils, sa femme, ses parents l'accompagnent au bûcher, mais ne le suivent pas dans l'autre monde, seule la vertu ne l'abandonnera pas.

« L'homme naît seul, meurt seul, seul est récompensé de ses bonnes actions, et châtié seul de ses crimes.

« Dès que sa dépouille mortelle est livrée au bûcher ou à la terre comme un tronc d'arbre ou un morceau d'argile, les parents le quittent, mais la vertu suit son âme.

« Celui qui a amassé une grande quantité de bonnes actions, et qui s'est purifié de ses fautes par des austérités méritoires, passe dans les mondes supérieurs où il revêt une forme plus parfaite.

« Après avoir accompli ses devoirs envers les dieux par l'étude de l'Écriture sacrée, envers les ancêtres par la procréation d'un fils, pour la perpétuité des cérémonies funéraires,

« Que le grihasta se désintéresse des choses de ce monde et abandonne à son fils la direction de sa maison.

« Recherchant la solitude, qu'il s'abîme dans la contemplation de l'âme suprême dans laquelle il ira s'absorber pour goûter le bonheur suprême.

« Ainsi ont été déclarées les prescriptions auxquelles doit soumettre sa conduite celui qui a terminé son noviciat pour entrer dans l'ordre des maîtres de maison.

« C'est en ne s'en écartant jamais que le brahme instruit dans le Véda se débarrasse peu à peu de son enveloppe mortelle, et des infirmités qui la souillent, et revêt une forme brillante de lumière au séjour de Brahma[1]. »

---

1. Ce quatrième livre de Manou est beaucoup plus concis, dans le texte des pagodes du sud de l'Indoustan que dans les manuscrits du nord, qui répètent dans une foule de slocas, les mêmes prescriptions.

LIVRE V.

IMPURETÉS ET PURIFICATIONS. — DEVOIRS DES FEMMES.

« Après avoir reçu les lois touchant la conduite des grihastas, les sages dirent à Bhrigou, fils de l'Esprit :

« Apprends-nous, seigneur, comment la mort peut interrompre la vie d'un brahme qui accomplit tous les devoirs prescrits.

« L'illustre Bhrigou, inspiré par Manou, répondit aux sages qui l'interrogeaient : Écoutez et apprenez de moi les causes qui abrègent l'existence des brahmes.

« La mort frappe avant l'heure les brahmes qui négligent leurs devoirs pieux, qui ne se conforment pas aux règles de purification et oublient la sainte Écriture.

« Le dwidja ne doit se nourrir ni d'ail, ni d'oignon, ni de poireau, ni des plantes venues dans les lieux impurs[1].

« Il doit s'abstenir de même des gommes qui coulent des arbres ou qu'on en retire par incision, du selou et du lait d'une vache qui a mis bas depuis moins de dix jours.

« Du riz cuit avec le sésame, du samyâva, du riz cuit dans le lait des pindas, des viandes et du beurre avant que ces mets aient été offerts aux dieux et purifiés par les prières.

---

[1]. Ces légumes étaient considérés comme produits par les impuretés de la terre, et par conséquent comme nuisibles. La défense de les faire servir à la nourriture était générale à toutes les castes, ils étaient abandonnés aux tchandalas ou pariahs.

L'Égypte posséda les mêmes coutumes.

De cette prohibition mal expliquée, ou mal comprise, est née cette croyance absurde que les Indous et les Égyptiens auraient divinisé ces légumes.

En Égypte, comme dans l'Inde, les castes élevées ne pouvaient sous peine d'impureté en faire usage comme aliment, mais les décastés, les classes mêlées, le menu peuple en un mot pouvaient s'en servir. On se souvient que les Hébreux dans le désert regrettèrent les oignons d'Égypte; il est hors de doute que si ce légume eût joué un certain rôle dans la mythologie des hiérophantes, ils n'eussent pas permis à leurs esclaves de s'en nourrir; on a pris la répulsion pour du respect !

L'histoire des croyances anciennes a toujours été écrite dans cette gamme-là par les écrivains catholiques.

« Le lait des femelles en rut ou de celles qui n'ont pas le sabot fendu, celui des bêtes fauves et celui d'une femme sont défendus.

« Parmi les aliments acides, on peut se servir du petit lait et de tous les mets préparés avec le beurre, et tout ce qui est extrait des fleurs et des plantes comestibles.

« Que le brahme repousse avec horreur les oiseaux de proie, et les bêtes immondes, et tous les animaux qui n'ont pas le sabot fendu[1], et le tittibla[2],

« Le moineau, le plongeon, le hausa[3], le tchacravaca[4], le sarosa[5], le radjanvala[6], le dâtyboua[7], la sarica[8],

« Les oiseaux qui déchirent leur nourriture avec le bec ou les griffes, ceux qui vivent de poisson, la viande vendue par un boucher et la viande séchée,

---

1. Mêmes défenses chez les Hébreux ; la loi mosaïque défend de manger de tous les animaux qui n'ont point le sabot fendu, toute la nomenclature de bêtes interdites qui suit est reproduite presque textuellement dans la Bible.
2. Sorte de perroquet.
3. Cygne.
4. Ibis.
5. Grue du Malabar.
6. Pivert.
7. Coqs.
8. Gracula religiosa.

« Le héron, la grue de passage, le corbeau, le gypaète, les amphibies, les porcs et tous les poissons autres que ceux permis par le présent code.

« Parmi les poissons, il est permis de manger le saumon noir, le cyprin, le lion de mer et la langouste, mais seulement après les avoir purifiés par le sacrifice.

« Qu'il s'abstienne de tous les animaux inconnus et de ceux qui hantent les lieux déserts, et de ceux qui possèdent cinq griffes.

« Les sages sont d'avis cependant que, parmi les animaux à cinq griffes, on peut manger le hérisson, le porc-épic, le crocodile des grands fleuves sacrés[1], le rhinocéros, la tortue et le lièvre, ainsi que les animaux dont les dents des mâchoires reposent à plat les unes sur les autres, sans s'entre-croiser.

« Tout brahme qui a mangé volontairement des choses défendues est chassé de sa caste; involontairement, il doit faire les pénitences des anachorètes appelées sântapana et tchandrayana. S'il les a touchées seulement, qu'il jeûne du lever au coucher du soleil.

« Que chaque année, pour se purifier des souillures involontaires contractées par la nourriture, il accom-

---

1. Gange, Cavery, Godavery, Krischna, Indus.

plisse les dévotions austères ordonnées par le Véda[1].

« A l'exemple du saint pénitent Agastya, le brahme peut égorger pour sa nourriture les animaux permis, à condition qu'il les offre en sacrifice.

« Tout ce qui est viande ne doit pas être mangé le lendemain du jour où on l'a apprêté ; tout ce qui est grain, farine ou fruit peut être conservé.

« Tels sont les aliments défendus ou permis ; apprenez maintenant les cas où le brahme peut manger ou doit s'abstenir de viande.

« La viande ne peut être mangée qu'offerte en sacrifice et purifiée par les mentrams hors les cas où le dwidja serait réduit à mourir de faim.

« Toute cette nature animée et inanimée a été créée par Brahma pour la nourriture de l'être supérieur[2].

« Les plantes sont mangées par les êtres doués de vie et de mouvement ; les êtres animés se mangent entre eux, selon la loi du plus fort.

« Manger des viandes permises, tous les jours,

---

1. Ce sacrifice de purification solennelle est une véritable fête religieuse et de famille ; les Indous qui en ont le moyen font un pèlerinage à l'un des cinq grands fleuves, les autres se contentent des étangs d'ablution des pagodes. Ces fêtes attirent toujours un grand concours de peuples et sont les prétextes de jeux, réjouissances et foires annuelles.

2. L'homme.

n'est point un crime, à condition de les offrir aux dieux dans le sacrifice ; que le dwidja ne l'oublie jamais, s'il veut vivre longuement.

« Il a même été dit que celui qui refusait de manger de la viande dans le repas sacré pris en commun pendant le sacrifice subirait cent et une migrations dans le corps des animaux immondes[1].

« Tout animal tué autrement que dans le sacrifice condamne son meurtrier à mourir de mort violente autant de fois qu'il a de poils sur son corps.

« Le meurtre dans le sacrifice n'est pas un crime, car tout cet univers ne se soutient que par le sacrifice et les prières.

« Les animaux mis à mort pour le sacrifice obtiennent immédiatement une *renaissance* plus élevée dans la série des êtres animés.

« Ainsi le brahme qui connaît le Véda et la loi, en offrant sans cesse des sacrifices, procure une situation plus illustre aux animaux qui ont servi d'holocauste.

« La loi, quand elle permet le meurtre des ani-

---

1. Celui qui refuse de prendre part au repas sacré pris en commun est regardé comme un vratya, — excommunié, — William Jones, Colbrook, Wilson ont ainsi traduit cette expression, je ne cède donc pas au plaisir d'un rapprochement que chacun peut faire comme moi.

maux, ne peut être considérée comme mauvaise, car la loi procède de la sainte Écriture.

« Mais celui qui tue par plaisir des animaux inoffensifs perd tout le mérite des bonnes actions qu'il a pu accomplir.

« Au contraire, celui qui prend soin de ne jamais faire de mal à aucun être vivant, voit sa prospérité s'accroître et la somme de ses bonnes œuvres s'augmenter de tout ce que tous les autres perdent[1].

« Le dwidja qui aspire à la sainteté doit suivre l'exemple des personnages sanctifiés et s'abstenir alors même des viandes permises[2].

« Celui qui ne vit que de grains, de légumes et de fruits évite toutes les maladies qui désolent ce bas monde.

« Sachez que l'homme le plus coupable est celui qui se nourrit constamment de chair, sans l'offrir d'abord aux dieux.

« Celui qui s'abstient de viande pendant toute sa vie acquiert les mêmes mérites et obtient la même récompense que celui qui aurait pendant cent ans offert cent fois le sacrifice à l'Aswamédha.

---

1. Les bonnes œuvres de celui qui tue par plaisir accroissent à celui qui ne tue que dans le sacrifice.
2. Les brahmes du sud de l'Indoustan s'appuient sur ce texte pour proscrire complétement la viande.

« Il me mangera dans l'autre monde celui que je mange ici-bas, telle est la parole des sages sur le mangeur de viande.

« Si la viande et les boissons fermentées ne sont pas défendues, il est bien plus méritoire de s'en priver.

« Écoutez maintenant quelles sont les impuretés occasionnées par les morts et les objets inanimés, et les moyens de s'en purifier.

« Si un jeune enfant vient à mourir après la cérémonie de la tonsure, tous ses parents sont atteints de la même impureté que celle de la mère à sa naissance[1].

« L'impureté occasionnée par les morts à leurs parents peut durer, selon les circonstances, dix, trois ou un jour, mais dans tous les cas elle ne peut cesser avant que les os aient été recueillis dans le bûcher.

« L'impureté cesse d'atteindre les parents au sep-

---

[1] Cette coutume de déclarer l'accouchée impure pendant un certain nombre de jours, se retrouve dans toutes les civilisations anciennes, les Hébreux eux-mêmes la reçurent de la Chaldée et de l'Égypte. Les gens qui soutiennent que la Bible a donné ses coutumes au monde ancien, oublient toujours que l'Égypte avait déjà eu 17 dynasties de rois, et que l'Inde et la Chaldée étaient florissantes des siècles avant qu'il fût question de ces parias égyptiens révoltés qui s'appelèrent les Hébreux.

tième degré parce qu'ils ne sont pas obligés d'offrir les pindas funéraires.

« Mais ils sont astreints à la libation d'eau tant que l'on conserve le souvenir d'une origine commune et du nom du même ancêtre.

« Tous les parents qui sont obligés à l'offrande des gâteaux funéraires reçoivent du mort une impureté d'une durée égale, mais celle qui résulte d'une naissance n'atteint que le père et la mère[1].

« Le père est purifié par un bain lorsque l'enfant est né de la femme, mais s'il a un enfant d'une femme mariée, *étant convenablement autorisé par le mari impuissant*, une purification de trois jours est nécessaire.

« Le brahmatchari qui accomplit les cérémonies funéraires de son gourou est purifié au bout de dix jours seulement, et de même les porteurs du corps.

« Une femme est purifiée d'une fausse couche par quinze jours d'ablution, une femme dont les fatigues mensuelles sont terminées, par trois ablutions.

« L'enfant mort avant l'âge de deux ans, et qui n'a pas reçu la tonsure, doit être enseveli dans une terre

---

1. A la naissance d'un enfant dans l'Inde, le père va se purifier à la pagode, et la mère dans les dix jours de ses relevailles.

pure ; ses os ne sont pas recueillis dans le bûcher, car il n'est pas un ancêtre.

« Aucune oblation, aucune cérémonie, aucun sacrifice ne doivent être offerts pour lui ; les pindas sacrés ont été créés seulement pour les veuves des pitris, et il ne va pas au séjour des ancêtres [1].

« Si un brahmatchari accomplit les cérémonies funéraires pour un de ses camarades, il est purifié en un jour.

« Les parents sont purifiés en trois jours de la mort d'une vierge, en six seulement si elle était fiancée.

« Les parents sont purifiés de la mort d'un des leurs absent par dix jours, ou la différence entre l'annonce de la mort et dix jours comptés à la date du décès.

« Si dix jours ou plus se sont déjà écoulés entre la mort et l'annonce du décès, les parents sont purifiés par un bain.

« La mort d'un étranger est purifiée par un seul bain pour les habitants de la maison dont il était l'hôte.

---

1. L'ondoiement et la tonsure font entrer les enfants dans la famille spirituelle; si une de ces cérémonies fait défaut, l'enfant revient au monde dans une nouvelle migration, car en cet état il ne peut entrer au ciel. Les chrétiens envoient ces enfants-là aux limbes.

« Quel que soit le nombre de décès arrivés dans les dix jours funéraires, les parents ne sont impurs que les dix premiers jours à compter du premier décès.

« La mort d'un brahme d'une sagesse exemplaire, savant dans le Véda, et qui toute sa vie a pratiqué des austérités méritoires, n'occasionne aucune impureté.

« Tous les habitants du royaume sont impurs pendant un jour à la mort du souverain ; tous les habitants de la même maison sont impurs pendant une nuit à la mort d'un brahme[1].

« Nul ne doit, pendant les jours d'impuretés, interrompre ses oblations aux cinq feux ni ses offrandes aux mânes.

« Celui qui a touché par mégarde un tchandala, une femme ayant ses fatigues mensuelles, un homme sans caste, une nouvelle accouchée, un mort, est purifié par un bain.

« Le brahme qui aperçoit un homme dégradé en faisant ses ablutions doit réciter les mentrams de la

---

[1] De là les jours de deuil imposés aux nations d'origine indo-européenne lorsque mourait un souverain. 89 nous a débarrassés de cela, mais que de choses qu'il n'a pas eu le courage d'emporter !

purification, de même s'il touche un os, un mendiant, une prostituée, un homme débauché.

« Les dépouilles mortelles des brahmes et des deux autres castes supérieures doivent quitter la ville par la porte de l'Orient, les restes des soudras par la porte du Sud[1].

« Les novices, les vanaprasthas, les sannyassis, les vieillards de cent ans, les vierges ne reçoivent aucunes impuretés de la mort de leurs proches.

« Les rois sont purifiés immédiatement de la mort de leurs proches, les cérémonies funéraires et de purification ne doivent pas les détourner de leurs occupations qui ont pour but le bonheur de leurs peuples.

« Celui qui meurt dans une bataille, ou par ordre du roi, ou en défendant le faible, ou tué par la foudre ou en protégeant une vache, est purifié à l'instant même.

« Le roi ne peut jamais être impur, car il a été créé pour le règne de la justice par Sama, Agny, Sourya, Avila, Indra, Couvera, Varouna, et Yama avec une portion de leur pure essence[2].

---

1. L'Orient est le point sacré de la terre, dans les Védas, Manou, le Zend-Avesta, les traditions égyptiennes, la Bible et le Coran.

2. Tous les dieux se sont épuisés pour créer le roi et le

« Après avoir assisté à un sraddha[1] le brahme est purifié en touchant l'eau lustrale, le xchatria, ses armes, le Vaysia son aiguillon, le soudra le pied de son maître.

« Si un brahme rend les devoirs funéraires à un étranger, il est purifié un jour après, et trois jours après seulement s'il a assisté au repas mortuaire.

« La dépouille d'un mort ne peut être portée au bûcher que par ses parents, ou des gens de sa caste; celui qui est porté par un soudra renaît dans la caste servile.

« L'eau, la terre, les cérémonies sacrées, la fiente de vache[2], l'air, les aliments consacrés dans les sacrifices sont les objets employés dans les purifications.

« Mais la purification qui vient de la science et des bonnes œuvres est la meilleure. Heureux celui qui reste pur en acquérant des richesses.

---

sacrer seigneur de la terre... le roi ne peut jamais être impur; le peuple troupeau et le roi souverain en vertu du droit divin, datent de loin...

1. Repas funéraire offert en l'honneur des mânes des ancêtres.

2. Il n'y a pas de désinfectant plus énergique dans les pays tropicaux.

« Les sages se purifient par le pardon des injures, l'aumône et la prière.

« Telles sont les règles de purification des êtres animés. Voici celle que l'on doit observer pour purifier les choses dont on se sert journellement.

« Les métaux, les pierres précieuses, les mortiers et ustensiles de pierre se purifient avec des cendres, de la terre et de l'eau.

« Les vases d'or et d'argent, de bronze ou de pierre qui n'ont pas contenu de graisse se purifient avec de l'eau seulement ; s'ils ont été souillés, il faut les purifier par le feu.

« Tout ce qui est fer, cuivre, étain, fer-blanc ou plomb, se nettoie avec de la terre et de l'eau.

« Les pièces de toile, les vêtements avec de l'eau pure, en les frottant avec de l'écorce de bois.

« Les vases qui servent au sacrifice et tous les instruments, les coupes où le prêtre boit le soma, les plats qui contiennent le beurre clarifié, doivent être lavés à l'eau lustrale.

« Les pots à préparer la nourriture, le mortier, le pilon, le vase où l'on broie les oblations, le pilon, le mortier doivent être lavés à l'eau chaude.

« Les légumes, les herbes, les racines, les fruits, les corbeilles de rotin qui les contiennent doivent être lavés à l'eau pure.

« La soie, la laine, avec la terre à détacher, les tapis de Népaul[1] avec le fruit du savonnier, les manteaux, les pagnes, avec le vilva[2], les étoffes de lin avec la moutarde blanche.

« Les coquillages, l'écaille, les instruments en ivoire ou en os, avec de l'urine de vache mélangée d'eau.

« Le plancher des maisons, le sol, les murailles sont purifiés par l'enduit de bouse de vache.

« Tant qu'un objet que l'on purifie conserve l'odeur de la souillure, il faut le frotter et le laver.

« Mais le brahme qui touche ou se sert d'un objet dont il ignore la provenance, a reçu des dieux le moyen de le purifier de suite en disant : « Que cela soit pur pour moi ! »

« Les eaux courantes dans lesquelles boivent les vaches, lorsqu'on n'y a rien jeté de malpropre, sont toujours pures.

« La main de l'artisan et les objets qu'elle confectionne sont purs, mais pour l'une pendant le travail seulement et pour les autres tant qu'ils n'ont pas servi à l'usage auquel on les destine.

« La bouche d'une femme, le sein d'une vierge, la

---

1. Tissus du Cachemir et du Népaul.
2. Œglé marmelos.

prière d'un enfant et la fumée des sacrifices sont toujours purs.

« Toutes les ouvertures du corps au-dessus du nombril sont pures, toutes celles au-dessous sont impures, seul le corps entier de la jeune vierge est pur.

» Rien n'est plus pur que la lumière du soleil, l'ombre d'une vache, l'air, l'eau, le feu et l'haleine d'une vierge [1].

« Ainsi ont été établies les règles des choses pures et impures et les modes de purification, écoutez maintenant ce qui regarde spécialement les femmes.

« Les jeunes filles, les femmes mariées, les veuves ne peuvent jamais se conduire d'après leur seule volonté, dans l'intérieur de leur demeure ou publiquement.

« Dans l'enfance la femme obéit à son père, ensuite elle dépend de son mari, veuve elle est sous la tutelle de ses fils.

« Que la femme mariée ne souffle jamais la désunion entre son mari et ses fils, elle ne pourrait pas commettre sur la terre une faute qui sera plus fortement châtiée dans l'autre.

---

1. Il est singulier de remarquer, à quel point l'Inde eut le culte de la femme vierge; il y a dans la littérature brahmanique toute une série d'épopées de chevalerie à faire pâlir les romans du moyen âge.

« Qu'elle soit d'humeur égale, point acariâtre et conduise bien sa maison, soigne les objets du ménage, et n'ait pas la main trop ouverte pour la dépense.

« Qu'elle aime et serve partout sa vie et vénère après sa mort le mari à qui elle a été donnée par son père ou son frère aîné.

« Les cérémonies religieuses, les oblations et les sacrifices dans les mariages appellent sur les époux la bénédiction des dieux, mais la *dation* de la femme au mari par le père crée seule le droit.

« Lorsque le mariage a été convenablement célébré avec les cérémonies habituelles, le mari rend sa femme heureuse en ce monde et prépare son bonheur dans l'autre.

« Que la femme révère son mari à l'égal d'un dieu quand bien même sa conduite serait condamnable et qu'il se livrerait à d'autres amours[1].

« La loi n'a ordonné aux femmes en particulier aucunes pratiques pieuses, aucun sacrifice ou jeûne, l'a-

---

1. Quelle étude on pourrait faire sur le droit ancien qui a régi la situation sociale de la femme, et combien de superstitions ridicules, d'absurdes prescriptions légales même n'ont pas encore disparu de nos mœurs et de nos lois, qui n'ont pas d'autre origine que les vieilles coutumes de l'Orient. On peut dire que chez nous, de sa naissance à sa mort, la femme est encore en perpétuelle tutelle. Triste

mour de son mari lui procurera le bonheur dans le ciel.

« La femme de bien, qui désire parvenir avec son mari au séjour céleste, ne doit rien faire contre sa volonté, ni avant, ni après sa mort.

« Quand elle a perdu son mari, qu'elle revête le pagne blanc des veuves, livre son corps aux mortifications, ne vive que de fruits et de racines et se garde de prononcer le nom d'un autre homme.

« Qu'elle soit jusqu'à l'heure suprême chaste et sobre comme un brahmatchari, accomplissant ses devoirs pieux, et attende le moment avec résignation.

« Des milliers de brahmes qui ont fait le vœu de chasteté et n'y ont jamais manqué sont parvenus au ciel sans le secours des prières d'un fils.

« Comme aussi la femme qui, après la mort de son mari, vit dans la plus parfaite chasteté, va au ciel bien qu'elle ne laisse pas de postérité.

« La veuve qui pour obtenir des enfants est infidèle, *hors les cas permis*[1], à la mémoire de son mari,

---

conséquence morale, elle n'est complétement émancipée que par le veuvage.

1. Nous aurons occasion dans le X.I° livre d'étudier spécialement cette curieuse exception.

méprisée ici bas des gens de bien sera exclue du séjour céleste.

« La femme n'a d'enfa[nt] légitime qu'avec son mari, la femme n'est pas un champ banal que tout le monde ensemence, aussi, *hors les cas permis*, la femme n'a pas reçu de ce code le droit de prendre un second mari.

« Toute femme qui délaisse son mari parce qu'il est d'une caste infime pour s'attacher à un homme d'une caste supérieure ne mérite que le mépris et sera flétrie du nom de parapourva[1].

« La femme adultère, méprisée dans ce monde, renaîtra après sa mort dans le ventre d'un chacal immonde, ou sera frappée d'éléphantiasis ou de lèpre.

« Celle qui pendant sa vie entière n'a offensé son époux ni par pensée, ni par action, reçoit en récompense le titre de femme vertueuse par les gens de bien et obtient au séjour céleste la même demeure que son époux.

« Lorsqu'une pareille femme meurt avant son mari, que ce dernier acomplisse pour elle les mêmes cérémonies qui seraient faites pour lui-même, et que son corps soit brûlé avec le feu sacré et les instruments du sacrifice.

---

1. Textuellement « qui a un autre mari que le premier. »

« Après la mort de sa première femme, après avoir accompli les cérémonies funéraires prescrites, il peut allumer une seconde fois le feu nuptial, mais que pendant cette seconde partie de sa vie, il ne néglige jamais les trois prières, les trois sacrifices, les cinq ablutions et les cinq feux [1].

---

1. Allumer une seconde fois le flambeau de l'hyménée. Cette expression que nos ancêtres nous ont léguée, vient de ce que lors du mariage, les deux époux s'en allaient dans la pagode allumer un réchaud, au feu sacré qui brûlait sur l'autel. La femme avait la garde de ce feu appelé feu domestique, et ne devait jamais le laisser éteindre, il servait aux sacrifices et à la préparation des aliments. Quand elle venait à mourir, on laissait la braise du réchaud sans aliment, le feu s'éteignait et n'était rallumé que par un second mariage. On disait d'un veuf : le feu domestique ne brûle plus dans sa demeure.

LIVRE VI.

LA VIE CÉNOBITIQUE [1].

« Lorsque après avoir terminé ses études, le dwidja a accompli ses devoirs de père de famille pendant le temps prescrit, il doit, suivant la loi, se retirer dans la forêt pour vivre dans le renoncement de tous les biens de ce monde.

« Le personnage sanctifié, qui a passé sa vie dans l'étude des livres saints et qui se voit en sa vieillesse seul en sa maison, doit, pour se purifier et se rendre maître de ses sens, se retirer dans la forêt et y vivre selon la règle prescrite.

« Il est également permis au père de famille, bien qu'ayant des enfants, de se retirer dans la forêt pour

---

1. L'origine du cénobitisme dans l'Inde est liée d'une manière si intime à celle de deux autres coutumes — ou fictions légales — la filiation en dehors du mariage et l'adoption, que, pour ne pas tomber dans des répétitions nécessaires, nous en renvoyons l'étude au livre IX.

y mener la vie cénobitique, mais seulement quand ses cheveux ont blanchi, que sa peau s'est ridée, et qu'il a sous les yeux les fils de ses fils. Renonçant à tout, qu'il confie sa femme à ses fils ou qu'il l'emmène avec lui.

« Que l'ermite emporte avec lui le feu consacré et tous les objets employés dans les sacrifices, qu'il quitte son village, la maison où il est né et se retire dans le désert pour y finir sa vie dans les privations.

« Qu'il offre les cinq grands sacrifices à Dieu, à la création, à la rédemption[1], à la mort, à la vie future avec les grains sauvages, les racines et les fruits, qui sont la seule nourriture permise aux personnages sanctifiés.

« Qu'il ne se vêtisse qu'avec l'écorce des arbres ou la peau des animaux, qu'il laisse pousser ses cheveux, sa barbe et ses ongles, et les poils de son corps.

« Qu'il trouve le moyen, sur sa chétive nourriture, de faire des aumônes, et qu'il offre de l'eau, des racines et des fruits à ceux qui viennent le visiter dans sa retraite.

« La lecture du Véda doit être sa principale occupation ; qu'il endure toutes les souffrances sans se plaindre, qu'il soit bienveillant, compatissant à l'égard

---

1. Par la mort et la seconde naissance.

des autres, qu'il donne toujours et ne reçoive jamais.

« Qu'avant de cuire sa nourriture, il l'offre à l'Être suprême suivant le mode Vitana[1] et qu'il renouvelle le sacrifice prescrit en l'honneur de la création chaque jour de la lune nouvelle.

« Qu'il ne manque jamais d'offrir le sacrifice des moissons à l'époque du grain nouveau, et accomplisse tous les quatre mois, aux chargements de saison, les cérémonies consacrées.

« Avec les grains purs et les racines qui servent de nourriture aux saints personnages, et que l'on récolte au printemps et en automne, qu'il prenne soin lui-même de faire selon le mode prescrit les gâteaux destinés à être offerts sur la pierre du sacrifice.

« Après avoir offert à Dieu cette nourriture pure de la forêt, qu'il la mange avec le sel qu'il a ramassé, et cette nourriture purifie son âme et la fortifie.

« Il peut offrir ainsi et manger les graines potagères qui viennent dans l'eau et sur la terre, les fleurs, les racines, les fruits des arbres et l'huile produite par les fruits.

« Qu'il évite le miel, le beurre, la viande, les végétaux qui poussent sur les bois morts, et que dans le mois d'aswina — août — il jette toutes les provisions

---

1. Par le sacrifice aux trois feux.

de grains, de racines, qu'il avait faites, ainsi que ses vieux vêtements.

« Quand même il souffrirait de la faim, il doit s'abstenir de tout ce qui pousse dans les champs labourés, bien qu'il ait l'autorisation du propriétaire; il ne doit rien accepter non plus qui soit fabriqué par la main des hommes.

« Il peut manger ses aliments cuits ou tels qu'il les récolte sur la terre ou aux branches des arbres, et se servir de deux pierres pour les écraser.

« Il peut faire sa provision pour un an, pour six mois, pour un mois, pour un jour, mais il est mieux de ne ramasser ses grains que pour un jour[1].

« Il faut prendre sa nourriture tous les jours, soir et matin, mais il est mieux de ne manger qu'une fois tous les soirs, et même que tous les deux jours seulement.

« Les personnages qui sont arrivés au plus haut degré de sainteté, ont suivi les règles de la tchandryana, qui consiste à manger quinze bouchées le pre-

---

1. Ni le paganisme ni le mosaïsme ne connurent ou ne réglementèrent dans la loi la vie du vanaprastha ou anachorète. A l'imitation du brahmanisme, dont il est descendu, le christianisme tenta, mais sans succès, de renouveler cette vie de privation et de contemplation dans le désert; l'humble ermitage fut vite remplacé par le monastère..... cette forme plus moderne d'exploiter l'oisiveté et l'aumône.

mier jour de la lune et d'aller en diminuant, de sorte qu'une seule bouchée soit mangée le quatorzième jour et que le quinzième soit consacré au jeûne. Il faut agir de même pour les quinze jours de la lune qui décroît.

« Pour observer strictement son devoir, le cénobite ne doit vivre que de fleurs et de racines sauvages, et de fruits tombés des arbres par eux-mêmes et que le temps a mûri.

« Que, pour prier, il se couche sur la terre nue ou se relève sur les genoux, ou se tienne incliné sur les pieds, fuyant les positions agréables, et qu'il fasse ses ablutions trois fois par jour.

« Pendant la saison chaude, qu'il s'expose tout nu aux ardeurs du soleil; pendant la saison des pluies, qu'il soit sans abri contre les torrents d'eau qui descendent du ciel et des montagnes, et pendant la saison froide, qu'il n'habite que des lieux malsains et humides.

« Que trois fois dans le jour, après les ablutions prescrites, il invoque le nom de l'Être suprême, soumette son corps aux austérités les plus rigoureuses, et flagelle jusqu'au sang son enveloppe mortelle.

« Arrivé à ce degré de mortification, qu'il éteigne le feu consacré et se couvre de cendres, qu'il n'ait plus ni demeure ni abri, ne vivant plus que de racines crues et de fruits aigres.

« Exempt de tout désir sensuel, chaste comme un novice, qu'il n'ait d'autre lit que la terre, d'autre habitation que le pied des arbres.

« Qu'il ne demande l'aumône qu'aux autres anachorètes et aux pères de famille à qui il est permis de se retirer dans la forêt, et, si on lui offre quelque nourriture, qu'il n'en reçoive pas plus que ce que contient une feuille ou le creux de la main.

« Celui qui a ainsi dégagé son corps de tout attachement charnel, par l'étude des livres saints, la prière, les mortifications et l'aumône, peut attendre sans crainte l'heure d'être admis dans le séjour de Brahma.

« Lorsque l'anachorète a passé ainsi la troisième partie de sa vie, quand il ne lui reste que peu de temps à vivre, qu'il quitte la forêt voisine des lieux habités, pour se retirer dans les lieux déserts, incultes, habités seulement par les bêtes fauves ; qu'il embrasse la vie ascétique, renonçant même au souvenir de toute affection.

« Passant ainsi dans ce quatrième ordre, qui est le renoncement suprême à tout, l'homme est sûr, après sa mort, d'obtenir le plus haut degré de félicité.

« Après avoir été successivement brahmatchari [1],

---

1. Étudiant en théologie.

grihasta[1], et vanaspratha[2], qu'il dirige son esprit vers le mokcha[3], qu'il devienne sannyassy nirvany[4].

« Mais celui qui, sans avoir accompli les devoirs prescrits, et payé les trois dettes de la vie, ambitionne le bonheur final, est précipité dans le naraca[5].

« Lorsqu'il a étudié le Véda et les commentaires de la sainte Écriture, qu'il s'est marié, a donné le jour à des fils, offert les sacrifices, les oblations et les cérémonies funéraires pendant le temps prescrit, alors il lui est permis d'envisager le mokcha et la délivrance finale.

« Après avoir accompli le sacrifice de pradjapati, qui est le renoncement à tout, après avoir éteint le feu des sacrifices, n'emportant qu'un bâton et une aiguière, qu'il s'éloigne des régions habitées, qu'il embrasse la vie ascétique, celui qui désire arriver resplendissant de gloire au séjour céleste.

« Qu'il soit toujours seul, sans autre compagnie que sa pensée, car pour obtenir le bonheur suprême il doit abandonner tout et être abandonné de tous, coucher sans vêtement sur la dure, ne parlant pas, fixant

---

1. Père de famille.
2. Anachorète.
3. Délivrance finale.
4. Pénitent nu, les γυμνοσοφισταί des Grecs.
5. Enfer.

son esprit sur l'Être divin, tel est l'état dans lequel doit se trouver le saint personnage, deux fois régénéré, qui approche de la délivrance finale.

« Tout homme pour qui le Véda n'a plus de secret, qui ne craint pas la douleur et ne recherche pas la joie, qui quitte l'ordre des pères de famille pour passer dans celui des cénobites, réjouit les cieux qui resplendissent de lumière.

« Qu'il soit toujours seul, sans compagnon, car la félicité suprême ne se conquiert que dans la solitude ; quand il a tout abandonné, c'est alors que les cieux ne l'abandonnent pas.

« Qu'il n'ait ni habitation, ni feu consacré, qu'il ne doive sa nourriture qu'au hasard ; un pot de terre, les cavités des grands arbres pour demeure, les vêtements les plus misérables et une vie solitaire, tels sont les signes auxquels on doit reconnaître un brahme qui approche de la délivrance finale.

« Qu'il ne désire pas la mort ; qu'il ne désire pas la vie ; ainsi qu'un moissonneur qui, le soir venu, attend péniblement son salaire à la porte du maître, qu'il attende que le moment soit venu.

« Qu'il purifie ses pas en regardant où il met le pied, qu'il purifie l'eau qu'il doit boire, afin de ne donner la mort à aucun animal[1], qu'il purifie ses pa-

---

1. D'après les croyances à la transmigration des âmes,

roles par la vérité, qu'il purifie son âme par la vertu.

« Qu'il supporte avec patience, et sans jamais les rendre, les mauvaises paroles, les injures et les coups; qu'il se garde surtout de conserver de la rancune à qui que ce soit au sujet de ce misérable corps.

« Méditant avec délice sur l'âme suprême, n'ayant besoin de rien, inaccessible à tout désir des sens, sans autre société que son âme et la pensée de Dieu, qu'il vive ici-bas dans l'attente constante de la béatude éternelle.

« Il ne doit jamais chercher à se procurer la subsistance, en expliquant les prodiges et les présages, ni au moyen de l'astrologie ou de la chiromancie[1], ni en donnant des préceptes de morale casuiste, ou en interprétant l'Écriture sainte.

« Qu'il ne se rende jamais dans les lieux fréquentés par les ermites du premier degré qui n'ont pas encore entièrement renoncé au monde.

« Qu'il fuie toute réunion, même celles où n'assistent que des brahmes, qu'il se garde sur son salut éter-

---

ou métempsycose, il n'est si petit animal qui ne soit destiné à gravir tous les échelons de la vie universelle, et à parvenir à la dignité d'homme, de déva et de dieu.

1. Se douterait-on que ces superstitions, qui n'ont pas encore disparu de nos mœurs, soient aussi vieilles.

nel de se rendre dans les lieux où l'on fait battre des oiseaux ou des chiens.

« Qu'il erre constamment dans la tenue prescrite avec un plat, une aiguière et un bâton, mettant tous ses soins à ne pas faire de mal aux êtres animés.

« Un plat de bois, une gourde, un pot de terre et une corbeille de bambou, tels sont les ustensiles d'un cénobite, autorisés par Manou; il ne doit rien conserver en métal précieux.

« Lorsque la fumée ne s'élève plus dans l'air, que le charbon est éteint, que le bruit du pilon, retombant en cadence sur la pierre, ne se fait plus entendre, que les gens sont rassasiés, que les plats sont retirés, il est l'heure pour l'ermite de mendier sa subsistance.

« S'il ne reçoit rien, qu'il ne se désole pas; qu'il ne se livre pas à la joie, s'il obtient quelque chose; il ne doit songer qu'à soutenir sa maigre existence sans se réjouir ou s'affliger de la qualité et de la quantité des mets.

« Qu'il prenne peu de nourriture, c'est le meilleur moyen de maîtriser les organes des sens entraînés par la volupté, et c'est en maîtrisant ses sens que l'homme conquiert l'immortalité.

« Qu'il considère avec attention, pour mieux sanctifier sa vie, les transmigrations des hommes qui sont causées par leurs actions coupables, leur chute dans l'enfer, et les tourments qu'ils y endurent.

« Leur séparation de ce qu'ils aiment, la nécessité de supporter ce qu'il détestent, la vieillesse et les maladies qui affligent l'humanité.

« Qu'il réfléchisse que l'Esprit vital[1], en sortant du grand Tout, subit dix mille millions de transformations avant de revêtir la forme humaine.

« Qu'il observe quels sont les maux incalculables qui résultent de l'iniquité, et les grandes joies qui naissent de la pratique de la vertu.

« Qu'il porte sans cesse son esprit sur les perfections et l'essence indivisible de Paramatmâ — la grande âme — qui est présente dans tous les corps, aussi bien dans les plus bas que dans les plus élevés.

« Qu'il sache bien qu'un atome est la représentation exacte du Tout.

« Que l'homme accusé faussement et à qui on a enlevé ses signes de caste et les insignes de son ordre continue à remplir ses devoirs ; porter les insignes

---

1. Germe de vie qui se transforme graduellement pour arriver à la plante, de la plante à l'animal, et de l'animal à l'homme... Les naturalistes modernes de l'école de Darwin ne semblent guère se douter que leur théorie, prétendue nouvelle, n'est que la rénovation d'un des plus vieux systèmes de l'Orient.

d'un ordre n'est pas une preuve qu'on en remplit les devoirs, pas plus que le fruit du cataca, qui purifie l'eau, ne le serait si on se bornait à prononcer son nom sur l'aiguière.

« Que sans cesse, en marchant, le sanyassi regarde de jour et de nuit avec précaution où il met le pied pour ne causer, autant que possible, la mort d'aucun animal.

« Les purifications et le parvaméda[1] ont été institués pour racheter la mort des petits animaux, qu'il fait mourir involontairement.

« Il doit, à cet effet, prononcer trois fois en retenant son haleine le mystérieux monosyllabe Aum! la prière de la sàvitri, et les trois paroles sacrées bhoûr-bhouva-swar.

« Ainsi que les impuretés des métaux sont détruites par le feu, ainsi les fautes que l'homme peut commettre sont effacées par la prière.

« Que le sanyassi expie ses fautes par le recueillement, la méditation, la répression de tout désir sensuel, les austérités méritoires; qu'il détruise en lui toutes les imperfections opposées à la nature divine.

« Qu'il suive par la méditation la marche de l'âme

---

1. Petit sacrifice.

dans ses différentes transformations, depuis le degré le plus élevé jusqu'au plus bas[1], marche que ne peuvent comprendre les hommes qui ne se sont pas perfectionné l'esprit par l'étude du Véda.

« Celui qui est doué de cette vue sublime n'est plus captivé par les actions d'ici-bas, celui qui est privé de cette vue parfaite, n'étant point assez purifié, est destiné à retourner dans ce monde.

« Ce corps, dont les os font la charpente, à laquelle les muscles servent d'attaches, enduit de chair et de sang, recouvert de peau et contenant des excréments infects, soumis à la vieillesse, à la décrépitude, aux chagrins, aux maladies, et à des souffrances sans nombre, doit être laissé avec bonheur par le juste.

« Tout disparaîtra dans la pourriture terrestre, seules les bonnes actions et l'âme ne passeront point. Mais la demeure céleste ne s'obtient que par la méditation de l'essence divine, car aucun homme ne recueillera le fruit de ses efforts, s'il ne s'est élevé à la connaissance de l'Ame suprême.

« De même qu'un arbre abattu sur les bords d'une rivière suit le courant qui l'emporte, de même que l'oiseau rejette son nid et s'élève vers les cieux, de

---

1. Toujours la même théorie naturaliste.

même l'homme s'élèvera au séjour de Brahma, en rejetant son enveloppe périssable[1].

« Lorsque, par sa connaissance intime du mal et son identification avec la vertu, le sannyassi obtient la félicité éternelle, il s'élève jusqu'au séjour de l'immortel Brahma, qui existe de toute éternité.

« Affranchi de toute affection et de tous désirs mondains, insensible à tout, il est absorbé pour toujours dans l'Ame universelle où il jouit d'une félicité sans égale.

« Tout ce qui a été dit et enseigné ne s'obtient que par la méditation sur l'essence divine; nul parmi ceux qui ne s'élèvent pas jusqu'à la connaissance de la grande Ame ne peut espérer de parvenir au séjour céleste.

« Que le sannyassi récite constamment les parties du Véda qui concernent les sacrifices, celles qui ont rapport à l'Ame suprême, aux divinités, et observe tout ce qui est déclaré dans le Védanta.

« La sainte Écriture est un refuge assuré pour ceux qui la comprennent et pour les esprits faibles qui ne la comprennent pas; tous ceux qui la lisent, sachant

---

[1]. Que l'on compare ce magnifique langage, et ces fermes croyances à l'immortalité de l'âme, aux grossières traditions du mosaïsme.

que c'est la parole de Brahma, arriveront à une éternité de bonheur.

« C'est ainsi que le brahme qui embrasse la vie ascétique selon les règles qui viennent d'être déclarées se dépouille pour toujours de tout péché et se réunit à la divinité.

« Ainsi vous avez appris quels sont les devoirs imposés aux contitcharas, aux bahoudacas, aux housas et aux paramahousas, qui sont les quatre classes de brahmes sannyassis [1].

« Le novice, l'homme marié, l'anachorète, le prêtre et le dévot ascétique forment cinq classes qui tirent leur origine du père de famille.

« Le brahme ne peut parvenir à la condition suprême sans passer successivement par tous ces ordres, conformément à la loi.

« Parmi tous ces ordres, le père de famille, qui connaît et observe tous les préceptes de la srouti et de la smriti [2] est supérieur à tous les autres ordres, car c'est de lui que procèdent les autres.

« De même que toutes les rivières et tous les fleuves vont se confondre dans l'Océan, de même tous les hommes de toutes les classes viennent s'absorber dans le sein de la divinité, mais le cénobite et le dé-

---

1. Ermites.
2. Révélation et tradition.

rot ascétique sont les seuls qui n'aient pas besoin de la purification funéraire par les sacrifices prescrits.

« Les dwidjas qui appartiennent à ces quatre ordres doivent toujours, avec le plus grand soin, pratiquer les dix vertus qui composent le devoir.

« Écoutez, ô hommes, quelles sont les vertus dont la pratique vous est recommandée pour obtenir sûrement un bonheur éternel au céleste séjour.

« La résignation, — *l'action de rendre le bien* pour le mal, la tempérance, — la probité, la pureté, — la chasteté et la répression des sens, — la connaissance de la sainte Écriture, celle de l'Ame suprême, — le culte de la vérité, — l'abstinence de la colère, telles sont les dix vertus en quoi consiste le devoir.

« Les brahmes qui, étudiant ces préceptes et les éclairant par les lumières de la sainte Écriture, y conforment leur conduite, parviennent à l'immortalité dans le séjour de Brahma.

« Tout dwidja qui met tous ses soins à pratiquer ces dix vertus, qui connaît le Véda et les commentaires du Védanta, qui, en toutes choses se conduit d'après les prescriptions de la loi, et qui a acquitté ses trois dettes[1], peut renoncer entièrement au monde

---

1. Bramatchari-grihasta-vanaprastha.

et ne plus vivre que dans la contemplation des perfections éternelles.

« Se désistant alors de tous les devoirs du père de famille, abandonnant alors la direction des sacrifices et l'accomplissement des cinq oblations, ayant effacé toutes ses fautes par les purifications prescrites, réprimé ses organes, et compris toute l'étendue du Véda, qu'il s'en remette à son fils du soin de toutes les cérémonies et pour l'offrande des repas funéraires.

« Après avoir ainsi abandonné toute pratique pieuse, tout acte de dévotion austère, appliquant son esprit à la contemplation unique de la grande cause première, exempt de tout désir mauvais, son âme est déjà sur le seuil du swarga, alors que son enveloppe mortelle palpite encore comme les dernières lueurs d'une lampe qui s'éteint.

« Tels sont les différents états sur lesquels doivent passer les brahmes, et les règles de conduite qu'ils doivent s'imposer s'ils veulent arriver au terme de leurs transmigrations dans le séjour de l'immortel Swayambhouva. »

LIVRE VII.

LE LIVRE DES ROIS.

« Écoutez, vertueux maharchis, ceci est le livre de la loi des rois.

« Vous allez apprendre quelle est l'origine du roi, et quel sont les devoirs qu'il doit remplir pour recevoir l'immortalité dans la vie future.

« Le roi qui a été initié selon l'usage, avec les cérémonies sacrées [1] ne doit avoir d'autre but que la justice.

« Lorsque le règne du mal envahit la terre, pour le salut de la justice et le bonheur de tous, le souverain maître créa le roi.

« Il le forma de la substance éternelle d'Indra,

---

1. Les rois dans l'Indoustan étaient sacrés dans les temples par l'huile sainte, par le brahmama ou chef suprême des brahmes. Cette cérémonie qui s'est continuée chez nous est une tradition asiatique.

d'Avila, de Yama, de Sourya, d'Agni, de Varouna, de Tchandra et de Couvera.

« Ainsi formé de l'essence même de ces esprits supérieurs, le roi dépasse toutes les autres créatures, par sa majesté et ses vertus.

« De même que le soleil attire tous les regards, le roi attire tous les cœurs, et personne ne peut le regarder en face sans être ébloui.

« Il est comparable par sa grandeur et sa puissance au feu, au vent, au soleil, aux génies des planètes, aux génies des eaux, de la terre et du ciel, il est le maître de toutes les richesses, il est l'incarnation de la justice.

« Ne dites jamais d'un roi, même dans son enfance : ce n'est qu'un mortel comme les autres, car c'est une divinité sous la forme humaine[1].

« Le feu ne consume que l'imprudent qui s'expose à ses atteintes, mais la colère d'un roi atteint non-seulement le coupable, mais encore toute sa descendance, anéantit tous ses biens.

« Après avoir médité sur toutes les affaires, et mûrement réfléchi sur les solutions à donner, un roi

---

1. C'est la naissance du droit divin dans le monde... et dire que nous sommes encore obligés de compter avec toutes ces choses.

doit faire triompher la justice dans tous les temps et tous les lieux.

« Ne représente-t-il pas la majesté divine, celui qui est le dispensateur des richesses, dont le courage obtient la victoire, et dont la sagesse réprime le mal?

« Tout homme qui s'attaque au roi doit périr.

« Que le roi ne cherche jamais à se soustraire à ce qui a été prescrit, et qu'il n'oublie jamais les choses permises et les choses défendues.

« Le maître souverain a créé dès le commencement pour assister le roi, le génie du châtiment, qui est le protecteur de tous les êtres animés, le bras droit de la justice, et il l'a produit de sa propre substance.

« C'est par la peur du châtiment, et l'espoir de la récompense, que toutes les créatures vivantes accomplissent leurs destinées selon les devoirs qui leur ont été prescrits.

« Après avoir bien étudié les prescriptions de la loi et pris connaissance de toutes les circonstances du crime, que le roi châtie avec justice tous ceux qui se livrent à la pratique du mal.

« Le châtiment est l'arme du roi qui veut gouverner habilement et faire respecter la loi, c'est le meilleur moyen de maintenir les quatre castes dans le devoir.

« Le châtiment est le véritable roi du genre humain, le châtiment est protecteur, il veille quand les juges sommeillent, les sages le considèrent comme l'image de la justice.

« Appliqué avec une prudence et une sagesse qui rendent l'erreur impossible, il conduit les peuples à la paix et à la félicité ; appliqué avec légèreté il détruit de fond en comble les empires.

« Si le roi ne protégeait incessamment le faible contre le fort, le timide contre l'audacieux, les hommes se conduiraient entre eux comme les poissons, qui vont sans cesse en se dévorant les uns les autres.

« Les corbeaux déroberaient les offrandes de riz, faites aux dieux. Les chiens lécheraient le beurre des sacrifices. Nul ne posséderait rien en propre sur la terre, et le soudra prendrait la place du brahme.

« Le châtiment gouverne tout ce qui existe ; la vertu se soutiendrait difficilement par ses seules forces, c'est la crainte du châtiment qui maintient toutes les classes dans les limites qui leur ont été assignées, et qui permet à tous de jouir en paix de ce qu'ils ont amassé.

« Les déwas, les titans, les gandharbas, les sarpas, les nagas, accomplissent les fonctions qui leur ont été données par la peur seule du châtiment.

« De même sur la terre toutes les classes se mêleraient, toutes les lois seraient foulées aux pieds, et la confusion régnerait dans cet univers, si le roi oubliait le châtiment et cessait de faire son devoir.

« Quand le noir châtiment, à l'œil de feu, est appliqué aux forts par un roi plein de sagesse, les hommes au lieu de trembler se réjouissent.

« Un roi soucieux de la vérité et de la justice, nourri dans la lecture des livres sacrés, connaissant toutes les lois et n'agissant qu'avec prudence, est considéré par les sages comme le plus grand présent que le maître souverain puisse faire aux hommes.

« Mais un prince fourbe, colère, qui frappe en aveugle, qui n'écoute que ses plaisirs, ou ses caprices, est le pire de tous les maux, et sera détruit lui-même par le châtiment.

« Le châtiment administré mal à propos par un roi, qui n'a conscience ni de la justice ni de la loi, anéantit bientôt ce roi et toute sa race.

« Pour poursuivre ce roi, le châtiment détruirait les villes, les palais, les armées, il le poursuivrait jusque dans le ciel, anéantissant les saints et les dieux qui voudraient le défendre.

« Un roi faible d'intelligence qui ne s'entoure pas de conseillers habiles, qui n'est mû que par l'amour des richesses et la satisfaction de ses sens, ne doit pas manier l'arme terrible du châtiment.

« Que le souverain ait toujours une conduite pure, qu'il exécute fidèlement ses engagements, qu'il soit le premier à observer les lois et ne s'entoure que de serviteurs honnêtes, désintéressés et amis de la justice.

« Qu'il juge ses amis et ses ennemis avec la même équité, et ne frappe pas plus sévèrement les uns que les autres pour la même faute, qu'il ait le culte de la vérité et soit plein de douceur pour les brahmes.

« Le roi qui agit ainsi, quand bien même il serait aussi pauvre que celui qui glane sur les pas des moissonneurs, acquerrait en ce monde une réputation universelle.

« La renommée se reproduit partout à la ronde, comme la goutte d'huile de sésame dans l'eau.

« Le mauvais roi qui se conduit différemment, qui ne sait pas contenir ses passions, est au contraire méprisé de tous.

« Sa renommée loin de grandir, se resserre constamment comme une goutte de beurre fondu dans l'eau.

« Le maître souverain a créé le roi pour être le protecteur des quatre castes et des quatre ordres [1],

---

1. 4 castes : brahmes, xchatrias, vaysias, soudras ; 4 or-

qui ne sauraient exister sans l'accomplissement des devoirs prescrits.

« Écoutez donc ce qui a été ordonné au roi pour qu'aidé de ses ministres, il protége les peuples.

« Qu'un roi se lève à l'apparition du soleil et qu'il s'entretienne des choses de son gouvernement avec les brahmes versés dans la connaissance de la sainte Écriture et des sciences morales, après leur avoir dit : Salut, vénérables sages.

« Qu'il soit plein de respect pour les brahmes qui ont passé leur vie dans l'étude du Véda et dont la conduite est pure ; celui qui vénère les vieillards est honoré par les dieux.

« Qu'il soit humble, sage, mesuré comme eux, et prenne exemple sur leur conduite ; l'humilité et la modestie n'ont jamais été une cause de perte pour un roi.

« Une foule de princes ont disparu avec toute leur famille et toutes leurs richesses, pour n'avoir pas su accomplir leurs devoirs.

« Un grand nombre de saints personnages ont reçu les royaumes en récompense de leur sagesse et de leur modestie.

« Véna perdit son trône et la vie pour sa mauvaise

---

dres ; novices, maîtres de maisons, anachorètes, dévots ascétiques.

conduite, ainsi que les rois Nahoucha, Soudasa, Tavana, Soumankha et Nimi[1].

« Tandis que Prithou[2] fut élevé au trône par sa sagesse et ses vertus, et de même Manou-Couvera devint le dieu des richesses et le fils de Gâdhi[3] parvint au rang de brahme.

---

1. Rois fabuleux de l'Inde ancienne.

« Agni, alors que tu pris la forme humaine pour le bien de l'humanité, les dévas te donnèrent comme général à Nahoucha... »

(Rig-Véda.)

Soudasa fut un roi poëte, on a de lui un hymne à Indra qui commence ainsi :

« Devant ce char fortuné chantez Indra. Dans les fêtes, comme dans les combats, que ce Dieu créateur du monde et vainqueur de Vritra s'approche de nous, qu'il consente à provoquer et à recevoir nos hommages. Soit brisée la corde de l'arc de nos ennemis. »

Yavana, Soumankha et Nimi, rois ou patriarches antédiluviens.

2. Roi antérieur aux deux vieilles dynasties lunaires et solaires.

3. Nom d'Indra incarné sous la forme du fils de Cousica.

« Hâte-toi de venir à nous, ô Gâdhi, fils de Cousica, goûte avec plaisir nos libations, donne à notre corps une vigueur toujours nouvelle, que le poëte reçoive de toi mille présents. »

(Rig-Véda.)

Cousica, roi de la race solaire, ayant au milieu des sacrifices, formé le vœu de posséder un fils qui égalât Indra

« Le roi doit se faire enseigner les trois Védas et la triple doctrine qu'ils contiennent, les lois fondées sur la coutume et la tradition, l'application des peines, la science du raisonnement et la connaissance *de l'âme universelle*, par les sages parmi les brahmes, qu'il se renseigne ensuite des travaux de chaque caste auprès des membres les plus experts de ces castes.

« Qu'il s'applique par-dessus tout à dominer ses passions ; celui qui ne sait être maître de lui ne saurait gouverner ses semblables.

« Qu'il fuie les vices qui engendrent avec eux une dégradation précoce et une mort misérable ; il y en a dix qui proviennent de l'abus des plaisirs, et huit de la colère.

« Le roi adonné aux plaisirs perd ses vertus et son trône, le roi adonné à la colère perd l'existence.

« La chasse, les dés et autres jeux, le sommeil pendant le jour, les conversations légères, les femmes, l'ivresse, le chant, la danse, la musique, les voyages sans but, tels sont les vices issus de l'amour des plaisirs.

---

en puissance, ce dieu pour le récompenser de sa piété consentit à s'incarner et à naître de lui.

« La médisance, la violence, les actions secrètement commises dans un but nuisible, l'envie, la calomnie, l'extorsion du bien d'autrui, les injures, les coups, composent les vices issus de la colère.

« Le roi doit s'efforcer de vaincre ses mauvais désirs, car c'est de cette source que découlent tous les vices.

« Mais entre tous ces vices, ceux qu'il doit dans la première série fuir avec le plus d'ardeur, sont : l'usage des liqueurs enivrantes, l'abus des femmes et de la chasse.

« Les coups, les injures, les actions nuisibles à autrui sont les trois choses les plus mauvaises qu'il doit éviter dans la seconde série.

« Entre le vice et la mort, la chose la plus pernicieuse est le vice, l'homme adonné au mal tombe dans les gouffres profonds du naraca, l'homme vertueux, au contraire, parvient au swarga.

« Que le roi s'adjoigne sept ou huit ministres dont les familles ont depuis un temps immémorial été attachées au service de ses ancêtres, connaissant les lois, courageux, experts dans l'art de la guerre et d'une fidélité à toute épreuve.

« Ce qui est difficile pour un homme dans le gouvernement d'un vaste royaume, devient facile avec l'assistance de conseillers habiles.

« Que le roi soumette toujours à ses ministres les choses graves et qu'il prenne une décision avec eux seulement sur la paix, la guerre, la conduite des armées, la distribution de l'impôt, la sûreté du royaume et son amélioration constante.

« Après les avoir tous interrogés séparément et en commun, qu'il prenne la décision la plus profitable.

« Surtout qu'il ne fasse rien sans les conseils du plus savant des brahmes, son conseiller le plus habile quand il s'agira de faire un traité de paix ou d'alliance, de déclarer la guerre, de faire marcher une armée, de choisir ses positions, de diviser ses forces ou de se mettre sous la protection d'un prince plus puissant que lui.

« Qu'il n'ait rien de caché pour lui, et après lui avoir dévoilé toutes les affaires et avoir pris ensemble un parti, qu'il exécute sans hésiter ce qui aura été résolu.

« Qu'il choisisse aussi d'autres ministres, d'une fidélité éprouvée, habiles dans différentes branches de l'administration et d'une intégrité éprouvée en matière de finance.

« Le roi doit prendre autant d'hommes expérimentés qu'il est nécessaire pour la bonne direction des choses de l'État.

« Qu'il charge les gens actifs, braves et capables de la direction de ses armées, de la perception des impôts, de la direction des mines d'or et d'argent et de pierres précieuses, mais qu'il ne confie la garde de son palais qu'aux moins courageux d'entre eux[1].

« Qu'il choisisse ses ambassadeurs parmi les gens versés dans la connaissance des sastras, habiles à saisir toutes les nuances, toutes les contenances, tous les signes, tous les gestes, de mœurs pures, incorruptibles et de haute naissance[2].

« L'ambassadeur d'un roi, quand il est adroit et savant autant qu'affable, qu'il est au fait de tout, sait apprécier les lieux et les temps, est d'une tournure agréable, courageux et expert dans l'art de savoir parler ou se taire.

« Si du châtiment dépend le bon ordre, si les finances et l'administration dépendent du roi, si l'armée dépend du général, la paix ou la guerre dépendent de l'ambassadeur.

« C'est l'ambassadeur qui rapproche ou divise, car

---

1. Le commentateur Collouca explique cette singulière ordonnance par la peur que des hommes courageux et ambitieux, en voyant souvent le roi seul, ne soient tentés de le tuer pour prendre sa place.

2. Quelle extraordinaire civilisation toutes ces prescriptions ne nous révèlent-elles pas ?...

il traite toutes les affaires qui déterminent les ruptures ou les alliances.

« Dans les négociations avec l'étranger, l'ambassadeur doit deviner ce qu'on lui cache ; un signe, un geste, un maintien d'apparence indifférente doivent l'instruire ; qu'il ait des émissaires habiles, prêts à s'aboucher avec ses courtisans mécontents.

« Bien tenu au courant de tous les projets des souverains étrangers, le roi doit prendre les plus habiles précautions pour qu'ils ne puissent pas nuire.

« Qu'il choisisse pour séjour un pays fertile en riz et menus grains, habité par une population honnête, agréable et gaie, et où tout le monde puisse facilement s'approvisionner.

« Qu'il habite une place forte défendue par un désert, des remparts de brique ou de pierre, ou des fossés pleins d'eau, ou des bois, ou une montagne, ou une armée.

« Qu'il choisisse surtout une forteresse bâtie au sommet d'une montagne, et dominant de tous côtés la campagne, un tel lieu offre des avantages inestimables.

« De même que les déserts protègent les bêtes féroces, les murailles, les rats qui s'y réfugient, les fossés pleins d'eau, les grenouilles, les bois, les singes, les armées, les habitants paisibles, de même un roi dans une place forte au sommet d'une montagne est à l'abri de ses ennemis.

« Un archer derrière une muraille peut en défier cent, cent en défier dix mille, c'est pour cela que le roi doit accorder autant d'importance au choix d'une forteresse.

« La place forte doit être abondamment pourvue d'armes, de soldats, de vivres, d'argent, de bêtes de trait, d'ouvriers, de machines, d'herbe, d'eau et de brahmes savants et vertueux.

« Que le roi se fasse élever au centre un palais bien distribué, orné avec richesse, commode en toutes saisons, pourvu de bains et de jardins et bien entouré d'ouvrages de défense.

« Après s'être construit sa demeure, que le roi épouse une femme de sa caste, réunissant toutes les qualités exigées par la coutume de la loi, belle et vertueuse, et d'une famille renommée pour sa valeur.

« Qu'il entretienne à la cour, pour l'accomplissement des cérémonies domestiques, et du triple sacrifice, un pourohita et un ritwidj[1].

« A chacun de ces sacrifices, le roi doit leur faire de riches présents; il est également prescrit de

---

1. Directeur spirituel et chapelain.

combler tous les brahmes de faveurs et de richesses.

« Qu'il surveille attentivement les employés chargés de percevoir l'impôt dans ses États, qu'il ait soin qu'ils observent les lois faites pour cela, car le roi doit la justice à tous ses sujets.

« Que dans chaque province des inspecteurs honnêtes soient chargés de surveiller les gens à qui le souverain a confié le service de l'État.

« Que le roi vénère les brahmes dès qu'ils ont terminé leur noviciat, les mérites acquis par la vénération des brahmes sont impérissables.

« Elles ne peuvent devenir la proie de l'ennemi ou des voleurs, les vertus acquises par ce moyen, c'est un trésor dont nul ne peut s'emparer.

« La bénédiction reçue de la bouche d'un brahme est le plus précieux de tous les biens, il ne peut être consumé par le feu, ni être rongé par le temps.

« L'aumône est la chose que le roi doit accomplir sans cesse ; elle est méritoire faite à un homme d'extraction commune, doublement méritoire quand elle s'adresse à un simple brahme, elle l'est cent mille fois plus quand le brahme qui la reçoit connaît le Véda ; mais faite à un brahme théologien, elle porte avec elle des mérites infinis.

« Selon que l'aumône est pratiquée dignement et

avec un cœur pur, elle procure dans l'autre vie des avantages plus ou moins considérables.

« Le roi a été créé pour protéger le peuple, et il ne doit jamais reculer à la guerre, que les forces de ses ennemis soient inférieures, égales ou supérieures aux siennes. Tel est le premier de tous les devoirs de la caste militaire.

« Révérer les brahmes, faire l'aumône, protéger ses peuples, ne jamais fuir dans le combat, tels sont les devoirs qui conduisent le roi à l'immortalité.

« Le roi qui se fait tuer dans les combats, en conduisant ses troupes courageusement en avant, est immédiatement transporté au swarga.

« Désireux de la victoire, il ne doit jamais employer contre ses ennemis des armes déloyales, comme des flèches barbelées ou empoisonnées, ou des traits lancés par le feu[1].

« Il ne doit frapper ni un ennemi démonté, ni celui qui est blessé, ni celui qui dénoue sa chevelure et tend ses mains suppliantes en disant : je suis ton esclave. Qu'il les fasse prisonniers.

---

1. Comme il ne saurait être défendu d'incendier le camp ennemi, ne faudrait-il pas voir dans ces traits, lancés par le feu, une sorte de composition dans le genre de la poudre à canon? Cette opinion a été soutenue par des commentateurs sérieux.

« Qu'il ne frappe ni ceux qui dorment, ni ceux qui n'ont ni cuirasses, ni armes, ni les êtres inoffensifs, ni ceux qui observent la bataille sans y prendre part [1], ni celui qui lutte déjà avec un adversaire [2],

« Ni celui qui a brisé son arme, ni celui qui est accablé de lassitude, ni les faibles, ni les fuyards; le devoir du guerrier courageux est de ne s'attaquer qu'à des ennemis dignes de lui.

« Le lâche qui prend honteusement la fuite dans la bataille, s'il est tué, est immédiatement chargé, dans l'autre vie, de toutes les mauvaises actions de celui par qui il a été frappé.

« Et dans le cas où il aurait accompli quelques bonnes œuvres sur cette terre, c'est celui qui l'a vaincu et tué qui hérite de ces bonnes actions.

« Chariots, chevaux, éléphants, parasols, riches tapis, provisions de riz et menus grains, troupeaux, métaux et objets de toute nature, femmes et prisonniers, appartiennent de droit au vainqueur qui s'en est emparé.

« Lorsque le roi a prélevé la part la plus précieuse qui lui est attribuée par le Véda, le reste

---

1. Les neutres.
2. Ne pas se mettre deux contre un.

doit être indistinctement distribué entre tous ses soldats.

« Telle est la loi établie par la coutume et l'Écriture sacrée, touchant la conduite de la caste royale et guerrière. Que le xchatria s'y soumette chaque fois qu'il est obligé de repousser ses ennemis par la guerre.

« En conservant tout ce qui est conquête, et qu'il ne possédait pas avant, que le roi emploie les revenus qu'il en perçoit à soulager les misères de ses peuples et en fasse des libéralités à tous ceux qui en sont dignes.

« L'observation de tous ces préceptes procure à un roi une félicité égale à ses désirs sur la terre et dans le ciel, qu'il y conforme donc sa conduite.

« Le roi doit avoir une armée toujours prête et bien exercée, qu'il la tienne constamment en haleine, bien qu'il n'ait nuls desseins secrets et n'ait pas à épier le côté faible d'un ennemi.

« Car le roi qui possède une armée bien exercée, prête à tout, est respecté du monde entier; qu'il impose donc la crainte à ses voisins par sa force militaire.

« Mais qu'il n'ait jamais recours à la perfidie et se tienne toujours en garde contre la perfidie de ses ennemis.

« Qu'il emploie tous ses soins à dérober à son ennemi la connaissance de son côté faible et à connaître le sien comme la tortue, qu'il répare constamment toutes les pertes qu'il peut faire.

« Semblable au héron, qu'il réfléchisse sans cesse sur les avantages qu'il doit obtenir ; il doit déployer dans l'attaque la valeur du lion, l'impétuosité du loup, et opérer sa retraite avec la prudence du lièvre.

« Lorsqu'il voit une foule d'ennemis prêts à lui tomber dessus à l'improviste, qu'il gagne du temps par des négociations, répande habilement des présents, et quand il a semé la division chez ses ennemis, qu'il les réduise par les armes.

« Les sages ont de tout temps pensé que de bons traités d'alliance, qui sont respectés par tous, valent mieux que la guerre pour la prospérité des royaumes.

« Ainsi qu'un cultivateur débarrasse ses champs de mauvaises herbes, ainsi le roi doit chasser les ennemis de son royaume.

« En se conduisant ainsi avec sagesse, courage et prévoyance, un roi devient une divinité pour ses sujets ; mais celui qui oublie ses devoirs et se conduit injustement avec ses peuples perd le trône pour lui et toute sa descendance.

« Ainsi que le corps et la vie se détruisent par l'épuisement, ainsi l'épuisement d'un royaume détruit la vie du roi.

« Pour attirer la prospérité sur ses États, le roi devra toujours se conformer aux prescriptions suivantes : le royaume bien gouverné fait la gloire de son prince.

« Qu'il installe dans les villages, selon leur importance, des gardes commandés par des chefs d'une bonne réputation et dont tout l'emploi sera de veiller à la sûreté de tous.

« Qu'il centralise bien son administration en établissant un chef par grâma (commune), qu'il réunisse dix communes sous l'autorité d'un seul, et donne ensuite un seul chef à cent communes, et un autre à mille communes[1].

« Le chef d'une commune doit en référer pour tout au chef de dix communes, qui en référera lui-même au chef de cent communes, qui s'adressera ensuite au chef suprême de mille communes qui constituent la province.

« Le chef d'une commune percevra pour son salaire, au nom du roi, une ration de riz, de boisson et de bois déterminés sur la consommation de dix personnes.

---

1. Toute cette organisation a enfanté notre régime féodal.

« Le chef de dix communes prélèvera le produit de ce qui peut être labouré un jour par deux charrues doubles attelées chacune de six bœufs.

« Le chef de cent communes prélèvera pour lui le produit des prestations et de l'impôt d'une commune.

« Le chef de mille communes recevra pour ses émoluments le produit de l'impôt d'une poura (ville).

« Toutes les affaires de mille communes, c'est-à-dire d'une seule province, doivent être soumises à un ministre du roi, intègre et habile.

« Dans toutes les nagara-poura (grandes villes), le roi devra entretenir un mandataire spécial d'une grande naissance, qui le représentera avec luxe et sera comme une planète au milieu des étoiles.

« Ce surintendant aura la mission spéciale de surveiller les autres fonctionnaires de la province, et le roi doit par des émissaires être constamment au courant de la conduite des délégués qu'il met ainsi à la tête de chaque province.

« Car, presque toujours, les hommes que le roi charge des affaires du royaume sont des fourbes qui le trompent et qui pillent les deniers publics; le roi doit défendre le peuple contre cette espèce de gens.

« Que les gens en place qui extorquent de l'argent

à leurs administrés soient privés de tous leurs biens par le roi et chassés du royaume.

« Le roi doit allouer à tous les serviteurs des deux sexes attachés à son service, un salaire journalier proportionné à leur caste et à leur emploi.

« Le plus infime des serviteurs doit recevoir chaque jour un pana de cuivre[1], deux fois par an un vêtement complet, et chaque mois un drona de riz[2]. Le premier des serviteurs doit recevoir six panas et ce qui s'y rapporte[3].

« Après s'être bien renseigné sur le prix des marchandises dans le lieu de production et dans le lieu de *revente*, considérant les dépenses qu'elles occasionnent, les précautions qu'elles nécessitent pour les apporter, le roi doit fixer l'impôt des commerçants[4].

« Qu'il réfléchisse bien et s'applique à établir toujours cet impôt sur de justes bases qui permettent aux marchands, en satisfaisant le trésor du roi de retirer une rémunération suffisante de leurs peines.

« Ainsi que la sangsue, les jeunes animaux qui

---

1. Quatre-vingts cauris, un peu moins d'un sol.
2. Quarante-huit livres.
3. Six vêtements deux fois l'an, six drona de riz tous les mois.
4. Vaysias.

tètent, et les abeilles qui ne prennent que peu de nourriture à la fois, que le roi ne s'applique à ne prélever l'impôt annuel que peu à peu et par petites portions.

« Le roi peut prélever annuellement la cinquantième partie sur les troupeaux, l'or, l'argent et les matières précieuses qui sont dans le commerce et suivant la richesse du sol, le sixième, le huitième ou le douzième des produits de l'agriculture.

« Il a droit au sixième du bénéfice fait chaque année sur les bois de construction, sur la viande, le miel, le beurre clarifié, les parfums, les plantes médicinales, les sucs végétaux, les fleurs, les racines, les fruits.

« Sur les feuilles à écrire, les plantes alimentaires, l'herbe des bestiaux, les ouvrages en ration, les peaux, les vases de terre et tout ouvrage de granit, de marbre ou de pierre.

« L'impôt ne doit jamais être perçu d'un brahme, quand même le roi serait dans l'infortune, que ce dernier veille au contraire à ce que les brahmes n'aient jamais à supporter la faim.

« Si dans un royaume un brahme venait à souffrir de la faim, ce pays serait bientôt dévasté par la famine.

« Mais si ce brahme est savant dans la sainte Écriture, que le roi se dépouille lui-même pour lui donner ce dont il a besoin, qu'il le traite comme son fils et lui donne la situation la plus honorable dont il puisse disposer.

« Les sacrifices que les brahmes, protégés par le roi, accomplissent chaque jour, prolongent son existence et contribuent à la prospérité de l'État.

« Que les hommes de la dernière caste et ceux qui n'ont qu'un très-minime commerce pour exister, ne soient soumis que très-modérément à l'impôt.

« Les bas artisans et les soudras, qui gagnent à peine de quoi vivre, doivent donner comme impôt un jour de travail par mois seulement.

« Qu'il ne tarisse pas la source de ses richesses, par une trop grande âpreté, car il tarirait en même temps celle de son peuple, et le royaume tomberait en décadence.

« Que le roi soit sévère ou plein de mansuétude, suivant les cas et les gens, mais qu'il le soit toujours à propos, s'il veut être estimé de tout le monde.

« S'il ne peut suffire à examiner par lui-même toutes les affaires importantes, qu'il se repose de ce soin sur un premier ministre choisi parmi les plus élevés, les plus honnêtes et les plus instruits dans les lois.

« Sa principale occupation doit être la protection de ses peuples, ce qu'il fera en remplissant tous ses devoirs suivant les prescriptions de la loi.

« Si un souverain permet que ses sujets soient enlevés par des brigands au cœur même de son royaume, ni lui ni ses ministres ne sont dignes de leur mission. Ce sont des fonctions de roi et de ministres.

« Le roi n'a reçu tous les avantages dont il jouit, toute la puissance qu'il possède, que pour défendre ses peuples; c'est là son devoir et il doit le remplir.

« Qu'il se lève un peu avant le jour, fasse ses ablutions et l'offrande au feu, puis, saluant les vertueux brahmes qui l'assistent, qu'il entre dans la salle de justice préparée pour le recevoir.

« Là, qu'il écoute tous ceux qui se présentent, et qu'il les charme par sa bonté et son équité. Qu'il tienne ensuite conseil avec ses ministres.

« Qu'il se rende avec eux sur un monticule, ou sur une terrasse de son palais, ou dans un bois solitaire et qu'il discute avec ses conseillers, loin des importuns et des curieux.

« Le roi qui sait cacher ses desseins, n'a rien à craindre de la coalition des autres princes, il étend peu à peu son pouvoir sur le monde entier, bien que d'abord il fût le moins puissant de tous.

« Les hommes peu sains d'esprit, les muets, les aveugles, les sourds, ceux qui bavardent comme certains oiseaux, les gens trop âgés, les malades et les estropiés, les étrangers et les femmes ne doivent jamais être admis dans le conseil.

« Quand les affaires de l'État lui laissent quelques heures de repos, qu'il s'entretienne avec les brahmes, ou réfléchisse seul sur la vertu, la richesse, le plaisir,

« Sur le moyen d'acquérir ces choses si opposées sans blesser la justice, sur l'éducation de ses fils et le mariage de ses filles,

« Sur le cas où il doit envoyer des ambassadeurs, sur les entreprises qu'il projette, sur la fidélité de ses mandataires chargés de surveiller les chefs de province, sur les moyens de faire régner la paix entre tous dans l'intérieur de son palais.

« Qu'il médite sur les huit choses importantes dont doivent s'occuper les rois [1], sur les cinq espèces d'espions qu'il doit employer [2] et sur les dispositions réelles des rois voisins à son égard,

« Sur la situation des rois étrangers qui, n'ayant que des royaumes peu importants, désirent les aug-

---

1. Les huit choses importantes dont parle Manou touchent aux *revenus*, aux *dépenses*, *missions des surintendants et des émissaires*, *défenses*, *délibérations*, *affaires judiciaires*, *sentences*, *peines*.

2. Ces cinq espions à employer sont : *les jeunes gens hardis, des ermites qui ont été chassés de la caste, des cultivateurs sans ressources, des marchands ruinés et de faux pénitents.*

menter, sur les préparatifs du prince qu'on sait amoureux de conquêtes, sur la situation des neutres, mais surtout sur celle de son allié et de son ennemi.

« Le roi doit toujours tenir pour ses ennemis tous les princes dont les royaumes bornent le sien, ainsi que leurs alliés, et il aura pour amis et alliés tous ceux qui sont les voisins immédiats de ses ennemis. Sera neutre le prince qui ne se trouve dans aucune de ces deux situations.

« Qu'il s'arrange de façon à exercer une grande influence sur tous ces princes, soit par une conduite habile en employant les trois moyens, soit par la force des armes.

« Qu'il soit toujours prêt à employer une des six ressources prescrites.

« Ayant bien pesé toutes les chances de la situation, qu'il se conserve toujours la faculté d'attendre l'ennemi ou de l'attaquer, de faire la paix ou la guerre, de réunir des forces ou de les diviser, de combattre seul ou d'avoir des alliés.

« Que le roi sache bien qu'il y a deux espèces d'alliances et de guerres, deux modes de camper ou de marcher et de se mettre sous la protection d'un puissant souverain.

« Il y a deux sortes d'alliances, l'une qui a pour but de procurer des avantages définis avec des gages donnés d'avance, l'autre qui repose sur des avantages à conquérir. Il y a encore celle où les deux princes agissent de concert, et celle où ils opèrent individuellement.

« La guerre est de deux espèces, on la fait pour soi, ou pour venger une injure faite à un allié, mais, dans un cas comme dans l'autre, la seule préoccupation est de vaincre l'ennemi.

« L'attaque et la marche effective seront également de deux sortes, selon que le roi marche seul ou avec ses alliés.

« Le campement a lieu dans deux circonstances, lorsqu'on a subi de graves pertes résultant de fausses combinaisons, ou lorsque, étant assez fort, on veut laisser à son allié le mérite de vaincre et les dépouilles de l'ennemi.

« Pour assurer son attaque ou sa défense, le roi doit diviser son armée en deux corps se soutenant l'un l'autre; le système de la division des forces, tout en conservant la possibilité de les réunir facilement, a été proclamé ce qu'il y a de mieux par les savants dans l'art des six combinaisons.

« Le roi doit se mettre sous la protection d'un roi puissant dans deux cas, lorsqu'il est accablé par le nombre, ou lorsqu'il suppose d'avance que plusieurs ennemis se réunissent secrètement pour l'attaquer.

« Si le roi, attaqué à l'improviste par ses ennemis, est certain d'être le plus fort dès que ses préparatifs seront terminés, bien que cela doive d'abord lui causer quelques pertes, qu'il entame immédiatement des négociations pour gagner du temps.

« Mais si son armée est réunie et dans la situation la plus florissante, s'il est sûr de sa puissance, qu'il poursuive la guerre.

« Il ne doit accepter de protection d'un autre souverain juste et puissant que quand, attaqué de tous côtés par les forces ennemies, il n'a ni le temps de négocier, ni la force de résister.

« Si cette protection devait cependant lui coûter trop cher et le soumettre à son protecteur, comme un novice à son gourou, qu'il ne craigne pas, malgré sa faiblesse, de faire plutôt une défense désespérée.

« Un prince instruit autant qu'habile doit employer ses talents à ne permettre qu'aucun prince, parmi ses alliés, les neutres ou les ennemis ne lui soit supérieur.

« Qu'il pèse avec prudence les avantages et les désavantages de tout ce qu'il veut entreprendre, qu'il considère surtout l'issue probable des choses et la compare à l'état présent.

« Le roi qui voit toujours dans l'avenir l'utilité et les désavantages d'un projet, qui sait se décider promptement pour ou contre, et comprend l'importance de chaque événement, n'est jamais surpris par l'ennemi.

« Être toujours prêt, afin de ne laisser prendre aucun avantage sur soi, ni par ses alliés ni par les neutres, ni par les ennemis, voilà toute l'habileté d'un roi à la guerre.

« Dès que le roi a déclaré la guerre et qu'il s'est mis en campagne, c'est vers la capitale de son ennemi que doivent tendre tous ses efforts.

« Il doit, s'il se peut, ne commencer aucune expédition dans d'autres mois que ceux de Margasircha, de Phâouna et de Tchaitra, suivant le genre des troupes qu'il conduit avec lui.

« Cependant, si, dans la saison défavorable, il se voit près d'être surpris ou qu'il soit sûr de vaincre, il peut commencer la campagne.

« Après avoir bien préparé son entreprise, ses munitions, ses approvisionnements, lancé une nuée d'espions en pays ennemi, et tout arrangé pour la sûreté de son royaume,

« Qu'il ait des pionniers pour ouvrir trois espèces différentes de chemins dans les plaines, les bois et les marécages et qu'il divise son armée en six corps, suivant les lois de l'art militaire, et, ceci fait, il peut s'avancer vers la capitale ennemie.

« Qu'il se méfie de ces princes amis communs des deux parties et qui, sans se mêler à la lutte, donnent des conseils des deux côtés. Qu'il se méfie également des gens qui, au moment de la guerre, reviennent à son service après l'avoir abandonné.

« Les troupes en marche doivent être disposées en colonnes, en carré, en losange avec le centre considérable et les extrémités plus faibles, en triangle, et toujours de façon à être prêtes à combattre à la moindre apparence de danger.

« Que le roi se place toujours au centre d'une compagnie de ses gardes, rangée en bataille comme une fleur de lotus.

« Partout où il suppose qu'il pourra être attaqué, il doit placer un commandant et un général éprouvé. Lui-même se portera de ce côté, dès le début de l'attaque.

« Dans tous les endroits convenables, doivent se trouver des postes isolés de soldats dévoués et fidèles, incapables de désertion, pour observer l'ennemi, le harceler et l'attaquer au besoin.

« Qu'il divise son armée en compagnies de soldats plus nombreux, plus faciles à commander que des forces considérables, et, après les avoir rangés selon les nécessités du moment et la situation du terrain, qu'il engage le combat.

« Dans les plaines, la lutte doit commencer par les chars et les chevaux. Dans les lieux marécageux et abondants de cours d'eau, avec des éléphants et des bateaux pleins de soldats armés.

« Dans les jungles couvertes d'arbres et d'herbes avec des archers ; dans un lieu découvert, avec des fantassins armés de sabres et de boucliers.

« Qu'au premier rang soient placés des gens de Courou-Kchetra, de Matsya, de Pantchala[1] et de Soûrasena, car là sont nés les hommes courageux ; que l'on place ensuite tous les autres soldats d'après leur taille et leur adresse.

« Avant le combat et quand tout est disposé pour l'attaque, que le roi examine avec soin tous les préparatifs, qu'il parle alors à ses soldats et les encourage.

« Qu'il ne perde de vue aucun des corps de son armée quand elle est aux mains avec l'ennemi, qu'il observe comment tous se comportent et qu'il fasse secourir ceux qui faiblissent.

« Si l'ennemi est réfugié dans une place forte, il doit l'entourer, ravager toute la campagne, détruire les provisions, tarir les sources, couper l'herbe et affamer son adversaire.

« Qu'il détruise tout, comble les fossés, mine les remparts et harcèle continuellement l'ennemi, et chaque nuit fasse de fréquentes attaques.

---

1. Provinces arrosées par le Gange.

« Qu'il dispose habilement en sa faveur tous ceux qui peuvent lui être utiles, qu'il soit au courant de tout ce qui se passe dans la ville, et, dès que l'occasion lui paraîtra propice, qu'il donne l'assaut sans crainte.

« Cependant, il n'est jamais certain d'avance que la victoire appartiendra à telle ou telle armée, le roi peut donc faire tout ce qu'il jugera à propos pour éviter la bataille.

« Il peut tenter de triompher par des négociations, des présents, ou en fomentant des dissensions dans les rangs ennemis.

« Mais quand aucun de ces moyens n'a pu réussir, qu'il s'en remette courageusement au sort des armes et une fois décidé qu'il ne recule plus.

« En pays conquis, que le roi respecte les divinités qui y sont adorées ainsi que leurs prêtres, qu'il fasse des largesses aux peuples et répande partout des proclamations pacifiques.

« Après avoir soumis et pacifié toute la contrée, qu'il mette à la tête un prince de race royale et fasse la paix avec lui en lui imposant ses conditions.

« Qu'il respecte les lois du pays et les fasse respecter par les autres telles qu'elles ont été établies par la coutume immémoriale.

« Qu'il fasse habilement quelques présents aux courtisans du prince tombé, pour les rallier au prince qu'il vient de placer sur le trône, des présents habilement donnés concilient l'amitié de cette race de gens.

« Tout en ce monde dépend du destin fatal. Le destin se règle par les mérites successifs, acquis par l'homme dans ses existences précédentes, et comme les secrets de cette destinée ne sont pas connus, l'homme ne peut agir sur l'homme que par des moyens humains.

« Cependant le vainqueur peut, s'il le veut, faire un traité de paix avec son propre adversaire et s'en faire ainsi un allié, préférant un ami pour l'avenir à l'or et à une augmentation de territoire.

« Mais qu'il scrute bien les dispositions du prince vaincu, qu'il voie s'il ne serait pas capable de profiter de sa générosité pour recommencer ses préparatifs, s'adresser à de puissants alliés et envahir à son tour son royaume, et qu'il voie alors s'il doit tirer profit de son expédition ou faire un traité d'alliance avec son adversaire.

« Il est des cas où, en augmentant son territoire et ses richesses, un roi devient moins puissant qu'en se ménageant un fidèle allié qui, malgré sa faiblesse, peut, à un moment donné, être d'un puissant secours.

« Un faible allié, mais loyal, honnête, aimé de

ses sujets, dévoué, courageux, est toujours digne d'estime.

« De tout temps, un prince courageux, exécuteur fidèle des devoirs prescrits, plein de science, qui n'oublie pas les services rendus, aussi ferme que juste, aussi compatissant que sévère, a été regardé par les sages comme invincible.

« Connaître les hommes, pratiquer largement l'aumône, être affable, brave et habile sont les qualités que doit posséder un prince dans la paix comme dans la guerre.

« Lorsque le roi est en danger, il ne doit pas craindre pour se sauver de reculer habilement devant l'ennemi, dût-il abandonner une contrée riche garnie de bestiaux et de maisons.

« Qu'il n'abandonne pas ses trésors qui peuvent lui être d'un grand secours dans la retraite, mais qu'il sacrifie toutes ses richesses pour sauver son épouse, et son épouse pour sauver son royaume.

« Qu'il n'ait recours à cette terrible extrémité de la retraite devant l'ennemi que quand il a épuisé tous les autres moyens de défense.

« Après avoir traité des affaires publiques avec ses ministres selon les règles prescrites et s'être livré à l'exercice des armes, qu'il accomplisse ses ablutions de midi, et rentre dans son palais pour s'y reposer.

« Qu'il prenne d'abord son repas préparé et servi par des serviteurs de sa caste, et dont le dévouement a été mis à l'épreuve pendant un long temps. Que les mets soient consacrés par des mentrams et éprouvés contre le poison.

« Que dans tous ses aliments soient répandus de puissants antidotes et qu'il porte sur lui les pierres consacrées qui font avorter le poison et préservent du mauvais œil.

« Que des femmes convenablement ornées de riches parures et de superbes vêtements viennent ensuite l'éventer, arroser son corps d'eau fraîche, et oindre ses cheveux de parfums.

« Que ces femmes soient visitées pour que l'on s'assure qu'elles ne cachent pas des armes, que l'on fasse ainsi pour la voiture, le lit, les tapis et les ornements destinés au service du roi.

« Après son repas, qu'il se livre à la joie pendant un certain temps, en compagnie de ses femmes, dans les chambres intérieures de son palais, puis qu'il s'occupe de nouveau des choses de l'État.

« Ayant revêtu son costume de guerre et rassemblé ses soldats, qu'il les passe en revue avec les éléphants, les chevaux, les chars garnis de faux, les armes, les munitions et les approvisionnements. Que tout soit en état comme à la veille d'une bataille.

« Après avoir accompli ses ablutions du soir et assisté aux sacrifices religieux, qu'il prenne ses armes et se rende dans la chambre secrète du palais, où il continuera de recevoir les rapports de ses émissaires secrets.

« Après les avoir renvoyés, qu'il rentre dans son palais et prenne son repas du soir, entouré et servi par ses femmes.

« Après s'être récréé, en écoutant des récits merveilleux et les sons des instruments de musique, qu'il prenne, avant d'aller se reposer, quelques gâteaux de riz et de miel, des fruits, de l'eau pure et aille ensuite se reposer après avoir fait l'invocation prescrite.

« Telles sont les règles prescrites pour la conduite d'un roi qui veut vivre heureux, se maintenir en bonne santé et faire le bonheur de ses sujets.

« Quand il est malade, qu'il charge exclusivement ses ministres du soin des affaires de l'État.

LIVRE VIII.

LE LIVRE DES ROIS ET DES CASTES. — LA FAMILLE.

« Je vais vous faire connaître quels sont les devoirs que doivent accomplir, soit comme époux, soit comme individus, l'homme et la femme qui veulent vivre dans la pratique du bien et acquérir une renaissance heureuse.

« La femme a constamment besoin de protecteurs, les plaisirs ont trop d'attraits pour elle, il faut qu'elle soit soumise à une autorité qui la surveille.

« La femme ne peut être laissée à ses caprices ; dans son enfance, elle a pour protecteur son père ; dans sa jeunesse, son mari ; et, après la mort de ce dernier, ses fils.

« Le père qui ne marie pas sa fille à l'époque de la puberté commet un crime, le mari qui ne s'approche pas de sa femme dans la saison favorable renaîtra eunuque (perpika), le fils qui ne protége pas sa mère est maudit par les dieux.

« Il faut s'appliquer à préserver les femmes de la moindre souillure, car leur conduite peut entraîner le déshonneur des deux familles auxquelles elles appartiennent [1].

« Ceci est une règle qui s'applique à toutes les castes, le mari doit sans faiblesse veiller sans cesse sur la conduite de sa femme.

« En maintenant sa femme dans la voie du bien, le mari en accomplissant son devoir, conserve la renommée de sa famille et la pureté de sa descendance.

« Le mari doit savoir qu'en fécondant le sein de sa femme, c'est lui-même qui se réincarne dans le germe, et c'est parce que son époux renaît par elle, que la femme est appelée par l'Écriture Djàyà [2].

« Le fils qu'une femme met au monde a la même caste et jouit des mêmes avantages que son père, c'est pour cela que ce dernier doit surveiller sa femme, afin que le fils d'un étranger n'entre pas dans sa descendance.

« Les moyens violents contre les femmes sont absolument défendus par la loi. On ne réussit que par

---

1. La leur propre et celle de leurs maris.
2. Celle en qui on renaît, et djàyàté celui qui renaît.

déférence et en donnant aux femmes le moyen d'occuper leurs loisirs.

« Que la femme soit chargée de la perception des revenus et des dépenses, de la préparation de la nourriture, des soins du linge et des vêtements, et de l'entretien de la maison.

« Ce n'est pas en renfermant les femmes ou en les faisant surveiller par des hommes dévoués qu'on peut être sûr de leur vertu. Il n'y a pas de femme mieux gardée que celle qui se garde elle-même.

« Les liqueurs enivrantes, les mauvaises compagnies, l'absence du domicile conjugal, les promenades avec des étrangers, les visites dans les maisons où il y a beaucoup d'hommes, le sommeil aux heures de travail, conduisent rapidement la femme au déshonneur.

« Il y a des femmes qui s'adonnent au vice par pure passion; l'âge et la beauté du complice leur sont indifférents : ce qu'elles recherchent, c'est un homme.

« Ces femmes passionnées et d'humeur inconstante n'aiment que le changement; c'est en vain qu'on fera bonne garde autour d'elles, elles seront toujours infidèles à leurs maris.

« Les maris qui s'aperçoivent qu'ils ont épousé des femmes douées d'un pareil caractère doivent cependant les surveiller sans relâche.

« Ces femmes semblent n'avoir reçu, dès leur naissance, que l'amour du lit, de l'oisiveté, de la parure; elles ne songent qu'à faire le mal et à satisfaire leurs appétits charnels.

« Il n'y a pour ces femmes ni sacrements (sanscara), ni prières (mentrams); les femmes perverses ne connaissent ni la sainte Écriture ni les sacrifices.

« Les livres saints consacrent de nombreux slocas (versets) à faire connaître leur véritable caractère. Voici la formule d'expiation quand un fils a connaissance de la faute de sa mère :

« Ma mère a souillé le sang des ancêtres dans une maison étrangère, que mon père purifie le sang souillé par l'infidèle.

« Une femme vertueuse, quelque basse que soit son extraction, devient du même rang que son mari: Telle l'eau des fleuves qui se déverse dans l'Océan en acquiert les qualités.

« Akchamâlâ, quoique d'une origine vile, s'étant mariée au Mouni Vasichta, et Sâranguî, unie au Richi Manlapâta [1], obtinrent le même rang que leurs époux.

« Non-seulement ces femmes, mais une foule d'autres, quoique de vile naissance, sont parvenues

---

1. Saints personnages védiques.

à une situation très-élevée par les seuls mérites de leurs maris.

« Ainsi a été indiquée la conduite de l'homme et de la femme mariés. Écoutez maintenant les lois qui regardent les enfants et qui procurent le bonheur en ce monde et dans l'autre.

« Toute femme qui ne désire s'unir qu'à son mari et dans le but d'avoir des enfants, est l'honneur de la maison, elle est aussi respectable qu'un brahme de cent ans versé dans la sainte Écriture; elle est, pour ceux qui l'entourent, la déesse de la prospérité.

« Donner des enfants à son mari, les élever avec soin, veiller au bien-être de la maison, s'occuper avec intelligence de toutes les affaires domestiques, tels sont les devoirs de la femme.

« De la femme vertueuse, mère de nombreux enfants, le mari obtient le bonheur et les plus délicieux plaisirs, les mânes des ancêtres s'en réjouissent dans le ciel autant que de l'accomplissement des sacrifices pieux.

« La femme fidèle à son mari, qui est chaste dans ses pensées et ses paroles aussi bien que dans son corps, en ce monde est respectée par tous les gens de bien, et dans l'autre elle obtient la même récompense que son époux.

« La femme qui trahit ses devoirs envers son mari est non-seulement méprisée en ce monde, mais elle renaîtra dans le ventre d'un chacal impur et sera en proie aux maladies les plus honteuses.

« Voici maintenant la loi qui concerne les enfants et que tous les hommes doivent observer, car elle a été édictée par les maharchis, les ancêtres de cette race d'hommes, et constamment depuis enseignée par les sages.

« Ils ont déclaré que l'enfant avait pour père le mari, mais la sainte Écriture contient deux opinions sur ceci : suivant les uns, le père est celui qui a véritablement engendré l'enfant ; selon d'autres, le père est le mari de la mère[1].

« La loi compare la femme aux champs et l'homme à la semence, c'est en effet par l'action du champ et de la semence que tous les êtres animés reçoivent la vie.

« Dans certains cas la semence du mâle agit avec plus de puissance, dans d'autres, c'est la matrice de la femelle. Lorsque tous deux agissent de concert avec la même force, le produit est toujours supérieur.

« Si l'on compare l'action du mâle à celle de la femelle, l'action du mâle doit être déclarée supérieure, car chez tous les êtres animés le mâle se distingue toujours par sa force.

---

1. L'enfant a pour père le mari (code civil français).

« Quelle que soit la graine que l'on sème à la saison propice dans un champ convenablement labouré, cette semence produit des plantes de la même espèce que celles dont elle provient.

« Cette terre est la matrice primitive des êtres, mais la semence qu'elle fait végéter ne reçoit pas ses qualités distinctives de cette matrice.

« Puisque dans le même champ, des semences différentes, semées aux époques convenables, se développent toutes dans la même matrice et produisent des plantes différentes les unes des autres,

« Ainsi les diverses espèces, telles que le riz, le menu grain, le haricot, le sésame, l'orge, l'oignon, la canne à sucre, se développent avec leur nature propre dans le même terrain.

« Semez la graine d'une plante, il n'arrivera jamais qu'il pousse une plante d'une autre espèce.

« C'est pour cela que celui qui connaît la loi qui préside aux choses, telle qu'elle est extraite des Védas et des Angas, et qui ambitionne une postérité qui lui appartienne et des moissons qui soient bien à lui, ne doit jamais répandre sa semence dans le champ d'un autre.

« Ceux qui connaissent bien les vieilles traditions récitent les versets que Vayou[1] composa jadis, pour

---

1. Poëte védique; ne pas confondre avec le dieu du même nom.

énumérer les inconvénients qui résultent de cet acte.

« Ainsi qu'un chasseur décoche en vain une flèche sur le cerf qu'un autre a déjà abattu, la semence répandue dans le champ d'un autre est perdue pour celui qui le sème.

« Les sages qui vivaient dans les temps primitifs où le roi Prithou fut surnommé l'époux de la terre ont déclaré que le champ était la propriété du premier qui avait défriché et cultivé, et le cerf celle du chasseur qui l'a blessé mortellement[1].

« C'est ainsi, par droit d'antériorité, que l'enfant appartient toujours au mari de la mère, quand bien même il ne serait pas le père véritable.

« Un homme n'est complet que par sa femme et son fils, les saints brahmes l'ont dit, « l'époux et l'épouse ne font qu'une personne. »

« La femme ne peut être séparée de son époux, ni par la vente ni par l'abandon. Telle est la loi promulguée dès le début par le seigneur des créatures.

« Il y a trois choses que les hommes vertueux ne font qu'une fois en leur vie : partager une succession, donner sa fille en mariage et prononcer la parole consacrée : je l'accorde.

« Pour les femelles des animaux et pour les filles esclaves, le propriétaire a seul droit sur le croît et

---

1. Mêmes principes dans les législations modernes.

non le maître du mâle qui a fécondé ; de même, le mari de la femme est considéré comme le père de l'enfant.

« Si un taureau féconde cent vaches, les veaux appartiennent au propriétaire des vaches, et le taureau a fait une besogne qui ne profite pas à son maître.

« Ainsi, tous ceux qui, n'ayant pas de champs, répandent leurs semences dans le champ des autres, travaillent pour les propriétaires de ces champs.

« Si cependant, en vertu d'une convention spéciale, le propriétaire donne un champ à un autre pour l'ensemencer, le produit appartient par moitié au propriétaire et au semeur.

« Mais en l'absence de tout pacte, le propriétaire du champ est le propriétaire de la moisson semée par un autre, comme si les graines avaient été déposées dans sa terre par le vent.

« Telle est la loi du champ et de la semence qui s'applique à tout ce qui pousse par la terre, comme à tout ce qui naît d'une matrice.

« Je vais vous déclarer maintenant quelle est la loi qui concerne les femmes qui n'ont pas d'enfants.

« La femme d'un frère aîné doit être considérée comme la belle-mère d'un frère plus jeune, et la femme du plus jeune frère comme la belle-fille du frère aîné.

« Le frère aîné qui s'approche charnellement de la femme de son jeune frère, et le frère le plus jeune de la femme de son aîné, sont notés d'infamie, à moins que le mariage étant stérile, il n'y ait consentement mutuel.

« Lorsqu'on n'a pas d'enfants, la progéniture que l'on désire peut être obtenue par l'union de l'épouse, convenablement autorisée, avec un frère ou un autre parent.

« Arrosé de beurre liquide, afin que la chair ne touche pas la chair, et gardant le silence, que le parent chargé de cet office, en s'approchant pendant la nuit de la femme sans enfants, engendre un seul fils, mais jamais un second.

« Quelques-uns de ceux qui connaissent à fond la question, se fondant sur ce que le but de cette disposition pourrait n'être pas complétement atteint par la naissance d'un enfant qui peut mourir, sont d'avis que les femmes peuvent loyalement engendrer de cette manière un second fils.

« L'objet de cette commission une fois obtenu suivant la loi, que les deux personnes, le frère et la belle-sœur, se comportent l'une à l'égard de l'autre comme un père et une belle-fille [1].

---

1. Ce fut une nécessité impérieuse et devant laquelle

« Mais un frère, soit l'aîné, soit le jeune, qui, chargé de remplir ce devoir, n'observe pas la règle prescrite et ne pense qu'à satisfaire ses passions, sera dégradé; dans les deux cas, s'il est l'aîné, comme ayant souillé la couche de sa belle-fille, s'il est le plus jeune, comme ayant souillé la couche de son père.

---

toute autre devait céder, que de laisser après sa mort un fils qui pût vous remplacer, et vous ouvrir le ciel par ses mortifications et ses prières. Aussi la femme stérile allait-elle d'elle-même faire choix d'une seconde épouse pour son mari, et l'introduisait-elle sans répugnance dans le lit conjugal.

Si la première femme craignait que la beauté, la jeunesse d'une seconde épouse pût nuire à son influence dans la maison, et à l'affection que son mari lui portait, au lieu de lui permettre une autre femme légitime, elle lui conduisait une de ses servantes, parmi les plus robustes et les plus jeunes, la choisissant vierge; et le fils qui naissait de cette femme de basse classe, n'appartenait pas à sa mère naturelle; il était dit *issu de la femme légitime de son père*. Cette dernière était considérée comme n'ayant cédé temporairement une portion de ses droits à une étrangère que dans son propre intérêt, et pour donner, *pour ainsi dire par procuration*, à son mari un fils qu'elle n'avait pu procréer elle-même.

Dans la primitive société indoue le mari ne pouvait, en aucun cas, se choisir une seconde femme et l'introduire dans sa maison, ni même contracter une union passagère avec une femme inférieure, il lui fallait le consentement de sa femme légitime, qui dans les deux cas, soit qu'elle ad-

« Mais ceci n'est que pour la femme mariée sans enfants et autorisée par son mari, une veuve sans enfants ne peut être autorisée par les parents à concevoir du fait d'un autre, car ceux qui lui permettent de concevoir ainsi violent la loi primitive.

---

mit une femme comme seconde épouse, soit qu'elle consentît à un simple lien passager, avait toujours le choix de la femme. Et cela n'était que logique. Cette dérogation à la loi n'ayant pas eu en vue les plaisirs de l'époux, on admettait qu'elle ne pouvait avoir lieu que par une cession volontaire d'une partie de ses droits par la femme légitime.

Il est certain que la polygamie, qui devint une institution reconnue dans tout l'Orient, qui fut acceptée des Égyptiens et des Hébreux, que Mahomet sanctionna plus tard, vient de là.

Ce qui rattache l'origine de cette coutume, d'une manière indiscutable, à l'idée religieuse que nous venons d'énoncer, c'est que dans l'Inde, aux lieux où la croyance primitive, cause de la coutume, s'était conservée dans toute sa pureté, la polygamie ne fut jamais qu'une exception admise en cas de stérilité seulement de la femme légitime, et encore fut-il loisible à cette dernière de n'admettre que temporairement une concubine.

La Perse sous les mages, l'Arabie et l'Égypte, reçurent cette coutume avec la croyance religieuse dont elle découlait, et vous rencontrez à chaque pas, dans les annales anciennes des émigrations qui peuplèrent ces contrées, dans les inscriptions, dans les bas-reliefs des temples, la preuve que le fils aîné était l'officiant des cérémonies funéraires de la famille, le chef du culte des ancêtres.

Moïse, en copiant de souvenir les livres sacrés de l'Égypte

« Il n'est question en aucune manière d'une pareille commission, ni dans la coutume ancienne, ni dans les livres sacrés ; les lois qui ont rapport au mariage ne disent pas que la veuve puisse concevoir pour donner un fils à son mari décédé, *sans contracter une autre union.*

---

et de l'Inde, auxquels il avait été initié par les prêtres à la cour des Pharaons, relate également cette coutume dans la biographie apocryphe des patriarches, qu'il écrivit à la hâte en tête de son livre, pour se rattacher, par Adam, à une prétendue révélation primitive. Mais, comme toujours, il se garde bien de donner l'esprit de la loi, d'expliquer la croyance qui a engendré la loi.

Écoutons ce qu'il a dit au chapitre seizième de la Genèse :

« Or Sarah, femme d'Abraham, était sans enfants ; mais ayant une servante égyptienne nommée Agar,

« Elle dit à son mari : Voilà maintenant que le Seigneur m'a privée d'enfanter, approchez-vous de votre servante, *peut-être aurais-je des enfants d'elle*, et lorsque Abraham eut consenti à sa prière,

« Elle prit Agar, sa servante égyptienne, dix ans après qu'ils eurent commencé d'habiter en la terre de Chanaan, et la donna pour concubine à son mari.

« Abraham s'approcha d'elle, et, l'ayant connue, elle conçut ; mais Agar voyant qu'elle allait donner un fils à son maître, dédaigna Sarah sa maîtresse,

« Et Sarah dit à Abraham : Vous agissez injustement contre moi, j'ai mis ma servante entre vos bras, laquelle voyant qu'elle a conçu me méprise. Que le Seigneur soit juge entre toi et moi.

« Abraham lui répondit : Voilà ta servante qui est entre

« En effet, cette pratique qui ne convient qu'à des animaux, a été blâmée honteusement par les hommes vertueux et instruits, bien qu'elle soit dite avoir eu cours parmi les premiers hommes à l'époque de Véna.

---

les mains, fais d'elle ce que tu voudras. Donc Sarah repoussa celle-ci, et Agar s'enfuit. »

Voilà bien, saisie sur le vif, la coutume indoue et égyptienne tout entière. Sarah, n'ayant pas d'enfant, en désire un par une autre femme, et elle conduit sa servante à son mari, *afin que d'elle lui naisse un fils.*

Mais pourquoi cette nécessité d'un fils? pourquoi cette fiction qui fait dire à Sarah : *Peut-être aurais-je des enfants d'elle?*

Sans doute on pourra dire qu'Abraham désirait des enfants, pour perpétuer son nom et sa race sur la terre, pour leur laisser les troupeaux, les biens qu'il possédait, et qu'il y a là une explication suffisante de son action... Cela est vrai ; mais qu'importait à Sarah un fils qui n'était point sorti de son sein, une descendance qui n'était point la sienne? Maîtresse à la maison elle risquait de se donner une rivale, de perdre son autorité, et tout cela pour donner des héritiers à son mari qui ne fussent point de son sang.

Cela n'est pas dans la nature, et quiconque connaît un peu le cœur humain n'admettra jamais la possibilité d'une telle abnégation de la part de la femme, à moins des motifs les plus impérieux et les plus graves, surtout si, comme dans ce cas, tout ce qu'il y a en elle de sentiments délicats doit en être froissé.

Dira-t-on que c'était dans les mœurs de l'époque? que la femme était esclave des volontés du maître et n'avait

« Ce roi, qui soumit autrefois l'univers à ses lois et qui fut un des conquérants les plus célèbres de la caste royale, se laissa emporter par sa passion pour les femmes et sous son règne il y eut beaucoup de mélange dans les castes.

---

qu'à obéir? Une foule de gens n'ont pas d'autre réponse aux textes qui les embarrassent, ils semblent ne pas voir que ce sont ces mœurs qu'il s'agit d'expliquer.

Nous répondrons que la femme ne fut pas une esclave aux époques patriarcales, et que Sarah se charge elle-même du soin de nous le prouver, en choisissant la concubine qu'elle veut bien permettre à son mari, et en la chassant ensuite au premier acte d'orgueil qui vient blesser sa susceptibilité de maîtresse de maison.

Les écrivains catholiques prétendent, *et cela sérieusement*, que Sarah, ayant eu par *intuition divine* connaissance que de la race d'Abraham devait naître le rédempteur promis aux hommes, elle craignait, se voyant sans enfants, que la parole de Dieu ne pût s'accomplir!

Laissons Sarah avec *son intuition divine* et ne rapetissons point l'idée que la conscience nous donne de Dieu, en le faisant intervenir dans ces contes absurdes, qui trop longtemps déjà ont abusé l'humanité.

A quoi bon faire toujours intervenir le merveilleux dans des choses qui trouvent leur explication naturelle dans l'histoire mieux comprise des époques où elles se sont produites?

Sarah a simplement partagé les croyances religieuses de son temps, croyances apportées de l'Inde par l'émigration qui colonisa l'Égypte. Se voyant vieillir dans sa stérilité, elle se demanda si l'heure n'était pas arrivée de permettre

« Depuis cette époque, les gens de bien désapprouvent l'homme qui, par égarement, invite une veuve sans enfants à recevoir les caresses d'un autre homme en dehors du mode prescrit.

---

temporairement une femme à son mari, afin de se procurer un fils qui pût accomplir, sur sa tombe et sur celle d'Abraham, les cérémonies funéraires qui devaient leur ouvrir le séjour céleste. Et elle choisit Agar que, par deux fois, la jalousie lui fit chasser de sa maison.

Voilà, à l'aide de la coutume indoue, l'explication historique et religieuse, que Moïse ne donne pas, de cet acte de Sarah, qui sans cela serait incompréhensible.

S'il n'y avait pas eu nécessité religieuse d'avoir un fils, pour le repos de la tombe et la délivrance dans l'autre vie, jamais Sarah n'eût introduit dans le lit de son mari Agar, qui lui devient immédiatement odieuse pour ce fait, et qu'elle finit par renvoyer à tout jamais de sa demeure avec Ismaël, le fils né d'Abraham, du jour où un tressaillement de son sein lui apprit qu'elle-même avait conçu.

Nous allons voir bientôt les preuves les plus convaincantes s'accumuler autour de cette idée, et accentuer mieux encore la filiation qui la rattache à l'Inde patriarcale. Toutes les conséquences que cette croyance eut pour l'Inde nous les retrouverons en Égypte, et dans la coutume mosaïque.

Ainsi, suivant la loi primitive de l'époque de l'unité de Dieu et des patriarches, le père ne pouvait parvenir au séjour de Brahma que par les prières de son fils, et quand par hasard sa femme légitime se trouvait frappée de stérilité, il pouvait avec son consentement obtenir d'une femme étrangère ce fils qui appartenait par une fiction de droit

« Que la jeune femme dont le mari vient de mourir soit épousée de nouveau par le propre frère du mari, et à son défaut par le plus proche parent, d'après la règle suivante.

---

religieux non à sa mère naturelle, mais à la femme légitime de son père, et ne pouvait accomplir les cérémonies funéraires que pour cette mère légale... pour le père, cela allait de soi, puisqu'il était réellement son fils par le sang.

La femme frappée de stérilité avait donc un intérêt aussi grand que son mari à se procurer un fils.

Une fois cette croyance admise dans toute sa fatalité, — *le père n'est sauvé que par le fils*, — nous allons voir naître tout un droit nouveau, qui ira jusqu'aux conséquences les plus extrêmes pour veiller à ce que l'homme ne soit point privé des prières et des purifications funéraires.

Il pouvait arriver que le père de famille ayant connu, du consentement de sa femme, une servante ou une étrangère, cette dernière ne conçût pas; une tentative était faite encore avec une autre femme, et si un résultat meilleur n'était pas obtenu, le mari, voyant que la stérilité était de son fait, était libre alors d'autoriser sa femme à concevoir des œuvres d'un autre que seul il avait le droit de choisir, et qu'il prenait d'ordinaire parmi ses parents les plus proches.

Il n'y a certes que cette croyance religieuse de la nécessité d'un fils pour racheter les fautes de son père, qui ait pu faire accepter de pareilles coutumes. On ne peut dire que la débauche et la dégradation des mœurs y aient conduit, quand on voit quelles précautions sont ordonnées au frère qui s'approche de sa belle-sœur avec l'autorisation du mari, et dans quel état d'esprit il doit se trouver; son

« Après avoir épousé selon le rite cette jeune veuve vêtue de blanc et connue comme étant de bonnes mœurs, que le nouveau mari s'approche d'elle avec respect pendant la saison favorable, et comme si elle était encore la femme de son frère, jusqu'à ce qu'elle ait conçu, et l'enfant est dit fils du défunt.

---

corps doit être enduit de beurre *pour que sa chair ne touche point la chair de la femme*, et il ne doit point songer *à satisfaire ses passions*, sous peine d'être dégradé, c'est-à-dire rejeté de sa famille... S'il arrivait que ni l'un ni l'autre des deux époux n'aient pu ainsi se procurer un fils, deux moyens leur restaient de s'assurer une mort tranquille et de voir s'ouvrir devant eux les portes du séjour des bienheureux : l'adoption ou la vie cénobitique dans le désert.

Par l'adoption d'un fils, les deux époux se trouvaient dans la même situation que s'il en fût né un de leur union. Nulle différence entre l'adopté et le fils légitime, il recevait un nom de son nouveau père, héritait de lui et devenait chef de famille à sa mort.

Un fragment de Soumati, qui avait recueilli l'œuvre de l'ancien Manou, depuis abrégé par les brahmes, nous indique d'une manière non équivoque quels furent, à l'origine, le but et l'esprit de l'adoption.

« C'est aux macérations, aux jeûnes et aux prières d'un ermite, du nom de Tarpana, qu'est dû ce mode de se procurer un fils par adoption.

« S'étant retiré dans les forêts sur le soir de sa vie, pour vivre seul à seul avec Dieu, méditer sur sa grandeur, sa puissance et la beauté de ses œuvres, parfois il gémissait et disait :

« Qu'un homme vertueux, après avoir dit de sa fille à un homme de sa caste « je vous l'accorde, » se garde ensuite de la promettre à un autre, il encourrait les mêmes peines que celles portées contre le faux témoignage.

« Seigneur ! dans leurs tanières et dans les épais réduits des bois, les fauves ont des petits, et j'entends chaque soir, quand le beau Sourya abandonne la terre, les hurlements de la mère conduisant sa nichée à l'abreuvoir, et les cris de joie des petits.

« Si je lève les yeux, regardant dans le feuillage sombre, j'aperçois de toutes parts des milliers d'oisillons qui s'aident à voltiger à la saison nouvelle, sous la direction de leur mère, et j'entends le *gouhougou!* des colombes, qui rapportent aux nids la nourriture de leurs petits.

« Le long des lacs aux eaux profondes, le long des fleuves au cours rapide, et dans les mystérieuses solitudes, les jeunes buffles jouent dans les hautes herbes, sous la surveillance des mâles qui les protégent, et le jeune éléphant bondit autour de sa mère.

« Si je me rapproche des lieux habités par les hommes, de toutes parts les troupeaux paissent dans les plaines, et partout, après la saison favorable des amours, naissent les petits, que les mères élèvent de leur lait ; chaque brebis a son agneau, pas une génisse qui n'ait son nourrisson.

« Pourquoi, Seigneur, la fille de l'homme, qui est issu de toi, est-elle stérile? pourquoi si souvent ne peut-elle concevoir des baisers de son époux?

« Est-ce juste, est-ce bon, est-ce suivant la loi, que le frère continue à souiller le lit de son frère pour le fécon-

« Bien qu'il l'ait épousée selon la loi, un homme ne doit jamais hésiter à abandonner une femme qui n'était pas vierge ou qui est atteinte de maladies comme la lèpre ou d'éléphantias qu'on lui a caché avec soin.

---

der? voit-on deux lions dans la tanière de la lionne, deux sangliers dans la même bauge, deux oiseaux mâles au même nid!

« Ayant ainsi prié le Seigneur, et s'étant plongé pendant des jours et des mois dans la méditation de ce sujet, le saint ermite Tarpana imagina l'adoption pour la sainteté du lit conjugal et la perpétuité des cérémonies funéraires d'expiation.

« Et le corps courbé vers la terre, s'aidant d'un bâton pour assurer sa marche, il revint vers les lieux habités pour enseigner cela aux hommes... »   (*Soumati*.)

L'adoption eut donc pour objet de faire cesser cette coutume outrageuse à la dignité conjugale, qui remplaçait le mari par le frère, en même temps qu'elle assura l'accomplissement des cérémonies funéraires.

C'est de l'Inde, on n'en saurait douter, grâce à la transmission de l'idée religieuse, que l'adoption a passé dans les mœurs de tous les peuples.

La formule indoue de l'adoption fut celle-ci : — O Narada, moi qui n'ai pas de descendants mâles, je me hâte avec sollicitude de t'adopter pour fils, pour l'accomplissement des cérémonies funéraires et des rites sacrés, et la perpétuité de ma race.

Pourrait-on dire, lorsque les Athéniens admirent la formule suivante d'adoption, qu'ils ne l'avaient point reçue de leurs ancêtres indous, et que l'idée du salut du père par les

« Si un père donne sa fille en mariage en cachant qu'elle est atteinte d'un de ces défauts, l'acte peut être annulé à la volonté de l'époux.

« Quand le mari s'absente pour quelque temps pour ses intérêts, qu'il ne quitte point la maison sans pourvoir largement à tous les besoins de sa femme pendant toute son absence. La femme la plus honnête peut s'oublier dans la misère.

---

prières du fils, ne faisait point partie de leurs croyances religieuses?

« J'adopte afin d'avoir un fils qui puisse accomplir sur ma tombe les cérémonies funéraires, perpétuer ma race, et en transmettant mon nom par une chaîne non interrompue de descendants, lui conférer en quelque sorte l'immortalité. »

A deux pas de là, les Spartiates, autre rameau de la même tribu, avaient conservé les deux coutumes : le père de famille sans enfants pouvait se procurer un fils, soit par l'adoption, soit en autorisant sa femme à concevoir de son frère, soit en connaissant lui-même sa belle-sœur en cas de stérilité de sa femme.

Les Tyrrhéniens, les Sabins et les Samnites, peuplades issues de la haute Asie, apportèrent en Italie les mêmes croyances, et ce culte des mânes des ancêtres circonscrit dans la famille, dont le fils aîné continua à être le prêtre, eut dans les mœurs de si profondes racines, souvenir vivace du berceau, qu'à lui seul il forma toute la religion de la Rome ancienne, du jour où Jupiter et Janus, quoique encore debout, n'eurent plus d'adorateurs.

Là encore, nous retrouvons la double coutume indoue, l'adoption, ou l'obtention d'un fils par une femme étrangère,

« Si en la quittant son mari a pu lui laisser pour son existence, qu'elle mène une vie retirée et ne prenne part à aucune fête. Si son mari n'a rien pu lui laisser, qu'elle se livre à une occupation permise pour subvenir à son existence.

---

et l'histoire nous apprend qu'il fut commun à Rome, d'emprunter la femme de son ami pour en avoir un fils.

Certes, on ne peut pas dire qu'il soit possible à une croyance d'accuser mieux son origine. Sans doute il est naturel à l'homme de désirer des enfants et de les aimer, à condition qu'ils soient de son sang, et que le père se voie revivre pour ainsi dire dans son fils; mais comment cette affection qui a sa source dans l'amour même de soi aurait-elle pu conduire l'homme impuissant, à se procurer un enfant par l'union de sa femme et d'un étranger, ou par adoption. Comment l'homme qui travaille avec joie pour nourrir et élever un fils parce qu'il est né de lui, aurait-il pu concevoir l'idée de s'imposer des privations, des sacrifices pour prendre à sa charge les enfants des autres, si la croyance religieuse n'était intervenue avec toute sa puissance mystérieuse, si l'homme à Athènes, à Sparte, à Rome, en Égypte et en Judée, à l'imitation des anciens patriarches de l'Inde, n'avait pensé que les cérémonies mortuaires accomplies par son fils sur sa tombe, avaient le pouvoir de lui ouvrir le séjour de Brahma, Zeus, Osiris ou Jupiter.

Si le père de famille venait à mourir avant d'avoir pu se procurer un fils suivant les différents modes que nous venons d'indiquer, l'importance de ne point le laisser privé des seules prières qui eussent l'efficacité d'effacer ses fautes, et de racheter une condamnation de plusieurs milliers d'années d'exil peut-être, était telle qu'en vertu d'une

« Si son mari est parti pour un pèlerinage, qu'elle attende huit années, pour la guerre ou pour s'ins-

---

nouvelle fiction, on trouvait le moyen de lui donner un héritier.

Le frère, et à son défaut le plus proche parent, épousait la veuve du défunt, et le premier enfant mâle qui venait à naître était dit fils du décédé, héritait de lui, et dès que ses pas pouvaient le porter, et ses lèvres balbutier quelques paroles, commençait à murmurer des prières, sur la tombe ou l'urne funéraire de celui qu'on lui avait donné pour père.

Manou, qui avait consacré cette coutume, formulait ainsi la loi :

« Que la jeune femme dont le mari vient à mourir, soit épousée de nouveau par le propre frère du mari, et à son défaut par le plus proche parent, suivant la règle suivante, etc..... et l'enfant qui naît est dit fils du défunt. »

On voit de plus en plus combien était forte cette croyance religieuse des premiers temps de l'Inde, puisque le frère ou le parent le plus proche étaient obligés de se sacrifier au défunt, d'épouser sa veuve, et de consentir à ce que leur premier-né fût soustrait à leur tendresse ; nécessité d'autant plus pénible, que si après avoir engendré un fils, pour le compte de son frère ou de son parent, le mari de la veuve, ne pouvait en avoir d'autres héritiers mâles, il était obligé pour assurer à son tour l'accomplissement des cérémonies funéraires de son décès, soit d'adopter un fils, soit d'en obtenir un d'une étrangère. Car nul au monde ne voulait se trouver dans cet état dont le Véda a dit :

« L'homme qui passe de cette vie dans les ténèbres mystérieuses de l'autre sans laisser derrière lui, un fils pour

truire, qu'elle attende six ans ; pour son plaisir, trois ans, mais ce temps écoulé qu'elle se mette à sa recherche.

---

prier, ressemble au pêcheur qui se hasarde sur l'immense Océan avec une barque sans gouvernail, sans voiles et sans rames, et qui prétend arriver au port. »

La Bible hébraïque, dans une foule de passages, témoigne d'une coutume identique, mais comme toujours elle ne l'explique pas et semble avoir totalement oublié l'idée religieuse qui lui a donné naissance, et seule peut la rendre acceptable. C'est ainsi que les croyances et les habitudes, en se transmettant d'âge en âge, perdent leur cachet primitif, n'ont plus ni nécessité ni raison d'être, se conservent à titre de coutumes dont nul ne connait l'origine, mais qu'on continue d'observer par respect pour la tradition bien que la tradition elle-même soit devenue muette, sur les causes qui leur ont donné naissance.

Nous voyons dans la Bible que Ruth étant devenue veuve, suivit Noémie, sa belle-mère, de Moab en Bethléem, et comme elle n'avait pas d'enfants, elle se rendit auprès de Booz, proche parent de son mari, et les choses se passèrent suivant les coutumes que nous venons d'indiquer.

Booz épousa Ruth devant les anciens et le peuple en disant :

« Vous êtes témoins que je prends pour femme Ruth la Moabite, veuve de Mahalon, afin que je fasse revivre le nom du mort dans son héritage, et que son nom ne s'éteigne pas dans sa famille, parmi ses frères et son peuple. »

De même Thamar après la mort de Her, son mari, n'ayant pu concevoir d'Onan frère de ce dernier qu'elle avait épousé, et qui avait eu recours aux manœuvres les plus contre nature pour ne point susciter des enfants à

« Un mari peut supporter le refus de sa femme

---

son frère, *semen fundebat in terram*, ne craignit pas, sous un déguisement, afin de ne point rester sans descendance, de provoquer les embrassements de Juda son beau-père.

Cette coutume n'avait plus de raison d'être à l'époque où nous la retrouvons en Israël, puisque le fils n'accomplissait plus les cérémonies funéraires sur la tombe de son père, que le lévite était prêtre dans le temple et en dehors du temple, commandant *in castris vel extra castra*, et que pas un verset de Moïse et des différents auteurs de la Bible, ne peut faire soupçonner qu'ils eussent conservé le plus faible souvenir de la croyance religieuse, qui seule peut expliquer et les paroles de Booz épousant Ruth *pour faire revivre le nom du mort*, et l'inceste de Thamar.

Nous demanderons à ceux qui osent prétendre que de la Bible sont sorties toutes les coutumes religieuses de l'Orient, — comme si les civilisations de l'Inde, de la Chine, de la Perse et de l'Égypte n'existaient point déjà de toute pièce, des siècles avant l'apparition de cette copie mal faite des livres sacrés de la haute Asie, — de nous dire s'il n'y a point là infiltration de la religion et des mœurs anciennes de l'Inde, d'où peut venir cette coutume absurde et contre nature...

Cependant, il était possible de parvenir au séjour de Brahma, de s'abîmer dans la grande âme, sans laisser de fils, sans qu'aucune cérémonie funéraire fût accomplie sur sa tombe, mais pour cela, il fallait que la mort vous surprît sans souillures, ou avec une telle provision de prières, invocations et bonnes œuvres, que l'on fût immédiatement purifié des dernières fautes que l'on n'avait pas eu le temps d'effacer par le sacrifice expiatoire.

Peu de fidèles osaient tenter l'aventure. Pour être com-

pendant une année[1], mais passé ce délai, il doit prendre tout ce qui lui appartient et se séparer d'elle.

« La femme qui repousse son mari parce qu'il a la passion du jeu ou des liqueurs spiritueuses, au lieu de le soigner comme un malade, doit être renfermée dans les appartements intérieurs pendant trois mois, sans ses ornements et parures habituels.

---

plétement rassurés sur leur sort dans l'autre vie, les premiers patriarches qui n'eurent pas d'enfants, et refusèrent de s'en procurer par un des moyens que nous avons indiqués, ou par adoption, imaginèrent de se retirer loin des lieux habités, où la fréquentation de leurs semblables était une source journalière de fautes, pour vivre au désert, seuls à seuls avec la pensée de Dieu, se nourrissant de fruits sauvages et de racines, et partageant leur temps entre la mortification et la prière.

Nous lisons dans un fragment de Valmiki conservé au Prâsada :

« Il ne doit pas ambitionner les prières d'un fils, celui qui se retire dans les forêts pour y vivre de privations et de souffrances et qui, n'accordant que quelques heures au sommeil, passe ses jours et ses nuits à prier et à méditer sur la grandeur, la puissance et la bonté de Brahma. Les prières et la mortification qu'il aura semées pendant sa vie, le purifieront de toutes souillures, et son âme s'absorbera dans la grande âme comme la goutte d'eau dans l'Océan. »

C'est de là qu'est née la vie cénobitique, qui se conserva dans l'Inde malgré la révolution brahmanique, et fut si fort en honneur dans l'Orient pendant toute l'antiquité.

1. Cela doit s'entendre de l'union conjugale.

« Celle qui repousse un mari criminel, atteint d'éléphantiasis ou de lèpre, impuissant, eunuque ou fou, ne doit subir aucune peine.

« La femme de mauvaise conduite, qui se livre à l'ivresse, méchante, obstinée, querelleuse ou atteinte de maladies contagieuses, doit céder sa place à une seconde épouse et elle ne doit plus occuper que le second rang.

« Il en sera de même de la femme stérile au bout de huit ans, de celle qui a perdu tous ses enfants au bout de dix ans, de celle qui n'a que des filles au bout de douze, toutes passent au rang de seconde épouse. Mais pour celle qui ne parle jamais qu'avec colère, elle doit y être reléguée de suite.

« Mais pour celle qui stérile, ou malade, ou a perdu ses enfants, ou n'a que des filles, est une femme vertueuse, elle ne peut voir entrer une seconde épouse dans la maison conjugale que si elle y consent et elle conserve le premier rang.

« La femme qui légalement est reléguée au second rang et qui par jalousie ou colère quitte son mari, doit être renfermée dans l'intérieur de la maison pendant un certain temps; si elle persiste qu'elle soit répudiée en présence des anciens de la caste.

« Que celle qui est surprise à boire des liqueurs défendues, dans une fête permise, ou, sans l'autorisation de son mari, court les réjouissances publiquas, soit punie par la caste d'une amende de six krichnalas.

« Si le dwidja, — deux fois né, brahme qui a terminé son noviciat, — prend plusieurs femmes de castes différentes, elles occupent dans la maison le rang que leur assigne l'élévation de leur caste.

« Mais c'est à une brahmine seulement que le dwidja doit confier les soins qui regardent sa personne, la préparation des aliments et des objets accessoires aux sacrifices.

« Celui qui, ayant pour première femme une brahmine, confierait à des épouses d'un rang inférieur ces différents devoirs à accomplir, devrait être rejeté au rang des tchandalas, comme coupable d'avoir méprisé une brahmine.

« Que le père de famille fasse choix d'un jeune homme de sa caste, instruit, d'une bonne réputation, bien fait et agréable à voir, et qu'il lui donne sa fille en mariage bien avant l'époque de sa puberté [1].

« Il serait préférable qu'une jeune fille ne quittât jamais le toit paternel jusqu'à son dernier jour plutôt

---

1. D'après la coutume enregistrée ici par Manou, les jeunes filles sont mariées, dans l'Inde, à l'âge de cinq ou six ans, et restent chez leur père jusqu'à l'époque de la nubilité.

que d'être donnée en mariage par son père à un homme pervers.

« Si un père néglige de marier sa fille nubile, au bout de trois ans elle a le droit de se choisir un mari dans sa caste.

« La jeune fille qui se choisit un époux dans ces circonstances ne commet rien de répréhensible, et non plus le mari qu'elle se donne.

« Mais, dans ce cas, que la femme se garde de rien emporter des biens de la maison, ou des bijoux qu'elle a reçus de ses frères et de son père. Ce serait une faute grave.

« Aucun présent ne sera donné au père à l'occasion du mariage, par celui qui épouse une fille nubile, le père n'a plus de droits sur sa fille qui a retardé pour elle le moment heureux de la maternité.

« Qu'un homme de trente ans épouse une fille de douze ans, un homme de vingt-quatre une fille de huit, telle est la loi imposée à celui qui est arrivé à l'âge de remplir ses devoirs de chef de famille.

« Lorsqu'un homme épouse une femme qui lui a été désignée par les dieux à l'aide de certains présages, il doit si elle est vertueuse, la protéger et la vénérer quand bien même il ne se sentirait pas attiré vers elle.

« La destinée de la femme est de perpétuer la famille par les enfants, celle de l'homme est de les engendrer, et ce double devoir, auquel concourent l'homme et la femme, est consacré par l'Écriture sacrée.

« Si le fiancé vient à mourir après avoir fait les présents de noces, un de ses frères doit épouser la jeune fille à moins qu'elle ne s'y refuse.

« Le père peut recevoir des présents, mais jamais une gratification ; le mariage de sa fille aurait alors lieu par une vente. Il n'est pas permis, même à un soudra, de recevoir une gratification pour le mariage de sa fille.

« Même dans les créations antérieures, l'Écriture ne dit pas qu'une jeune fille ait été donnée par une espèce de vente, au moyen d'une gratification.

« Que le mari et la femme soient fidèles l'un à l'autre jusqu'au terme de cette existence, tel est le devoir d'où découlent toutes les autres vertus.

« Vous venez d'apprendre quels sont les devoirs des époux entre eux, et la règle pour avoir des enfants quand l'union est stérile ; écoutez maintenant ce qui concerne les successions.

« Après la mort de leur père et de leur mère, les frères peuvent se partager entre eux les biens laissés par leurs parents.

« Mais il est mieux que le frère aîné prenne l'administration de tout le patrimoine, et tous les enfants continuent à vivre en communauté comme du vivant de leur père.

« Le père, par la naissance d'un fils, acquitte la dette des ancêtres[1], c'est pour cela que le fils aîné est le chef de la famille.

« Le fils aîné qui veille à l'accomplissement du sraddha funéraire et donne l'immortalité à ses ancêtres est considéré comme l'enfant du devoir. Les autres enfants naissent de l'amour.

« Le frère aîné doit avoir pour ses jeunes frères l'affection d'un père ; ces derniers doivent également le vénérer comme tel.

« Du frère aîné dépend la prospérité ou la perte de la famille ; c'est lui qui lui donne une bonne renommée. Aussi ceux qui connaissent les prescriptions de la loi respectent-ils toujours l'aîné.

« Cependant les frères peuvent vivre aussi bien séparés qu'en communauté ; la séparation multiplie les devoirs pieux puisque chaque frère devient par là chef de famille et a le droit de sacrifier. La loi considère donc la vie séparée comme bonne.

« Avant le partage, le vingtième doit être réservé à l'aîné, avec le choix dans les objets du ménage, le

---

1. Qui consiste à perpétuer les cérémonies funéraires en l'honneur des ancêtres, cérémonies qui ne peuvent être accomplies que par le fils aîné.

second prend la moitié de la part de l'aîné, et le dernier né le quart.

« Tous les frères prennent ensuite une part égale, mais il n'y a de prélèvement que pour les trois premiers.

« Quand tous les prélèvements sont opérés, que les biens soient mis en masse, et, avant le partage que l'aîné prenne encore le dixième sur toutes choses.

« Dans le cas où il n'y a pas de prélèvement du dixième, que les frères, soucieux de leurs devoirs, fassent sur leur part un cadeau à l'aîné comme signe d'affection.

« Si l'on suit le mode de prélèvement qui vient d'être indiqué, toutes les parts doivent être ensuite égales, mais s'il n'y a pas de prélèvement le partage devra se faire ainsi.

« L'aîné prendra une part double, le second une part et demie, et tous les autres frères une part égale; telle est la loi.

« Que les frères donnent à leurs sœurs le quart de leur part. Ceux qui n'obéiront pas à cette injonction seront exclus de la succession et dégradés.

« Un seul animal n'est pas susceptible de partage : s'il reste un mouton, un bouc ou un taureau, l'animal appartient à l'aîné.

« Si un frère, pour procurer un fils à son aîné décédé, autorisé par les parents, s'est approché de sa femme, l'enfant qui vient à naître représente le frère aîné et a tous ses droits de prélèvement au partage[1]. Telle est la loi.

« Par cet acte, le frère aîné décédé est devenu père ; son fils ne peut pas être moins bien traité que lui, il ne peut pas recevoir une part égale, alors que son père l'aurait reçue double.

« Lorsque le second fils est né de la femme mariée la première, et l'aîné de la femme mariée la seconde, il n'y a pas de doute sur le partage.

« Le plus beau taureau du troupeau doit être prélevé par le fils né de la première femme, ensuite les parts entre les différents frères sont proportionnées à la caste de la mère.

« Parmi les fils nés de mère d'un rang égal par la caste, les parts sont égales, sauf le prélèvement accordé à l'aîné et au second.

« Le droit de sacrifier et de prononcer les swabràh-manyas appartient à l'aîné ; s'il naît deux jumeaux, le droit d'aînesse est conféré à celui qui est venu au monde le premier.

« Lorsqu'un père n'a pu procréer un fils, il peut charger sa fille de lui en donner un en prononçant

---

1. Le père naturel n'est considéré que comme un oncle.

les paroles suivantes au moment de son mariage :
« Que le fils qui naîtra d'elle devienne le mien pour
« l'accomplissement des cérémonies funéraires sur
« ma tombe. »

« Ainsi dans les temps primitifs, le Pradjâpati-Mackcha prononça les paroles sacramentelles au mariage de toutes ses filles, pour la perpétuité de sa descendance et du sraddha funéraire.

« Il en maria dix à Dharma, treize à Casyapa et vingt-sept à Soma en prononçant les paroles consacrées.

» Le fils d'un homme est sa chair, sa fille ne fait qu'un avec lui, pourquoi donner l'héritage à la branche collatérale puisqu'elle peut lui adresser son premier né.

« De même que la fille hérite de tout ce qui a appartenu à sa mère, le fils de la fille dont le père n'a pu avoir un héritier mâle, remplace ce fils et hérite; il doit offrir au sraddha deux gâteaux funéraires aux mânes de son aïeul maternel et de son père naturel.

« Tous deux étant issus du même aïeul, il n'y a légalement aucune différence entre le fils d'un fils et le fils d'une fille.

« Si une fille étant chargée de donner un fils à son père, ce dernier vient lui-même à avoir un fils, le partage sera égal entre les deux enfants; la mère n'a pu transmettre un droit d'aînesse qu'elle n'avait pas.

« En cas de mort de la fille qui a reçu mission de consacrer son premier-né à son père, avant que l'enfant soit né, le mari a droit à toute la succession de sa femme.

« Que la commission ait été donnée secrètement ou ouvertement, sans que le père marie sa fille à un homme de sa caste, le premier-né devient le fils de son aïeul maternel, et il accomplira les cérémonies funéraires.

« Par les prières de son fils, le père gagne les sphères célestes, par celles du fils de son fils, il devient immortel, par celles du fils de son petit-fils, il va habiter le soleil.

« C'est ainsi que le fils délivre son père des renaissances maudites et qu'il le fait monter au séjour de Brahma. On l'appelle le sauveur de l'enfer.

« Que le fils d'une fille qui a été consacré à son aïeul maternel, dans les cérémonies funéraires, offre les premiers gâteaux aux mânes de sa mère, les seconds à celles de son aïeul, et les autres à celles de son bisaïeul.

« Lorsqu'un fils, doué de bonnes qualités, est donné en adoption, quoique n'étant pas fils par le sang, il est apte à hériter.

« L'adopté ne fait plus partie de la famille naturelle, il n'hérite pas d'elle, et comme du patrimoine dépend la cérémonie funéraire, le père qui a donné son fils en adoption ne recevra pas de lui des cérémonies funéraires.

« Le fils d'une femme qui n'a pas reçu la commission spéciale de concevoir d'un autre homme que son mari, est repoussé comme le produit de l'adultère.

« Le fils engendré par le frère avec la femme de son frère, alors qu'il existe déjà un enfant mâle, est regardé comme le produit de la débauche ; il ne peut y avoir d'autorisation valable pour ce fait.

« Quand bien même la femme a été autorisée à concevoir des œuvres du frère de son mari, si le fils n'a pas été conçu selon les règles qui ont été prescrites il n'a pas droit à l'héritage, car il est d'une naissance dégradée.

« Mais celui qui a été conçu ainsi qu'il a été dit par une femme et un frère autorisé, devient le fils du mari d'après la règle : « la semence et les fruits appartiennent au propriétaire du champ. »

« Le frère qui a reçu tous les biens, et la femme de son frère mort, après avoir engendré un enfant pour le défunt, doit restituer tout le patrimoine à ce fils.

« Ainsi a été prescrit le partage, entre frères nés de femmes de la même caste. Voici les règles établies pour le partage entre fils de femmes de castes différentes.

« Quand un brahme a quatre femmes, appartenant aux quatre castes, et qu'il a eu des fils de chacune d'elles, le partage doit se faire de la manière suivante :

« L'esclave qui conduit le labourage, le taureau étalon, le char de la divinité, les bijoux, la maison paternelle sont reçus par le fils de la brahmine à titre de prélèvement.

« Le restant de la succession, étant mis en masse, il prendra encore trois quarts de la succession, le fils de la femme kchatria prendra deux parts, le fils de la vaysia une part et demie, le fils de la soudra une part, si ses frères veulent la lui donner[1].

« S'il n'y a pas de prélèvement, la succession doit être divisée par un homme expert dans la loi en dix parties égales. Le partage se fera alors comme suit :

« Le fils de la brahmine prendra quatre parts, le fils de la kchatria trois, le fils de la vaysia deux, le fils de la soudra une, avec le consentement de ses frères.

« Le fils d'une soudra et d'un père brahme, xchatria ou vaysia n'a pas droit à l'héritage ; si cependant, de son vivant, son père lui a donné quelque chose, cela reste sa propriété ; mais, en aucun cas, il

---

1. Le soudra est de la caste des serviteurs, presque un esclave, et l'enfant, dans l'Inde, suit la condition de la mère.

ne peut recevoir plus du dixième de la succession, quand même il serait seul fils.

« Mais tous les fils de dwidjas, nés de mère appartenant à la caste brahma, ont droit à une part égale, après avoir donné aux deux aînés leur prélèvement.

« Un soudra ne peut épouser que des femmes de sa caste : le partage alors, y eût-il cent fils, se fait par parts égales.

« D'après le présent code de Manou, il y a douze espèces de fils, dont six sont parents et jouissent du droit d'héritage, et six qui sont parents, mais n'héritent pas.

« 1° Le fils d'un mariage légitime, 2° le fils de la femme autorisée à concevoir d'un autre selon le mode prescrit, 3° le fils reçu du mariage de sa fille, d'après les paroles consacrées, 4° le fils adopté, 5° le fils né secrètement mais dont la faute de la mère n'est pas prouvée, 6° l'enfant trouvé et que les dieux commandent d'élever, sont les six fils parents et héritiers.

« 1° Le fils d'une fille non mariée, 2° celui d'une femme déjà enceinte au moment de son mariage, 3° un fils acheté, 4° le fils d'une femme répudiée, 5° le fils qui s'est donné lui-même en l'absence de parents naturels, 6° le fils d'une soudra sont parents, mais n'héritent pas.

« L'homme qui quitte cette terre en ne laissant que des fils de la seconde catégorie pour accomplir les cérémonies funéraires, ressemble à celui qui traverse un fleuve dans une barque trouée.

« Les fils légitimes ont seuls droit à la succession de leur père, seulement il leur est enjoint de subvenir aux besoins de leurs autres frères.

« Dans l'ordre qui a été indiqué pour les six fils qui héritent, celui qui précède exclut tous ceux qui suivent; chacun n'hérite que dans son rang à défaut d'un frère de rang supérieur.

« Celui qui occupe toujours le premier rang est le fils né d'un homme et d'une femme légitimement unis; il est dit né des flancs de son père et de sa mère.

« Le fils conçu avec un autre suivant l'autorisation légale, par la femme d'un impuissant, d'un malade ou d'un mort, reçoit le nom de fils de la femme.

« Le fils adopté est celui qui est donné par son père et par sa mère naturels à un homme qui n'a point d'enfant mâle, en invoquant les dieux des eaux et leur faisant une libation propice. Ne peut être adopté que l'enfant qui est de la même caste que l'adoptant.

« Ce fils accepté par un homme de la même caste que lui, qui est doué de qualités estimables et connaît ses devoirs funéraires, est appelé fils adopté.

« L'enfant qui naît secrètement dans une maison, sans qu'on sache qui est le vrai père, appartient au mari de la mère.

« Si un enfant abandonné est recueilli par un homme et, qu'après certains présages faisant connaître la volonté des dieux, ce dernier déclare vouloir l'élever comme son fils, l'enfant est dit *fils trouvé*.

« Si une fille met au monde un fils dans la maison de son père sans que le mariage s'ensuive avec le séducteur, l'enfant est dit fils d'une fille.

« Si une fille enceinte se marie, qu'elle avoue ou non sa grossesse, l'enfant qui naîtra sera dit accepté avec la mère, et il sera le fils du mari.

« Si un homme sans enfants en reçoit un de parents de la même caste que lui, moyennant une gratification, l'enfant est dit fils acheté.

« L'enfant d'une femme répudiée ou veuve, qui a pris un autre époux, est dit fils d'une remariée.

« Si la femme a été répudiée vierge et que, vierge encore, elle soit reprise par son mari, on doit accomplir de nouveau les cérémonies nuptiales.

« L'enfant qui se donne après la mort de son père et de sa mère, ou parce qu'il a été abandonné d'eux, est dit fils qui s'est donné.

« Si un brahme adonné à la débauche procrée un

enfant avec une femme de la caste vile ou esclave, l'enfant est dit fils d'un dégradé.

« Le fils d'un soudra et d'une femme esclave peut recevoir une part d'héritage si ses frères légitimes y consentent, telle est la loi.

« Les onze fils qui viennent d'être énumérés ont été reconnus par la loi, en l'absence d'un fils légitime, pour la perpétuité des cérémonies funéraires.

« Si parmi plusieurs frères il en est un qui ait un fils, Manou a déclaré que ce fils pouvait accomplir les cérémonies funéraires pour tous ses oncles ; ce fils alors hérite d'eux comme de son père.

« Si parmi plusieurs femmes qui ont le même époux, une seule a produit un enfant mâle, toutes doivent pareillement le considérer comme leur fils.

« Les fils seuls héritent de leur père et de leur mère, mais l'héritage d'un homme qui meurt sans enfants retourne à son père, à sa mère et à ses frères.

« Chaque héritier mâle doit offrir les libations d'eaux et les gâteaux funéraires à trois ancêtres ; il est le quatrième dans la ligne descendante, le cinquième ne peut participer aux cérémonies qu'après la mort du quatrième.

« Les collatéraux n'héritent qu'à défaut d'héritiers directs ; à défaut de collatéraux, les parents éloignés participent à l'héritage, ou bien encore le précepteur hérite de son élève ou l'élève de son précepteur.

« S'il n'existe aucun de ces héritiers, que des brahmes versés dans la connaissance de la sainte Écriture et parfaitement vertueux héritent pour la perpétuité des cérémonies funéraires.

« Ce qui appartient aux brahmes ne peut jamais accroître au domaine du roi, mais dans les autres castes, en l'absence de tout héritier, l'héritage revient au roi.

« Si une veuve sans enfants met au monde un fils avec un parent de son mari défunt, l'héritage de son mari revient à ce fils, chargé d'offrir les pindhas funèbres.

« S'il existe deux fils de la même mère, mais de maris différents, que chacun prenne exclusivement l'héritage de son père.

« A la mort de leur mère, tous les frères et sœurs utérins ont droit à une part égale de sa succession.

« Plusieurs sources contribuent à accroître le patrimoine de la femme : les présents donnés devant le feu de l'hymen, ceux qu'elle reçoit quand elle se rend au domicile conjugal, et ce qui lui est donné par son père, sa mère et ses frères.

« Les présents qu'elle reçoit pendant le mariage de

ses parents ou de son mari appartiennent à ses enfants, même avant la mort du père.

« Tous les biens d'une femme qui meurt sans enfants et qui a été mariée suivant les modes de Brahma, des dieux, des saints, des musiciens célestes ou des pradjapatis, reviennent à son mari.

« Mais la fortune de celle qui a été mariée selon les autres modes revient à son père et à sa mère si elle meurt sans enfants.

« Lorsqu'une femme de caste inférieure est mariée à un brahme qui a d'autres femmes de sa caste, tout le bien de cette femme, si elle meurt sans enfants, doit revenir aux enfants des brahmines.

« La femme ne prélève rien sur les biens de son mari ou de ses parents, à moins qu'elle n'y ait été autorisée par eux.

« Les bijoux et autres objets de toilette à l'usage des femmes ne doivent pas être compris dans le partage par les héritiers, sous peine de dégradation.

« Les hommes chassés à cause de la peste, les eunuques, les fous, les aveugles, les sourds, les muets, les estropiés n'ont pas part à l'héritage, mais leurs parents sont tenus, sous peine d'infamie, de pourvoir à tous leurs besoins.

« Les enfants de ces incapables, venus en légitime mariage, avec commission pour la femme de concevoir d'un autre, peuvent hériter.

« Après le décès du père de famille, si les enfants vivent en communauté, tout ce que le frère aîné amasse par son travail, accroît au patrimoine commun pendant tout le temps d'étude des plus jeunes frères.

« Le temps d'étude accompli, que les frères gardent chacun pour eux leurs bénéfices personnels, puisque ces biens ne viennent pas du père, telle est la loi.

« Les biens acquis par le travail, une chose donnée par un ami, un parent, à cause d'un mariage ou par affection, appartiennent à ceux qui les reçoivent.

« Si un frère a amassé de grands biens par son industrie, il fera bien de renoncer à sa part dans la succession de son père au profit de ses frères moins fortunés; qu'on lui donne néanmoins un présent.

« Tout ce qu'un frère amasse, sans employer pour cela les biens de la famille, ne doit pas malgré lui entrer dans le partage, puisque lui seul l'a gagné.

« Lorsqu'un père amasse quelque chose en dehors du bien des ancêtres, et sans se servir de ce bien, il n'est pas tenu de le laisser à ses enfants, il a la libre disposition de ce qu'il a seul acquis.

« Si, après avoir vécu en communauté, et s'être

ensuite séparés, des frères mettent de nouveau leurs biens en commun, à l'époque du second partage toutes les parts seront égales, le droit de l'aîné a été épuisé dans le premier partage.

« Si un frère vient à mourir ou embrasse la vie cénobitique, que ses autres frères, et à leur défaut ses frères et sœurs utérins, se divisent sa part entre eux.

« Si un frère aîné cherche à tromper ses frères dans le partage, qu'il soit privé de son droit d'aînesse par le roi et frappé d'une amende.

« Le frère adonné à des vices brutaux doit être privé de sa part; que l'aîné la partage entre les plus jeunes de ses frères.

« Si le père fait le partage de son vivant, et qu'un enfant naisse après le partage, chaque frère donnera sur son bien une part proportionnelle au nombre d'enfants.

« Les dettes et les biens étant ainsi distribués selon les prescriptions légales, tout ce qui n'aurait pas été compris dans le partage doit être distribué dans la même proportion.

« Les voitures, les vêtements et tous les objets dont chaque frère se servait, la provision hebdomadaire de riz, les esclaves femelles attachées au service de chacun, le chapelain de la famille, n'entrent pas dans le partage.

« Les règles des héritages entre parents viennent d'être énumérées, apprenons maintenant la loi qui concerne les jeux de hasard.

« Le roi qui ne veut pas perdre son royaume doit défendre ces deux abominables pratiques, causes de toutes les ruines, les jeux de hasard et les paris[1].

« Le roi doit faire tous ses efforts pour extirper ces deux plaies, les jeux de hasard et les paris doivent être punis comme le vol.

« Les jeux de hasard sont ceux pour lesquels on emploie des dés ou des osselets, les paris ont lieu sur des combats d'animaux qu'on excite.

« Quiconque joue, parie ou fait jouer et parier, doit recevoir le même châtiment corporel que celui infligé au soudra qui porte les signes distinctifs du brahme.

« Les joueurs, danseurs, chanteurs, charlatans, les contempteurs de la sainte Écriture, ceux qui cherchent à s'élever au-dessus de leur caste, les débitants de liqueurs fermentées, doivent être bannis du royaume.

« Lorsque cette race d'hommes se multiplie dans un royaume, elle pervertit les hommes vertueux.

« Dès les temps les plus anciens, le jeu a été re-

---

1. Mêmes prescriptions dans nos codes.

gardé comme engendrant la haine et toutes les mauvaises passions, c'est pour cela que les sages le défendent même comme distraction.

« Donc, que tout homme surpris à jouer en public ou dans l'intérieur de sa demeure, soit puni par le roi.

« Les hommes des trois castes : kchatria, vaysia et soudra, qui ne pourront acquitter l'amende qui leur a été imposée, devront la payer par leur travail, le brahme ne payera que peu à peu.

« Que la peine corporelle qui doit être infligée par le roi, aux femmes, aux enfants, aux fous, aux vieillards, aux pauvres et aux infirmes, soit légère, avec le fouet, une petite tige de bambou ou une petite corde.

« Que tous les ministres qui ne considèrent leur position que comme un moyen d'amasser des richesses et de ruiner leurs ennemis, aient leurs biens confisqués par le roi.

« Que le roi frappe de mort ceux qui rendent de fausses ordonnances, qui tuent des brahmes, des femmes ou des enfants, ou qui s'entendent avec ses ennemis.

« Tout procès qui a été jugé une fois, et où toutes les prescriptions de la loi ont été observées, ne doit plus être recommencé.

« Mais quand une affaire a été injustement décidée par un ministre ou un juge, que le roi n'hésite pas à examiner de nouveau l'affaire, et à condamner les prévaricateurs à une amende.

« Le meurtrier d'un brahme, celui qui boit des liqueurs spiritueuses, celui qui séduit la femme de son directeur spirituel, sont considérés comme les plus grands coupables.

« Après l'expiation prescrite, que le roi inflige à ces hommes la mort ou tout autre châtiment corporel.

« Ou bien que sur le front de celui qui a souillé la maison de son directeur spirituel, l'image des parties naturelles d'une femme soit marquée avec un fer rouge, sur le front de celui qui a bu des liqueurs spiritueuses la marque de l'instrument du distillateur, pour vol d'or la patte d'un chien, pour meurtre d'un brahme le corps d'un homme sans tête.

« On ne doit ni manger, ni sacrifier, ni étudier, ni se marier avec de pareilles gens ; qu'ils soient errants sur la terre, exclus de toutes castes.

« Tous ceux qui portent au front ou à l'épaule les marques de la flétrissure, doivent être abandonnés de leurs parents, de leurs amis ; que nul ne leur présente l'eau, le riz et le feu. Telle est la loi édictée par Manou.

« Mais les criminels, à quelque caste qu'ils appartiennent, s'ils ont été admis à l'expiation par la purification religieuse, ne seront pas marqués; qu'ils soient condamnés par le roi à la plus forte amende.

« Si le coupable est un brahme, qu'on lui inflige une amende moyenne, ou qu'on le bannisse du royaume en lui laissant emmener ses biens et sa famille.

« Les coupables des autres castes doivent, suivant les cas, perdre tous leurs biens, et même, en cas de préméditation, être mis à mort.

« Un roi vraiment juste ne doit pas s'approprier les biens des coupables qu'il condamne, la cupidité pourrait le rendre criminel lui-même. Qu'il les emploie en aumônes, ou les donne aux brahmes instruits dans le Véda.

« Qu'il offre à Varouna, le seigneur du châtiment, tous ces biens confisqués, et qu'il en assiste les brahmes pauvres, les pèlerins, les infirmes et les femmes sans père, sans mari, sans enfants.

« Quand un roi ne prend pas pour lui les biens des coupables, une ère de prospérité se répand constamment sur son royaume.

« Les moissons poussent abondamment et arrivent à maturité, les enfants en bas âge ne sont pas saisis par l'esprit de la mort, les femmes ne font pas d'estropiés.

« Quand un homme de caste vile insulte les brahmes, que le roi lui inflige un châtiment corporel en proportion avec son crime.

« Que le roi se garde de frapper un innocent et de laisser échapper un coupable; la justice n'est que l'application de la loi, égale pour tous.

« Le roi qui connaît ses devoirs doit s'appliquer à gouverner d'après la loi, non-seulement son propre royaume, mais encore les pays qu'il a conquis.

« Établi dans une contrée fertile, ses places fortes bien approvisionnées suivant les données de l'art militaire, qu'il emploie les loisirs des officiers à poursuivre le mal.

« C'est ainsi, en protégeant les gens de bien et en châtiant sans relâche les coupables, qu'un roi parvient au séjour immortel.

« Le roi qui ne s'inquiète que de percevoir les impôts et de vaquer à ses plaisirs et qui ne réprime pas les méchants, voit bientôt le mal envahir son royaume, et lui-même sera exclu du swarga (ciel).

« Le royaume dont le souverain s'occupe sans cesse, jouit de la paix et prospère comme un arbre que l'on émonde et que l'on arrose sans cesse.

« Le roi doit savoir qu'il y a deux espèces de voleurs qu'il doit poursuivre sans relâche : ceux qui volent ouvertement et ceux qui affectent des airs honnêtes pour tromper plus facilement.

« Il y a des voleurs qui trompent le public en le

trompant sur la qualité des choses qu'ils lui vendent, d'autres qui s'introduisent furtivement dans les habitations, d'autres qui hantent les forêts et autres lieux déserts.

« Il est une foule d'autres gens qui, sous de trompeuses apparences, abusent du public sous mille formes ; que le roi apprenne à les distinguer, car, fort souvent, ils prennent figure d'honnêtes gens.

« Ce sont ceux qui s'insinuent dans la confiance d'autrui par des présents, les faussaires, ceux qui font des menaces secrètes pour recevoir de l'argent, les joueurs, ceux qui disent la bonne aventure, les chiromanciens, tous faux honnêtes gens.

« Les chasseurs d'éléphants, les charlatans, qui promettent une foule de choses fausses, ceux qui veulent se faire passer comme appartenant à des classes plus élevées que la leur, les courtisanes.

« Que le roi s'applique à découvrir ces gens, par des émissaires déguisés, et qu'il leur inflige le châtiment que méritent leurs crimes.

« Comment serait-il possible, sans des peines sévères, de réprimer les attaques ouvertes ou cachées de toutes les méchantes gens qui abondent en ce monde.

« Les rues très passagères, les abords des fontaines et des puits, les boutiques où se débitent les galettes de riz et les friandises du miel, les lieux de débauches, les lieux où l'on extrait le jus du palmier et où l'on fabrique la liqueur de riz fermenté, les bains publics, les carrefours, les petits bois qui avoisinent les villes, les lieux où se célèbrent des fêtes ;

« Les jardins royaux dont l'entrée est permise, les forêts, les maisons des gens de basse caste, les habitations abandonnées,

« Tous ces lieux doivent être constamment surveillés par des rondes de soldats et des émissaires secrets.

« Que ces émissaires soient surtout choisis parmi les anciens voleurs qui ont reçu leur grâce à cet effet, et qui se joignant avec leurs compagnons les font prendre facilement.

« Quand à l'aide de moyens connus d'eux, soit un repas offert, soit une visite à un astrologue, pour la nécessité de leurs projets ou tout autre, ces espions ont réuni une bande de voleurs, que le roi n'hésite pas à s'emparer d'eux et à les mettre à mort avec tous ceux de leurs parents qui leur servent de complices.

« Que le roi ne prononce pas la peine de mort, si le voleur n'est pas pris avec la preuve de son vol; mais si on le saisit avec les instruments qui lui ont servi à commettre son crime, et les objets qu'il a dérobés, qu'on le fasse mourir impitoyablement.

« Soient punis de la même peine, tous ceux qui

donnent asile aux voleurs ou leur fournissent les moyens de commettre leurs méfaits.

« Si les gardiens des villages attaqués par les voleurs, ou ceux qui sont voisins des villages attaqués, ne portent pas secours, ils doivent être sur-le-champ punis par le roi comme complices, qu'ils soient bannis sans privation de leurs biens.

« Que le roi applique le même supplice à ceux qui dérobent le trésor de l'État, qu'à ceux qui refusent de se soumettre à la loi, et qu'à ceux qui entretiennent des intelligences avec l'ennemi.

« Si des malfaiteurs se rendent coupables de vol en trouant le mur d'une maison, pendant la nuit, que le roi leur fasse couper les mains, et empaler sur une lance.

« Que le roi fasse trancher les deux premiers doigts de la main à ceux qui coupent les nœuds, (les Indous portent leur argent dans le coin d'un foulard, ou d'une des pièces de mousseline de leur vêtement), s'ils sont pris une seconde fois, qu'ils aient un pied et une main coupés, qu'ils soient condamnés à mort à la troisième fois.

« Tous ceux qui volent dans les temples, s'emparent des objets du culte, des éléphants et des choses sacrées doivent être impitoyablement mis à mort.

« Celui qui rompt la digue d'un étang, condamnant ainsi à la disette tout un district, doit être noyé, ou avoir la tête tranchée, s'il ne répare pas son dommage avec une forte amende.

« Celui qui détourne les eaux d'un étang ou d'un ruisseau, aux heures où il n'y a pas droit, doit être condamné à une forte amende.

« Quiconque jette des immondices sur les routes royales, hors le cas de force majeure, doit être condamné à les enlever et à payer l'amende.

« Tous les médecins et chirurgiens qui causent de graves accidents ou occasionnent la mort par leur faute doivent, dans le premier cas, payer l'amende, et dans le second être interdits de leurs fonctions.

« S'il s'agit de ceux qui soignent les animaux, qu'ils soient simplement obligés de payer l'amende au premier degré.

« Quiconque détériore un pont, une borne, une clôture, est tenu à la réparation et payera l'amende.

« Celui qui brise les statues des dieux doit mourir.

« Celui qui mêle des marchandises avariées à des marchandises de bonne qualité, et vend des pierreries et des perles fausses au prix des bonnes, doit subir l'amende.

« Celui qui vend la même marchandise un prix différent aux uns et aux autres, et, pour le même prix, des marchandises bonnes ou mauvaises, doit payer l'amende.

« Que le roi fasse travailler les malfaiteurs, sur les routes et autres chemins publics, afin que chacun soit témoin de leur châtiment.

« Que quiconque détériore un objet du domaine public, murs, portes et fossés des villes et des villages, soit banni.

« Quiconque se rend coupable de maléfice et de conjurations magiques, dans le but de faire mourir quelqu'un, doit être condamné à l'amende si les conjurations ne réussissent pas, dans le cas contraire, la peine des meurtriers doit être appliquée.

« Celui qui vend du riz et autres grains avariés, ou qui cache de mauvais grains sous une couche de bonne, ou qui renverse les limites d'un héritage, doit être marqué à la figure.

« Le plus détestable de tous les fripons est l'ouvrier à qui l'on donne de l'or pour le travailler, et qui au lieu d'or rend un autre métal, qu'il ait la main droite coupée.

« Celui qui soustrait des armes, des médicaments, des instruments d'agriculture, qui sont dits *les trois choses* parce que ces trois objets défendent et conservent la vie, doit recevoir un châtiment proportionné à son vol.

« Un royaume se compose du roi, de son conseil de sa capitale, de son territoire, de son armée, de ses alliés, de son trésor, c'est pour cela qu'il est appelé saptânga (composé de sept membres.)

« De tous les membres qui composent un royaume celui dont la perte serait la plus terrible serait le roi.

« Le roi dépasse tous les autres membres en qualités et splendeurs, il a la prééminence sur tous.

« Le premier devoir d'un roi est de s'occuper sans cesse des affaires publiques, d'accroître sa puissance et de diminuer celle de ses ennemis.

« Qu'il considère tous les maux, tous les désordres qui fondent sur les royaumes par l'indécision des rois, et qu'il exécute énergiquement tous ses projets après les avoir mûrement combinés.

« Qu'il ne se décourage jamais et poursuive ses desseins avec persistance, la réussite est aux audacieux et aux persévérants.

« Les quatre âges Crita, Treta, Dwapara et Caliyouga sont le résultat des qualités d'un roi habile.

« Quand il pratique le bien et rend ses sujets heureux, on dit qu'il renouvelle l'âge Crita ou âge du bien ; quand il agit avec courage, il renouvelle l'âge Treta ; lorsqu'il est plein de mollesse, c'est l'âge Dwapara qui domine ; lorsqu'il laisse sommeiller la justice, c'est l'âge du mal ou âge Cali qui gouverne ses États.

« Par sa conduite, un roi doit ressembler à Indra, le dieu des sphères célestes, à Sourya, le soleil, à Vayou, le vent, à Yama, le juge des enfers, à Varouna, qui châtie le crime, à Tchoudra qui préside à la lune, à Agni le feu, à Prithivi la terre.

« Pendant la saison des pluies, Indra verse sur la terre les eaux bienfaisantes du ciel, que le roi à son image, répande ses bienfaits comme une pluie sur ses sujets.

« Ainsi que pendant la saison d'été, Aditza attire à lui, par sa chaleur, l'eau de la mer et des fleuves, que le roi attire à lui toutes les prospérités pour les verser sur son royaume.

« Ainsi que Vayou le vent circule dans l'univers et pénètre partout, que le roi, par lui, ses ministres et ses émissaires, pénètre partout pour y porter l'abondance.

« Ainsi que Yama qui, après la mort, tient une balance égale pour la punition, entre le juste et le méchant, que le roi, dans ses jugements, soit équitable pour tous.

« Ainsi que Varouna frappe sans pitié le coupable, que le roi sans faiblir fasse justice des méchants,

« Quand les sujets d'un roi le regardent comme Tchoudra, le régent de la lune, c'est un prince vraiment juste.

« Énergique, mais juste envers les coupables,

sévère pour tous les ministres qui se rendent indignes de sa confiance, le roi sera l'image d'Agni, le feu.

« Ainsi que Prithivi, la terre, porte tous les êtres avec un même amour, le roi doit soutenir tous ses sujets.

« Quelles que soient les nécessités de dépenses, dans la paix ou la guerre, que le roi se garde de toucher aux richesses des brahmes, il serait anéanti sur-le-champ avec tous les siens.

« Quiconque touche à ceux qui sont les maîtres du feu céleste qui détruit tout, de l'Océan qui peut tout couvrir de ses eaux, et de la lumière de la lune qu'ils créent et éteignent tour à tour, sera anéanti.

« Nul roi ne pourrait prospérer en molestant les saints brahmes, qui ont le pouvoir de former des mondes, d'envoyer les hommes dans les sphères célestes et de faire descendre les hommes sur la terre.

« Qui donc pourrait vivre en ce monde, en méprisant les personnages vénérés, issus des dieux, par qui ce monde se transforme et se conserve, et qui sont les gardiens de la science divine.

« Qu'il sache ou ne sache pas les secrets des choses, un brahme est toujours sacré, ainsi que le feu qui, consacré ou non, est toujours une émanation des dieux.

« Le feu, le feu pur, n'est même pas souillé par le cadavre des morts, et son éclat est aussi vif que lorsque dans les sacrifices on l'active avec du beurre clarifié.

« Quand même un brahme descendrait jusqu'à s'occuper de choses viles, qu'il soit toujours honoré, car ce qui est divin en lui ne peut jamais s'effacer.

« Si un roi se permettait la moindre injure à l'égard d'un brahme, il en serait immédiatement puni, que le roi n'oublie pas qu'il tire toute sa puissance du brahme.

« Le feu procède de l'eau, la caste royale de la caste sacerdotale, le fer de la pierre, et le pouvoir de ces trois choses ne peut s'assurer contre ce qui les a produits.

« Les rois ne peuvent rien sans les brahmes, aussi les rois doivent-ils respecter et faire respecter les brahmes, le monde est heureux par l'union de ces deux castes.

« Lorsque le roi sent qu'il approche de la transformation suprême, qu'il fasse d'abondantes largesses aux brahmes, qu'il leur abandonne le produit des amendes, qu'il agrandisse leurs biens, avec ce qui lui provient de la conquête, et qu'il désigne son fils pour son héritier.

« Puis qu'il aille se faire tuer dans une bataille ou se retirer dans la forêt pour y finir dans la contemplation, tels sont les deux morts dignes des rois.

« Le roi n'a d'autre but sur la terre, que le bonheur de ses sujets, c'est pour l'accomplissement de ceci, et le règne de la justice qu'il a été créé, malheur aux ministres pervers qui le détournent de cette voie.

« Tels sont les devoirs des rois, tels qu'ils ont été établis par la swriti et la srouti (tradition et révélation) depuis les temps primitifs. Voici maintenant les devoirs des castes vaysias et soudras.

« Le vaysia, quand il a reçu l'investiture de l'oupanayana (cordon sacré) et après s'être marié pour payer la dette des ancêtres, doit vaquer avec soin aux occupations dévolues à sa caste, qui sont de faire le commerce, de cultiver la terre et d'élever les bestiaux.

« Ainsi que toute la race humaine est protégée par les brahmes et les kchatrias, l'être existant par lui-même mit tous les animaux sous l'autorité du vaysia.

« Un vaysia ne doit jamais dire : « Qu'un autre s'occupe des bestiaux je ne veux plus en avoir soin ! », car nul autre que lui n'a reçu la charge de les élever et de les conduire.

« Qu'il connaisse parfaitement, les prix les plus bas et les prix les plus élevés des pierres précieuses, des perles, du corail, de l'or, et de tous les métaux, des tissus, des parfums et des épices.

« Qu'il sache comment il faut labourer et ensemencer les champs, et connaisse la qualité de la terre, ainsi que les moyens de peser et de mesurer.

« Qu'il se renseigne exactement de tout ce qui constitue les qualités bonnes ou mauvaises des marchandises, qu'il connaisse les lieux de production, ainsi que les pertes et les bénéfices qu'il peut réaliser sur la vente de ses bestiaux.

« Qu'il sache quels gages il faut donner aux domestiques, et connaisse les différents langages des gens qu'il emploie, comment il faut préserver les marchandises de toute atteinte et en général tout ce qui concerne l'achat et la vente.

« Qu'il s'emploie par-dessus tout à augmenter sa fortune honnêtement, car c'est lui seul qui enrichit l'État par l'impôt. Qu'il veille à la nourriture de tous les êtres animés.

« Le soudra n'a d'autre devoir à remplir que d'obéir avec empressement aux brahmes, l'obéissance à cette caste élevée, gardienne de la sainte Écriture, et renommée pour ses vertus, le rend heureux.

« Le soudra, qui sert respectueusement les castes supérieures, qui est humble et prévenant, et qui spécialement sert les brahmes, obtient une migration plus élevée.

« Tels sont les devoirs prescrits aux quatre classes. »

LIVRE IX.

LIVRE DES ROIS ET DES JUGES.

« Lorsque le roi doit examiner les affaires judiciaires, qu'il se rende au lieu de justice dans un maintien grave et réservé, en compagnie de brahmes savants dans la loi, et de conseillers expérimentés.

« Assis ou debout, levant la main droite à la manière des dieux, et sévèrement vêtu, qu'il étudie les affaires soumises à son jugement.

« Qu'il examine tous les jours chacune à tour de rôle et décide par les coutumes particulières à chaque lieu et par le code des lois.

« Les différentes causes qui font surgir les contestations ordinaires des hommes sont rangées sous ces dix-huit titres :

« La dette, — le dépôt, — la vente, — la cession d'un objet sans droit, — les sociétés commerciales, — le non-payement du gage et du salaire,

« Le refus d'exécution des conventions, — l'annulation d'une vente ou d'un achat, la répétition d'une chose donnée, — les discussions entre maîtres et salariés,

« Les lois sur les limites des héritages, — les mauvais traitements et les injures, — le vol, — le brigandage et les violences, l'adultère,

« Les devoirs de la femme et de l'homme dans le mariage, — le partage des successions, — le jeu et les combats d'animaux, le pari.

« Toutes les causes de discussion des hommes peuvent rentrer sous ces titres principaux. Que le roi juge ces affaires en n'ayant égard qu'à l'éternelle justice.

« Si le roi désire ne pas rendre la justice lui-même, qu'il délègue un brahme savant dans la loi pour le remplacer.

« Le brahme ne peut rendre de sentence sur les affaires soumises à la justice du roi qu'accompagné de trois assesseurs. Qu'ils siégent au lieu de justice assis ou debout.

« Quel que soit le lieu où siégent trois brahmes connaissant le Véda, présidé par un brahme délégué du roi, cette assemblée est appelée par les pundits le tribunal de Brahma.

« Lorsque la justice lésée par l'injustice se présente devant ce tribunal, si les brahmes ne pansent point sa blessure, ils sont considérés comme l'ayant faite eux-mêmes.

« Que celui qui n'est point mû par l'amour de la vérité fuie les abords du tribunal, de même celui qui se tait quand il sait; car celui qui ne parle pas, sachant, est aussi coupable que celui qui ment.

« Partout où le mal triomphe du bien et le faux du vrai, sans que les juges y portent remède, ces derniers doivent être chassés.

« La justice punit quand on lui porte atteinte, mais elle protége quand on la respecte. Il faut se garder de blesser la justice de peur d'être frappé par elle.

« Le symbole de la justice est le taureau, celui qui lui manque reçoit des pundits le nom d'ennemi du taureau. Ne manquez donc pas à la justice.

« La justice est le seul bien qui accompagne l'âme des hommes après la mort, tous les autres sont détruits avec le corps.

« Quand la sentence injuste est rendue, une part égale dans l'action mauvaise revient à tous ceux qui y ont pris part, celle des parties qui a trompé, les faux témoins, les juges et le roi.

« Quand la sentence est juste, le roi est glorifié, les juges sont honorés, le coupable seul supporte sa faute.

« A défaut d'un brahme, le prince peut choisir pour le remplacer un xchatria ou un vaysia, recommandables par leur savoir, mais jamais un homme de la classe servile.

« Si un roi permettait à un esclave de rendre des sentences, son royaume serait dans la même situation qu'une vache dans un bourbier.

« Un pays dépourvu de brahmes et habité seulement par des esclaves et des athées, serait bientôt détruit par la famine et les plus affreuses maladies.

« Placé sur un siége convenable, simplement vêtu, et après avoir rendu hommage aux dieux, que le juge prête son attention aux causes portées devant lui.

« Sans considérer ce qui peut être profitable ou nuisible à tel ou tel, qu'il ne s'applique qu'à reconnaître ce qui est légal ou illégal, et qu'il décide des causes suivant les droits de chaque partie.

« Qu'il étudie les secrètes pensées de ceux qui se présentent devant lui, par les inflexions de la parole, les regards, les gestes, le maintien et les signes du visage. L'extérieur est le miroir de l'intérieur.

« L'héritage des orphelinats est sous la garde du roi, jusqu'à ce qu'ils soient sortis de l'enfance, et aient acquis la libre disposition de leurs biens.

« La même protection s'étend sur des femmes privées d'enfants par stérilité, sur celles qui n'ont pu se marier pour cause d'infirmités, sur celles dont le mari est absent et qui sont de bonne conduite.

« Quiconque, même les parents, qui cherche à spolier ces femmes de ce qui leur est dû légitimement, doit être traité comme un voleur.

« Lorsqu'un objet perdu n'est pas réclamé, il doit être annoncé et conservé en dépôt par les gens au service du roi pendant trois ans. Si après trois ans le propriétaire n'est pas venu le reprendre, l'objet accroît au domaine du roi, s'il a été trouvé par lui ou des gens de sa maison [1].

« Si quelqu'un dit : l'objet annoncé est à moi, il faut qu'il décrive l'objet, en indique la valeur, et nomme le jour et le lieu où il l'a perdu pour qu'il rentre en possession.

« Celui qui n'indique pas le jour, le lieu où il a perdu l'objet, ainsi que sa forme et sa valeur, doit être condamné à une amende égale à ce qu'il réclame indûment.

« Suivant le temps de garde et pour les dépenses occasionnées, les gens du roi peuvent prélever sur l'objet réclamé le douzième, le dixième, le huitième et le sixième de la valeur, mais jamais plus.

« Si l'objet perdu, et confié à la garde de gens

---

1. Ces prescriptions sur les objets perdus ont inspiré non-seulement le droit romain, mais encore les législations modernes.

commis par le roi, est volé par eux, qu'on les fasse fouler aux pieds par un éléphant.

« Si l'objet perdu a été trouvé par une personne autre que celles attachées au roi, après trois années, l'objet est partagé entre cette personne et le roi.

« Lorsqu'un brahme découvre un trésor, qu'il le prenne et le garde en entier, car il est le seigneur de tout ce qui existe.

« Si le roi trouve un trésor lui-même, qu'il le partage avec les brahmes.

« Le roi, parce qu'il commande à la terre, a droit à la moitié de tous les trésors et de tous les métaux qu'elle recèle dans son sein.

« Mais si un bien est enlevé par des voleurs, sous peine d'être voleur lui-même, le roi, qui a pu le faire restituer, doit le rendre à son maître, à quelque caste qu'il appartienne.

« Un roi juste, après avoir examiné le droit des différentes castes, des provinces, des familles, et des compagnies de marchands, doit faire des lois conformes à ces droits et à l'écriture révélée.

« Les hommes qui obéissent aux lois et accomplissent leurs devoirs, sont respectés de tous, quand même ils appartiennent à une caste infime.

« Le roi et les juges doivent considérer comme leur principal devoir, de ne jamais faire de procès et de ne jamais négliger ceux qu'on leur confie.

« Ainsi qu'un chasseur qui rejoint au gîte l'animal qu'il a blessé, en suivant la trace laissée par le sang sur les feuilles, de même c'est par des lois justes qu'il atteint le but de la justice.

« Qu'il observe pour cela les règlements institués par les dwidjas savants et connaissant la loi, s'ils ne sont pas contraires aux coutumes des provinces, des castes et des familles.

« Lorsqu'un créancier réclame le payement d'une dette, il doit faire payer le débiteur, après avoir obtenu du créancier la preuve de la dette.

« Un créancier peut forcer son débiteur à acquitter sa dette par les cinq moyens en usage: par les influences morales, — par procès, — par ruse, — par contrainte, — par violence [1].

---

[1]. Nous empruntons à William Jones, traduisant le commentateur indou Vrihaspati, l'explication de ces modes:

« Par la médiation des amis et des parents, par de douces remontrances, en suivant partout un débiteur ou en se tenant constamment dans sa maison, on peut l'obliger à payer la dette, ce mode de recouvrement est dit conforme au mode moral.

« Lorsqu'un créancier, par ruse, emprunte quelque chose à son débiteur ou retient une chose déposée par lui et le contraint, de cette manière, à payer la dette, ce moyen est appelé une fraude légale.

« Lorsqu'il force le débiteur à payer, en enfermant son

« Le créancier qui force son débiteur à lui rendre ce qu'il lui a prêté, ne peut être blâmé par le roi pour être rentré dans son bien.

« Si quelqu'un nie une dette et que le créancier fasse la preuve, qu'il paye la somme, et soit condamné à une amende proportionnée à ce qu'il possède.

« Si le débiteur nie la dette, que le créancier fasse entendre des témoignages ou se serve de toute autre preuve.

« Celui qui invoque le témoignage d'un homme qui n'était pas présent au prêt, qui avoue et nie en même temps, sans s'apercevoir qu'il se contredit,

« Celui qui modifie ses premières déclarations, qui cherche à embrouiller une affaire claire par elle-même,

« Celui qui s'est entretenu avec les témoins dans un

---

fils, sa femme ou ses bestiaux, ou bien en raillant constamment à sa porte, cela est dit une contrainte légale.

« Lorsque, ayant attaché son débiteur, il l'emmène à sa maison, et que, en le battant ou tout autre moyen analogue, il l'oblige à payer, c'est ce qu'on appelle le mode violent. »

Tous ces modes existaient dans l'ancien droit de Rome et se retrouvent en partie dans notre droit barbare et coutumier.

lieu où il ne devait pas le faire, celui qui refuse de répondre, ou qui quitte le tribunal.

« Celui qui se tait quand on lui ordonne de parler et ne prouve pas sa plainte, qui demande des choses impossibles ou contraires à la morale.

« Ceux qui viennent dire : nous avons des témoins et qui ne les produisent pas, — tous doivent voir leurs demandes repoussées par le juge.

« Si le demandeur ne peut prouver les faits qu'il allègue, qu'il reçoive de par la loi un châtiment corporel, une amende. Si le défendeur ne se présente pas dans le délai de trois fois quinze jours, il est condamné comme n'ayant rien à opposer.

« Celui qui nie une dette, et celui qui réclame avec malice ce qui ne lui est pas dû, doivent être condamnés par le juge à une amende double de la valeur de l'objet dont il s'agit, comme ayant volontairement cherché à tromper.

« Lorsqu'un homme, appelé par son créancier devant un tribunal, nie la dette quand il est interrogé par le juge, trois personnes au moins doivent en déposer devant les sages brahmes délégués par le roi.

« Apprenez maintenant quels sont les témoins que les créanciers doivent, ainsi que les autres demandeurs, invoquer devant la justice, et comment ces témoins doivent faire connaître la vérité.

« Les chefs de famille, les fils arrivés à âge

d'homme[1], à quelque caste qu'ils appartiennent, militaire ou commerçante, sont admis à porter témoignage ; mais, à moins d'absolue nécessité, on ne doit jamais produire un homme de la caste servile.

« On ne doit admettre comme témoins que des hommes recommandables, dignes de confiance, de bonnes mœurs, connaissant leur devoir, et incapables de se laisser corrompre.

« Il faut repousser ceux qui se laissent facilement dominer par l'intérêt, les parents, les amis, les domestiques, les ennemis, les hommes d'une mauvaise foi notoire, et les criminels.

« Le roi ne peut être témoin.

« On ne doit choisir non plus, ni un charlatan, ni un acteur, ni un conteur habile, ni un jeune étudiant, ni un anachorète détaché des biens de ce monde.

« Ni un débiteur de l'une ou de l'autre partie, ni un homme de mauvaise réputation, ni ceux qui exercent des métiers honteux et interdits publiquement, ni un vieillard, ni un enfant, ni un homme de classe mêlée[2], ni un imbécile,

« Ni un malheureux sous le coup d'un violent chagrin, ni un homme ivre, ni un fou, ni un homme

---

1. Seize ans.
2. Tchandalas.

excédé de fatigue ne songeant qu'à manger, boire et se reposer, ni un homme épris d'amour, ni un furieux, ni un voleur.

« Les femmes peuvent témoigner pour les femmes, les anachorètes pour les anachorètes, les pariahs pour les pariahs.

« Quand un événement arrive dans l'intérieur d'une maison, ou au fond d'une forêt, ou s'il s'agit d'un assassinat, quiconque a vu doit déposer.

« On peut dans ce cas recevoir le témoignage d'un enfant, d'un vieillard, d'un jeune étudiant, d'un anachorète, d'un esclave ou d'un domestique,

« Mais jamais d'un ennemi !

« Mais un vieillard, un malade, un enfant, un esclave, peuvent ne point dire la vérité; le juge écoutera leur témoignage, sans être tenu de l'admettre, non plus que celui d'un faible d'esprit.

« Toutes les fois qu'il s'agit de blessures, de viols, d'adultères, de mauvais traitements et d'injures graves, le juge doit admettre facilement la preuve par le témoin.

« Quand il s'agit, au contraire, de dette, de vente, de marchés, surtout si les objets réclamés sont d'une grande valeur, le juge doit se défier des témoignages, et ne motiver sa sentence sur eux qu'avec prudence.

« Le témoignage d'un seul n'existe pas [1].

« Lorsque sur le même fait les témoins sont en désaccord, le juge doit se déclarer pour ceux qui sont les plus honorables. Quand ils sont tous renommés pour leurs qualités, il doit adopter l'avis des dwidjas [2].

« On ne doit déposer que quand on a vu et entendu, et, dans ce cas, le témoignage honnête est une source de prospérités et de richesses.

« Mais celui qui vient devant le tribunal respectable des brahmes témoigner contrairement à ce qu'il a vu et entendu sera après sa mort précipité au fond des enfers et privé du ciel.

« Quand un homme voit et entend une chose blâmable, et qui intéresse la fortune ou l'honneur de son prochain, il agira bien de venir, sans être appelé, raconter ce qu'il a vu et entendu.

« On devrait plutôt admettre le témoignage d'un seul homme pourvu de bonnes qualités, que celui d'un grand nombre de femmes inconstantes.

« Les dépositions faites par les témoins sur d'autres faits que ceux du procès ne doivent pas être reçus par la justice [3].

---

1. De là le vieil adage *Testis unus, testis nullus*.
2. Deux fois nés, qui ont reçu tous les sacrements.
3. Il n'y a pas une de ces règles qui ne domine encore l'économie tout entière de nos codes.

« Lorsque les témoins sont tous réunis au tribunal, en présence des deux parties, le juge, avant de les interroger, leur adresse à chacun les paroles suivantes :

« Déclare la vérité !

« Dis avec franchise tout ce que tu sais dans cette affaire, tout ce qui s'est passé entre les deux parties, car ton témoignage est ici requis.

« Le témoin qui dit la vérité en faisant sa déposition parvient au séjour suprême, et acquiert la plus haute réputation à laquelle un homme puisse parvenir, et sa parole est aimée des dieux.

« Celui au contraire qui fait une fausse déposition redescend dans l'échelle des êtres pendant cent transmigrations. Donc il ne faut dire que la vérité.

« Un témoin se purifie par la vérité, la vérité fait prospérer la justice. Donc il faut dire la vérité.

« L'âme est son propre témoin, l'âme est son juge le plus sévère ; porter faux témoignage, c'est se mépriser soi-même.

« Les méchants disent : Personne ne nous voit ! L'esprit des dieux qui siége en eux est leur témoin constant.

« Les esprits supérieurs auxquels est confiée la garde des cieux, de la terre, des eaux, de la conscience humaine, de la lune, du soleil, du feu, des enfers, des vents, de la nuit, des deux crépuscules et de la justice connaissent les actions de tous les êtres animés[1].

« Déclare la vérité.

« Les séjours de tourments réservés au meurtrier d'un brahme, à l'homme qui tue une femme ou un enfant, à celui qui fait tort à son ami, à celui qui rend le mal pour le bien, sont également destinés au témoin qui fait une déposition fausse.

« Depuis ta naissance, tout le bien que tu as pu faire, ô homme, sera perdu pour toi et passera à des chiens, si tu dis autre chose que la vérité.

« O homme, tandis que tu dis : Je suis seul avec moi-même, dans ton cœur réside sans cesse cet esprit suprême, observateur attentif et silencieux de tout bien et de tout mal.

« Cet esprit qui siége dans ton cœur, c'est un juge sévère, un punisseur inflexible, c'est un dieu ; si tu n'as jamais eu discorde avec lui, tu n'as pas besoin d'aller te purifier dans les eaux du Gange, ni dans les plaines du Courou.

« Nu et chauve, souffrant de la faim et de la soif, privé de la vue, celui qui aura porté un faux témoignage sera réduit à mendier sa nourriture avec une tasse brisée, devant la maison de son ennemi.

---

1. La fable catholique possède les mêmes croyances, sur le rôle des anges et des saints.

« La tête la première, il sera précipité dans les gouffres les plus ténébreux de l'enfer, le scélérat qui, interrogé par les juges, fait une fausse déposition.

« Les dévas pensent qu'il n'y a pas en ce monde d'homme meilleur que celui dont l'âme qui sait tout, n'éprouve aucune inquiétude pendant qu'il fait sa déclaration.

« Apprends maintenant, ô homme, qu'un faux témoin est considéré, dans l'autre monde, comme le meurtrier de ses parents, et voici exactement les différents degrés de culpabilité qu'il parcourt, suivant les choses sur lesquelles il dépose faussement.

« Il est puni, dans les séjours infernaux, comme s'il avait tué cinq de ses parents, pour un faux témoignage sur des bestiaux ; comme s'il en avait tué dix, pour un faux témoignage concernant des vaches ; comme s'il en avait tué cent, pour un faux sur des chevaux ; comme s'il en avait tué mille, pour une fausse déclaration sur des hommes.

« Il est puni par Yama comme un meurtrier de nouveau-nés ou d'enfants prêts de voir le jour, pour une fausse déclaration sur de l'or ; comme un meurtrier de profession, pour un faux relatif à la possession d'une terre. Si tu songes à éviter, après la mort, mille et mille transmigrations dans les animaux impurs, garde-toi de faire une fausse déclaration dans un procès de terre.

« Connaissant tous les dangers auxquels on s'expose après sa mort pour une fausse déposition, dis franchement tout ce que tu sais, tout ce que tu as vu, tout ce que tu as entendu.

« Il est des cas cependant où celui qui sait ne dit point la vérité *pour de pieux motifs*[1]; Il n'est pas exclu pour cela du séjour céleste. Sa déposition est appréciée par les dieux.

« Toutes les fois que la vérité pourrait causer la mort d'un homme des quatre classes, qui s'est rendu coupable par égarement et non par méchanceté, ne pas dire ce qu'on a vu est préférable à la vérité.

« Que dans ce cas le témoin offre à Saraswati[2], déesse qui préside aux paroles, des gâteaux de riz et de lait pour expier son faux témoignage par cette oblation.

« Ou bien qu'il répande dans le feu, suivant le mode consacré, une oblation de beurre clarifié en récitant, dans le *Yadjour-véda*, l'hymne à Varouna qui commence par Oud, ou bien les trois invocations aux trois divinités.

---

1. C'est l'oreille du prêtre qui parait.
2. Femme de Brahma.

« O Saraswati, toi qui purifies le cœur, comblé de nos offrandes, aie pour agréable notre sacrifice, ô toi trésor de la prière. »

(Rig-Veda).

« L'homme qui, n'étant pas malade, ne vient pas après trois fois quinze jours déposer dans un procès pour lequel il a été requis à l'occasion d'une dette, doit être condamné à une amende du dixième de la dette.

« Si, dans les sept jours qui suivent sa déposition, un témoin tombe malade, est atteint par le feu ou l'eau, ou perd un parent, il doit être condamné à une amende [1].

« Lorsque dans une affaire il n'y a pas de témoins ou que les parties n'en invoquent que d'indignes, le juge ne pouvant savoir où est la vérité doit recourir au serment.

« Les maharichis et les dévas ont parfois engagé leur parole pour des affaires entre eux ; Vasichta lui-même prononça un serment terrible devant le fils de Piyavana [2].

« Que l'homme vertueux ne fasse jamais de serment inutile, même pour des choses sans valeur ;

---

1. Ces événements survenus étaient considérés comme une punition du ciel, et on en concluait qu'il n'avait pas fait une déposition parfaitement honnête ; de là l'amende qu'on lui imposait.

2. Viswamitra avait accusé Vasichta devant le roi Soudama, fils de Piyavana, d'avoir mangé cent enfants nouveau-nés.

celui qui abuse du serment est perdu en ce monde et dans l'autre.

« Cependant ce n'est pas un crime que de faire un serment en jouant avec des jeunes filles, des enfants, sa femme ou sa maîtresse, et pourvu que cela ne serve pas à tromper.

« On peut faire un faux serment :

« Pour se procurer la nourriture d'une vache,

« Pour obtenir du feu,

« Pour le salut d'un brahme.

« Le juge doit faire jurer un brahme par sa conscience ; un xchatria par les dieux immortels, par les mânes des ancêtres, par ses éléphants et ses armes ; un vaysia par les pitris — esprits familiers, — par ses vaches, ses grains et son or ; un soudra par les génies du mal [1].

« S'il doute du serment, qu'il fasse marcher dans le feu, ou plonger dans l'eau celui qu'il veut éprouver, ou lui fasse prononcer les invocations les plus torribles sur la tête de sa femme et de ses enfants.

« S'il n'est pas atteint par la flamme, s'il ne surnage pas dans l'eau, s'il ne survient aucun malheur à sa femme et à ses enfants, le serment doit être considéré comme conforme à la vérité.

---

1. Ce sont, à peu de choses près, les formules consacrées à Rome.

« Vatsa, autrefois calomnié par son jeune frère, se soumit à l'épreuve du feu, qui est l'épreuve de toutes les actions, et il en sortit sans qu'un seul de ses cheveux ait été atteint [1].

« Toute affaire décidée sur faux témoignage doit être recommencée par le juge, et tout ce qui a été fait doit être annulé.

« Une déposition faite par cupidité, par crainte, par erreur, par amitié, par envie, par vengeance, par ignorance ou par légèreté est déclarée non valable.

« Voici dans leur ordre l'énumération des peines qu'encourt celui qui fait une fausse déposition pour un des motifs indiqués.

« Par cupidité, qu'il soit condamné à mille panas d'amende; par crainte, à cinq cents panas; par erreur, à deux cent cinquante panas; par amitié, à quatre mille panas;

« Par envie, à dix mille panas; par vengeance, à deux fois dix; par ignorance, à deux cents panas; par légèreté, à cent panas seulement.

« Telles sont les peines édictées par les anciens

---

1. Son frère lui reprochait d'être le fils d'un soudra, il jura que c'était faux et soutint son serment par l'épreuve du feu. Ces épreuves étaient encore en usage au moyen âge sous le nom de jugement de Dieu.

pundits, et sanctionnées par la loi, pour les fausses dépositions, afin qu'on ne s'écarte pas de la justice et pour réprimer le mal.

« Les hommes des trois dernières classes doivent être bannis par un roi vertueux, après qu'ils ont payé l'amende pour un faux témoignage. Le brahme doit être seulement banni.

« Manou Swayambhouva[1], a indiqué les dix parties du corps auxquelles une peine peut être infligée. Mais cela ne s'applique également qu'aux hommes des trois classes. Le brahme ne peut être soumis à un châtiment corporel.

« Ces dix parties sont : les organes de la génération, le ventre, la langue, les deux mains, les deux pieds, l'œil, le nez, les lèvres, les deux oreilles, le corps entier, qui peut être privé de vie.

« Après avoir étudié toutes les circonstances de lieu, de temps qui aggravent le crime, et s'être rendu compte du degré d'intelligence du coupable, que le roi applique le châtiment.

« Une sentence injuste détruit tout bonheur pendant la vie, toute renommée après la mort et ferme le swarga. Qu'un roi se garde donc avec vigilance de toute sentence injuste.

---

1. Issu de l'être existant par lui-même.

« Un roi qui punit les innocents et protége les coupables, se couvre d'ignominies, et descend au plus profond des demeures infernales.

« Qu'il punisse d'abord par une simple réprimande, puis par de sérieux reproches, troisièmement par une amende, et en dernier lieu par des peines corporelles.

« Quand les punitions corporelles ne suffisent pas, il doit les appliquer toutes quatre à la fois.

« Écoutez, maintenant, quelle est la valeur des différents poids de cuivre, d'argent ou d'or, reçus communément par les marchands dans leurs transactions.

« Quand un rayon de soleil passe par une ouverture, la poussière fine que l'on aperçoit est la première quantité appréciable. On la nomme trasarénou.

« Huit trasarénous égaux en poids valent une graine de pavot, trois de ces graines égalent une graine de moutarde noire, et trois de ces dernières une graine de moutarde blanche.

« Six graines de moutarde blanche sont égales à un grain d'orge de moyenne grosseur, trois grains d'orge sont égaux à un crichnala (baie brune de l'abrus precatorius), cinq crichnalas à un mâcha, seize mâchas à un souvarna [1].

---

1. Toute l'alchimie et l'apothicairerie du moyen âge

« Quatre souvarnas d'or font un pala, dix palas un dharana; un mâchaca d'argent vaut deux crichnalas réunis.

« Seize de ces mâchacas d'argent font un dharana ou un pourana d'argent, mais le cárchica de cuivre doit être appelé pana.

« Dix dharanas d'argent sont égaux à un satamâva, et le poids de quatre souvarnas est désigné sous le nom de nichca [1].

« Deux cent cinquante panas sont déclarés être la première amende, cinq cents sont l'amende moyenne et mille panas l'amende la plus élevée. Mais chaque amende peut être infligée au double, au quadruple, au décuple...

« Le débiteur qui reconnaît sa dette ne paye que cinq pour cent d'amende au roi. S'il la nie, le double; tel est le décret de Manou.

« Le créancier qui a reçu un gage, n'a droit qu'à l'intérêt fixé par Vasichta, soit un quatre-vingtième du cent par mois.

« S'il n'a pas de gage, qu'il prenne deux du cent pour intérêt par mois; en prenant cette somme, les gens de bien ne sont pas coupables de gains illicites.

---

compta par grains, et nous disons encore trois grains d'émétique, trois grains d'ellébore, etc.

1. Tous ces poids et monnaies sont de convention pure.

« On doit recevoir deux du cent par mois d'un brahme, trois d'un xchatria, quatre d'un vaysia, cinq d'un soudra, suivant l'ordre des castes.

« Mais si un gage est livré avec autorisation d'en profiter, il n'est pas dû d'autre intérêt pour la somme prêtée, et le gage ne peut être ni donné ni vendu.

« On ne doit pas jouir, sans l'autorisation du propriétaire, du gage déposé. Celui qui en jouit perd l'intérêt, et si l'objet se détériore pendant qu'il en use, il doit payer le prix sous peine d'être traité comme un voleur de gage.

« Un gage ou un dépôt ne peuvent jamais être perdus pour le propriétaire, il doit les recouvrer quel que soit le temps considérable qu'il les ait laissés chez le dépositaire.

« Une vache laitière, un chameau, un cheval de selle, un animal bien dressé au travail, et autres choses, dont le propriétaire permet la jouissance par amitié, ne peuvent pas être perdus pour lui.

« Cependant, quand un propriétaire voit sous ses yeux des personnes jouir d'une chose lui appartenant pendant dix ans sans qu'il la réclame, il en a perdu la possession, à condition qu'il ne soit ni un fou ni un enfant au-dessous de seize ans, et que la jouissance ait eu lieu sans fraude sous ses yeux.

« Un gage, les limites des héritages, le bien d'un enfant, un dépôt ouvert ou scellé, les propriétés des femmes, du roi, des prêtres, ne sont pas perdus parce qu'un autre en a joui.

« L'intérêt d'une somme prêtée, quel que soit le nombre d'années, s'il n'est payé qu'en une seule fois en restituant la somme, ne doit pas dépasser le double de la somme prêtée, à moins qu'il ne s'agisse de grains, de fruits ou de bestiaux ; l'intérêt rendu en une seule fois peut aller, selon le temps qu'a duré le prêt, jusqu'à cinq fois la valeur de la dette.

« L'intérêt qui dépasse le taux légal et qui s'écarte de la règle ci-dessus n'est pas valable, il est dit usuraire par les sages.

« Le prêteur d'argent avec sûreté de son prêt ne doit pas recevoir plus de cinq du cent [1].

« Qu'un prêteur pour peu de temps ne reçoive pas la même proportion d'intérêt pour toute l'année, ni un intérêt illégal, ni l'intérêt des intérêts, ni un intérêt mensuel exagéré, ni un intérêt extorqué à un débiteur dans le malheur, ni un profit de la location d'un gage dont la jouissance lui est personnelle.

« Celui qui ne peut acquitter la dette, et qui veut renouveler le contrat, peut refaire l'écrit en payant l'intérêt dû.

---

1. N'est-il pas curieux de remarquer la parfaite identité de la plupart de ces coutumes et des nôtres ? Toute notre tradition est indo-européenne.

« Mais s'il se trouve dans l'impossibilité de payer l'intérêt, qu'il ajoute au capital, dans le contrat, l'intérêt qu'il ne peut payer.

« Celui qui transporte des marchandises moyennant un salaire débattu d'avance, le lieu et le temps étant bien déterminés, et qui ne remplit pas ces conditions, ne reçoit pas le prix convenu.

« L'homme qui se rend caution d'un débiteur qui ne se présente pas ou ne peut s'acquitter, est tenu de payer la dette de son propre avoir.

« Un fils ne doit pas payer la somme dont son père s'est rendu caution sans raison, ou pour un but immoral [1], ni une dette de jeu, ou pour des liqueurs enivrantes, ou pour une amende.

« Mais si un homme se porte caution, non de la simple comparution du débiteur, mais du payement de la dette, les héritiers sont tenus du payement.

« Voici les cas où l'héritier, après la mort d'un homme qui s'est rendu caution, est tenu de payer la dette au créancier qui la réclame.

« Si la caution a reçu de l'argent du débiteur, ou si le prêt n'a été fait qu'à cause de la caution, l'héritier acquitte la dette aux dépens des biens dont il hérite, telle est la loi.

---

1. A des courtisans ou des musiciens.

(Commentaire de W. Jones.)

« Tout contrat fait par une personne ivre, ou folle, ou entièrement dépendante, par un enfant, ou un vieillard, ou un mandataire non autorisé est de nul effet[1].

« Tout engagement, bien que confirmé par des preuves, n'est valable que s'il n'est pas contraire aux lois, aux coutumes et aux bonnes mœurs[2].

« Lorsqu'un juge aperçoit de la fraude dans un gage, une vente, un don, l'acceptation d'une chose, ou tout autre contrat où il rencontre la fourberie, il doit annuler l'affaire.

« Si l'emprunteur vient à mourir, et que l'argent ait profité à sa propre famille, qu'ils vivent ou non en communauté, les parents sont tenus de la dette sur leur propre avoir.

« Lorsqu'un esclave fait une transaction utile aux intérêts de son maître, absent ou non, ce dernier ne doit pas refuser de la reconnaître.

« Ce qui a été donné par force, possédé par force, écrit par force, a été déclaré nul par Manou, comme toute chose faite par force.

« Qu'un roi, quelque pauvre qu'il soit, ne s'em-

---

1. De même à Rome et dans toutes les législations modernes.
2. Ce principe et ceux qui suivent ont passé presque textuellement dans nos codes.

pare pas de ce qui ne lui appartient pas ; mais aussi, quelque riche qu'il soit, qu'il n'abandonne rien de ce qui lui appartient.

« En prenant ce qui ne lui appartient pas et en refusant ce qui lui revient, le roi fait preuve de faiblesse, et il se perd en ce monde et dans l'autre.

« En conservant ce qui lui appartient, en s'opposant au mélange des castes et en protégeant le faible, le roi accomplit son devoir, et prospère en ce monde et dans l'autre.

« Le roi doit suivre la conduite qu'enseigne Yama, ce juge suprême des hommes, être indifférent à ce qui pourrait lui plaire ou lui déplaire, fuir la colère et réprimer ses passions.

« Le mauvais roi qui rend des sentences injustes devient la proie de ses ennemis.

« Lorsqu'un roi, contenant ses passions, se rend célèbre par l'équité de ses arrêts, les peuples accourent auprès de lui comme les fleuves vers l'Océan.

« Le débiteur peut payer son créancier à l'aide de son travail, s'il est de la même caste ou d'une caste inférieure. Mais s'il est d'une caste supérieure, on doit lui permettre de s'acquitter peu à peu.

« Telles sont les règles que le roi et les juges doivent suivre, pour décider des causes qui surviennent entre les parties, après que les témoignages et autres preuves ont éclairci l'affaire.

« C'est à une personne d'une famille honorable, de bonnes mœurs, connaissant la loi, riche, honnête, de bonne foi, et ayant beaucoup de parents, que l'homme sensé doit confier un dépôt.

« Quelle que soit la nature de l'objet et de quelque manière qu'on le dépose entre les mains d'une personne, on doit reprendre l'objet tel quel et de la même manière. Ainsi déposé, ainsi repris [1].

« Celui qui ne rend pas le dépôt réclamé à la personne qui le lui a confié est interrogé secrètement par le juge.

« Si des témoins n'existent pas, que le juge renvoie l'accusé comme si aucune plainte n'existait contre lui, et, quelque temps après, qu'il lui fasse déposer de l'or par des émissaires de confiance, et âgés de plus de seize ans.

« Si le dépositaire rend fidèlement dans le même état et sous la même forme l'objet déposé, il n'y a pas lieu de recevoir la première plainte déposée contre lui.

« Mais s'il ne remet pas l'or déposé dès qu'il est réclamé, qu'il soit arrêté sur l'heure, forcé de restituer les deux dépôts et condamné. Telle est la loi.

« Le dépôt, scellé ou non, ne doit être remis à

---

[1] C'est encore la législation en vigueur en matière de dépôt.

personne autre qu'à celui qui l'a déposé, pas même à l'héritier présomptif, si ce n'est après la mort.

« Mais si le dépositaire remet le dépôt à l'héritier du défunt, il ne peut être recherché ni par les parents ni par le roi.

« L'objet confié doit être réclamé avec de bonnes paroles, et toutes difficultés doivent être, autant que possible, terminées à l'amiable.

« Telle est la règle qui doit être suivie pour la réclamation des dépôts. Si le dépôt est scellé et que le sceau n'ait été altéré en rien, pour aucun motif, celui qui restitue le dépôt ne peut être inquiété.

« Si un dépôt a été pris par des voleurs, emporté par les eaux, consumé par le feu, le dépositaire n'est pas tenu d'en rendre la valeur, pourvu qu'il n'en ait rien détourné.

« Que le roi soumette à toutes les épreuves des *ordalias*[1] prescrites par le Véda, celui qui refuse de

---

1. Les ordalias sont les épreuves corporelles dont il a déjà été question, que l'accusé doit supporter pour prouver son innocence.

Ces épreuves ont lieu : 1° par le combat des deux parties, 2° par la balance, 3° par le feu, 4° par l'eau, 5° par le poison, 6° par l'huile bouillante, 7° par les serpents.

Le législateur Manou a été l'inspirateur de toutes les législations civiles du monde ; tout ce qui touche à l'organisation de la famille, de la propriété, des contrats, lui a

restituer un dépôt, et celui qui réclame ce qu'il n'a pas déposé.

• L'homme qui ne restitue pas le dépôt, et celui qui réclame quand il n'a rien déposé, sont punis de la peine des voleurs et condamnés à une amende égale à l'objet du procès.

été emprunté par le droit de Justinien, et a passé tel quel dans nos codes qui, à plusieurs milliers d'années de distance, n'ont trouvé rien de mieux à nous offrir.

J'ai donné, dans mon précédent ouvrage, des rapprochements entre les trois législations indoue, romaine et française, à ce point singuliers, qu'on dirait des traductions d'un même texte ; je ne veux pas revenir sur ce sujet, mais on me saura gré de ne point quitter l'époque brahmanique, sans donner un aperçu du droit criminel qu'elle avait adopté.

Autant le droit civil qui ne réglait que les rapports des hautes castes qui seules pouvaient posséder, hériter et transmettre, fut élevé et philosophique, autant le droit criminel, qui n'atteignait que les basses castes, les vaysias et les soudras, fut grossier, superstitieux et cruel.

La mort, les supplices, les tortures, les privations, formèrent la base de ce droit, adopté par toute l'antiquité, et que le monde moderne n'a pas encore exclu de ses codes.

Je laisse de côté la nomenclature des crimes et des délits, ainsi que celle des divers supplices que les coupables avaient à subir, suivant le cas, me bornant à constater les principes anti-humanitaires sur lesquels reposa, dans l'Inde brahmanique, la répression pénale. Mais il est un point que je veux retenir, c'est celui de *preuve*, car il domine,

« Celui qui s'empare de ce qui ne lui appartient pas, en abusant d'un service qu'il a offert, doit être puni publiquement ainsi que ses complices.

« Un dépôt, composé de choses désignées, fait devant témoins, doit être rendu dans le même état et devant les mêmes témoins et sans fraude.

---

en matière de culpabilité ou d'innocence, le droit du moyen âge tout entier.

C'est au jugement de Dieu qu'était confié, dans l'Inde, le soin d'indiquer le coupable et l'innocent, lorsque le flagrant délit n'avait pu être constaté, ou que les témoignages étaient insuffisants. Ce mode de procéder se nommait ordalia ou jugement par épreuves.

Tout accusé avait le droit d'en appeler à ce jugement par épreuves, et même d'y défier ses accusateurs.

Les principales épreuves étaient celles : 1° du combat, 2° de la balance, 3° du feu, 4° de l'eau, 5° du poison, 6° celle de l'huile bouillante, 7° celle du serpent.

Dès qu'un accusé avait déclaré en appeler au jugement de Dieu, les choses se passaient de la manière suivante :

Au jour convenu, il était amené devant l'assemblée des brahmes ou tribunal de l'ordalia, et là, s'inclinant devant les saints personnages, il leur adressait les paroles suivantes :

« Sages pundits, issus du cerveau des brahmes, dites
« que ce jour sera pour moi un jour heureux, un jour de
« vertu, un jour où je serai reconnu innocent du crime
« dont on m'accuse, un jour où je serai comblé de biens. »

Les brahmes répondaient :

« Que ce jour soit pour toi un jour heureux, un jour de

« Le dépôt donné et reçu en secret doit être rendu de même. Ainsi remis, ainsi repris.

« Que le juge décide par ces règles de toutes les causes occasionnées par les dépôts.

« Celui qui vend ce qui ne lui appartient pas, sans la volonté du propriétaire, doit être puni comme un

---

vertu, un jour où ton innocence sera reconnue, un jour où tu seras comblé de biens. »

Ceci dit : un prêtre brahme était donné à l'accusé pour l'assister.

Avant qu'on ne commença l'épreuve, le prêtre prenait un vase plein d'eau avec du riz et des fleurs, et faisait le sacrifice de l'oblation, en prononçant les paroles suivantes :

« Adoration aux trois mondes :

« Déesse Vertu, venez dans ce lieu, venez-y accompa-
« gnée des huit dieux gardiens des huit coins du monde,
« des dieux des richesses et des vents. »

Puis, se tournant vers les huits points principaux de la sphère, il disait :

A l'orient. — « Adoration à Indra, gardien des sphères célestes.

Au sud. — « Adoration à Yama-Ahaka le juge des enfers.

A l'ouest. — « Adoration à Varouna, le dieu des eaux.

Au nord. — « Adoration à Couvera, le dieu des richesses.

Au sud-est. — « Adoration à Agni, le feu.

Au sud-ouest. — « Adoration à Neihirita, le dieu des mauvais génies.

voleur, et son témoignage ne doit pas être reçu dans les causes.

« S'il est parent du propriétaire, il doit être condamné à une amende de six cents panas; mais s'il est étranger, n'ayant aucune prétention à faire valoir sur la chose, il est coupable de vol.

Au nord-ouest. — « Adoration à Vahiavou, le vent.
Au nord-est. — « Adoration à Isannia, le dieu des combats. »

Toutes les divinités ayant été ainsi rendues propices à l'accusé par le sacrifice de l'adoration, le brahme prêtre dépouillait son client de ses vêtements, lui mettait dans la main une feuille de palmier, sur laquelle étaient écrites la qualification de son crime, et l'invocation suivante.

« Soleil, lune, vent, feu, ciel, terre, eau, vertu, Yama-Ahaka, jour, nuit, crépuscule du soir et du matin, vous connaissez les actions de cet homme, et si le fait dont on l'accuse est vrai ou faux. »

Le brahme qui présidait au jugement de Dieu, livrait alors l'accusé à l'épreuve à laquelle il s'était soumis, en prononçant les paroles suivantes, selon le genre d'épreuve.

Pour le combat entre l'accusateur et l'accusé :

« Que la victoire soit au juste ! »

Pour l'épreuve de la balance :

« Balance, les dieux vous ont établie pour rendre justice aux hommes, et leur dévoiler la vérité. Manifestez-la donc dans cette circonstance, et si l'homme que vous allez éprouver est réellement coupable, faites qu'il ne conserve pas l'équilibre, et que le poids de son crime vous fasse pencher à son désavantage. »

« Toute vente ou donation d'un objet faite par un autre que le propriétaire, est considérée comme si elle n'avait pas été faite. Elle est nulle. Telle est la règle établie.

« Pour toute chose dont on a eu la jouissance sans pouvoir produire aucun titre, les titres seuls font autorité et non la jouissance; ainsi le veut la loi.

Pour l'épreuve du feu :

« Feu, vous êtes les quatre vedams, et je vous offre en cette qualité le sacrifice. Vous êtes le visage de tous les dieux, vous êtes l'inspiration des savants, vous effacez toutes les souillures; faites que cet homme qui va vous porter dans ses mains ne soit pas atteint s'il est innocent, dépouillez-vous pour lui de ' propriété de brûler. »

Pour l'épreuve de l'eau :

« Eau, vous êtes la vie, vous créez et détruisez à votre gré, vous purifiez tout, et l'on est toujours sûr de connaître la vérité quand on vous prend pour juge ; délivrez-nous donc du doute où nous sommes, et faites-nous connaître si cet homme est coupable ou non. »

Pour l'épreuve du poison :

« Poison, vous êtes une substance malfaisante, créée pour détruire les créatures coupables ou impures ; vous fûtes vomi par le grand serpent Bachouky pour faire périr les géants coupables : voici une personne accusée d'un délit dont elle se prétend innocente; si elle n'est pas coupable, dépouillez-vous de vos qualités malfaisantes et devenez pour elle de l'amrita (ambroisie). »

Pour l'épreuve de l'huile bouillante :

« Huile, soyez au corps de cet homme, s'il est innocent,

« Celui qui, publiquement, achète sur le marché devant une foule de gens un objet quelconque, devient valablement propriétaire en acquittant le prix.

« Dans le cas où le vendeur n'aurait pas été propriétaire de la chose vendue, et s'il ne comparaît pas

---

comme les parfums que la jeune vierge répand sur son corps, après l'ablution. »

Pour l'épreuve du serpent :

« Sarpa, si vous pensez que cet homme n'est point coupable, enroulez-vous autour de son bras, comme un bracelet inoffensif. »

Quand on songe que ces épreuves barbares, qui se transformaient en tortures légales lorsque l'accusé ne voulait pas s'y soumettre de bonne grâce, et qui n'avaient été inventées par les brahmes que pour les classes inférieures qu'ils maintenaient dans un abrutissement systématique, apportées en Europe par les émigrations indoues, sont restées comme les bases fondamentales du droit pénal en Europe jusque sur la fin du xviii° siècle, on se prendrait à désespérer de l'avenir de l'humanité, si l'on ne savait que l'alliance des prêtres et des rois qui maintint si longtemps de pareilles monstruosités, ne pourra prévaloir désormais contre la volonté des peuples.

La Révolution de 89 a aboli la question, les supplices, les tortures. Il nous reste à rayer de nos codes la peine de mort, et à remplacer la prison, ainsi que le firent plus tard, dans l'Inde même, les sectateurs de Christna par un travail moralisateur.

On ne se douterait pas de tout ce qui nous reste à liquider de ce passé sacerdotal des brahmes, réédité par les prêtres de Rome au profit de leur domination.

et qu'on ne puisse le trouver, l'acheteur n'a qu'à prouver qu'il a acheté et payé publiquement pour être renvoyé sans amende, et l'ancien propriétaire reprend son bien en payant la moitié du prix.

« On ne doit vendre aucune marchandise mêlée de qualités inférieures, de mauvaise qualité ou avec de faux poids, ou une marchandise qu'on n'est pas sûr de livrer, ou dont on a dissimulé les défauts.

« Si après avoir montré à un jeune homme une femme à titre d'épouse, et qu'après avoir reçu les présents d'usage, le père lui en donne une autre pour épouse, il est puni de cette fraude, car le jeune homme devient le mari des deux femmes.

« Celui qui possède une fille folle ou malade, ou qui a déjà eu commerce avec des hommes, et qui la donne en mariage en faisant connaître ses défauts, n'est passible d'aucune amende et il ne restitue pas les présents.

« Si un pourohita, choisi pour un sacrifice, quitte les lieux avant d'avoir achevé sa tâche, il ne reçoit qu'une part du salaire convenu.

« Mais s'il quitte la cérémonie pour cause de maladie, qu'il mette un autre prêtre à sa place, et prenne sa part entière.

« Dans les fêtes et sacrifices où plusieurs prêtres officient en commun, si le salaire de chacun n'a pas été fixé par avance, ils doivent partager par parts égales.

« Lorsque des hommes se réunissent pour travailler ensemble au même objet, ou à la réussite de la même entreprise, la distribution des parts du prix doit être la même que la distribution des parts du travail.

« Lorsque l'argent a été remis à quelqu'un pour l'accomplissement d'un acte religieux, le don est nul si l'acte n'est pas accompli.

« Si par avarice, ou toute autre raison, la personne qui a reçu refuse de rendre n'ayant pas accompli, elle doit être condamnée à la restitution et à un souvarna d'amende ; car c'est un vol.

« L'homme à gage qui, sans être atteint de maladie, refuse de faire l'ouvrage confié, sera puni d'une amende de huit crischnalas, et perdra son salaire.

« Mais si, étant rétabli, il fait son travail suivant qu'il a été convenu, il reçoit son salaire, bien qu'il n'ait pas livré son ouvrage à l'époque stipulée.

« Malade ou bien portant, aucun salaire ne lui est dû avant l'achèvement de son travail.

« Tel est le règlement concernant le salaire et le travail des ouvriers. Voici maintenant ce qui a rapport à ceux qui rompent leurs engagements.

« Qu'il soit banni par le roi, de tout le royaume, celui qui, ayant passé sous serment des conventions avec des marchands ou des cultivateurs, ne les exécute pas par avarice ou tout autre motif blâmable.

« Que cet homme de mauvaise foi, étant arrêté par ordre du roi, soit condamné par le juge, suivant les cas, à quatre souvarnas, à six nichas, ou à un satamana d'argent.

« Telle est la règle qui doit guider un juge sévère dans les punitions qu'il inflige aux hommes, de toutes les castes, qui ne tiennent pas leurs engagements.

« Celui qui ayant acheté ou vendu un objet s'en repent, a dix jours pour le reprendre ou le rendre.

« Passé le dixième jour, il perd son droit, et celui qui force à rendre ou à reprendre doit être puni par le roi d'une amende de six cents panas.

« Une amende de quatre-vingt-seize panas doit être imposée à celui qui donne en mariage une fille ayant des défauts sans en prévenir.

« Mais celui qui accuse méchamment une fille en disant d'elle : Elle n'est point vierge, doit être frappé d'une amende de cent panas, s'il ne peut prouver son dire.

« Les prières nuptiales ne doivent être prononcées que pour les vierges ; il n'y a point de cérémonies légales pour celles qui ont déjà eu commerce avec des hommes.

« Le mariage est sanctionné par les prières nuptiales. Ceux qui connaissent la coutume savent que le pacte est accompli *au septième pada*[1].

« Écoutez la loi qui doit régler les différends qui peuvent s'élever entre les propriétaires de bestiaux et les pâtres, à l'occasion des accidents.

---

1. Le sens du mot *pada*, dans ce sloca, a donné lieu à une foule de commentaires, et les indianistes les plus autorisés ne sont point d'accord sur la signification définitive qu'il faut lui attribuer. Le premier traducteur de Manou, William-Jones, traduit ainsi :

« ...Le pacte est irrévocable au septième pas (pada) que la mariée fait en donnant la main à son mari... »

Loiseleur-Deslongchamps, dont la traduction n'est qu'une version littérale du texte anglais du grand indianiste que nous venons de citer, s'exprime ainsi dans une note :

« J'avais d'abord pensé que, dans ce passage, le mot *pada* pouvait aussi avoir le sens de *verset*, et j'avais supposé en conséquence que c'était la septième stance des prières, que le pacte était complet. Mais j'ai trouvé depuis, dans le mémoire de M. Colbrook sur les cérémonies religieuses des Indous, un passage qui est en faveur de l'interprétation de W. Jones, que j'ai conservée. »

Nous n'avons pas la prétention d'opposer notre autorité personnelle à celle de l'illustre W. Jones ; et si nous donnons à ce mot pada un sens qui n'est pas celui qu'il a adopté c'est en nous appuyant sur l'autorité des savants pundits du sud de l'Indoustan.

Lorsque nous traduisions Manou avec notre maître, le brahme Tamasatchari, de la pagode de Villenoor, dans le Carnatic, nous avions l'habitude de comparer les explications

« Pendant le jour, le gardien est responsable des bestiaux qui lui sont confiés. Pendant la nuit, il n'en est plus responsable, si le maître fait rentrer les bestiaux dans sa maison.

« Le pâtre qui reçoit pour salaire du lait, s'il n'a pas d'autres gages, a le droit de traire une vache sur

---

qu'il nous présentait avec les commentaires de W. Jones ; et de nous faire donner les raisons de chaque différence d'appréciation.

L'expression de *pada* fut traduite ainsi par notre professeur : « ...Le pacte est accompli au septième pada, *c'est-à-dire à la septième cérémonie nuptiale du cinquième jour, pendant laquelle le mari attache au cou de sa femme le taly (collier), signe irrévocable du mariage.*

Cette traduction fut accompagnée des explications suivantes :

Les cérémonies du mariage, chez les Indous, durent cinq jours ; mais le dernier jour seulement ont lieu celles qui sont considérées comme faisant l'essence même du mariage.

Ces cérémonies sont au nombre de sept, qui est le chiffre sacré par excellence.

1° Le *Kankana*.

L'époux se déguise en pèlerin, et fait semblant de partir pour un pèlerinage au Gange. Il sort accompagné par la musique et se dirige du côté du fleuve sacré. A quelques pas de là son futur beau-père l'aborde et lui demande les motifs de son voyage. En les apprenant, il l'engage à renoncer à son projet, et en retour il lui offre

dix, et la plus belle : tel est le gage que le maître doit permettre.

« Si un animal périt par la faute du gardien, dévoré soit par les serpents, soit par les chiens, il est tenu de le remplacer.

---

sa jeune fille vierge en mariage. Le jeune homme y consent et rentre à la maison.

2° Le *Mouhourta*.

Les deux époux, assis sur une estrade, offrent un sacrifice à Vischnou ou à Siva, suivant la caste. Ils prient le dieu de leur faire la rémission de toutes les fautes qu'ils ont commises jusqu'à ce jour.

3° L'*Ichta-Devata*.

Les époux, les parents et les invités font la procession des dieux amis et protecteurs du foyer.

4° Le *Pavitram*.

Les époux se mettent mutuellement au doigt du milieu de la main droite un anneau appelé pavi'ram et, se prenant par la main, ils font l'évocation des ancêtres :

« O mânes des ancêtres, qui résidez au pitra-loca (paradis des ancêtres), daignez venir en cette maison avec tous les ancêtres qui vous ont précédés. Présidez à ce mariage, et faites qu'il soit comblé de prospérités en ce monde et dans l'autre. »

5° Le *San Calpa*.

Le pourohita ou brahme officiant invoque les huit génies gardiens du monde, fait un sacrifice aux sept îles saintes, aux sept mers, aux sept fleuves, aux sept cités célestes, aux sept pénitents, aux sept lieux saints, et brise au-des-

« Mais si l'animal est dérobé par les voleurs et qu'il dénonce immédiatement le vol à son maître, il n'en est pas tenu.

« Si l'animal périt naturellement, que le gardien apporte à son maître la peau entière avec les oreilles, la queue, les nerfs et le fiel.

---

sus de la tête des époux, sept petits vases en terre séchés au soleil, pleins de riz et de menus grains.

6° Le *Canyara-Dana*.

Le père fait don de sa fille à l'époux qui l'accepte, en versant dans leurs mains un peu d'eau, et en remettant du bétel et du cousa au jeune homme, ce qui est le signe de la donation.

7° Le *Mangalachta*.

Les deux époux s'assoient sous une pièce d'étoffe tenue sur leur tête en manière de dais par les brahmes officiants; ils invoquent la trinité Brahma-Vischnou-Siva, en la priant de bénir leur union. Le mari se lève alors, et attache autour du cou de sa femme le collier taly, qu'elle ne doit plus quitter jusqu'à sa mort.

Le don de ce collier fait le mariage irrévocable.

On voit que l'anneau de mariage date de loin, et que dans leur symbolisme nos cérémonies actuelles diffèrent peu de celles de nos ancêtres indous.

Tels sont les motifs qui nous ont porté à ne pas accepter les commentaires de William Jones sur le pada.

Rien ne serait plus rare, plus curieux et plus intéressant à la fois, au point de vue ethnographique, qu'un commentaire ainsi fait, sous la dictée des Indous, sur tous les slocas de Manou.

« Si un troupeau de chèvres et de brebis est assailli par des loups, sans que le pâtre fasse diligence pour les défendre, il est responsable des chèvres et des brebis enlevées.

« Que si, malgré sa surveillance, un loup s'élance au milieu du troupeau qui paît réuni au même lieu et non séparé, et en tue une, le pâtre n'est pas tenu.

« Tout autour du village, qu'on laisse pour la commune pâture un espace non ensemencé, large de quatre cents coudées ou de trois jets de bâton, et autour d'une ville, le triple de cette étendue.

« Si les bestiaux qui pâturent dans ce lieu, broutent les cultures d'un champ non clos, les gardiens ne sont tenus d'aucuns dommages.

« Tout champ doit être enclos par son propriétaire d'une haie qui dépasse l'œil d'un chameau,

---

Nos notes sont complètes pour les cinq premiers livres de cet admirable législateur, le plus ancien dont le monde ait conservé la tradition écrite... Mais aurons-nous jamais le loisir de compléter notre œuvre... de revoir cette vieille terre de l'Inde, antique berceau de tous les différents rameaux de la race blanche?

Nous fermons cette longue parenthèse que le lecteur ne lira peut-être pas sans intérêt.

Nous poursuivrons notre traduction :

« Si, regrettant une affaire conclue, une personne ne s'exécute qu'avec négligence, le juge doit, d'après la loi, la contraindre au respect de sa convention. »

et qui n'offre aucun passage à la tête d'un porc ou d'un chien.

« Les bestiaux surveillés par un pâtre ou qui vaguent libres, et qui font des dégâts dans les champs clos, aux abords des villages, font encourir une amende, au pâtre ou au propriétaire de la valeur du grain ou des récoltes endommagées. Telle est la loi.

« Une vache, dans les dix jours qu'elle a mis bas, et les taureaux conservés comme étalons et consacrés aux dieux, ont été exemptés de toute amende par Manou[1].

« Lorsque c'est par la négligence du fermier que les champs sont ravagés, il doit payer une amende de dix fois la valeur qui revient au maître, et de cinq fois seulement si la négligence est le fait de ses gens de service.

« Telle est la loi que doit appliquer le juge dans toutes les contestations qui surviennent entre les pro-

---

1. A propos du prétendu culte que, d'après les catholiques, les anciens auraient rendu aux taureaux, nous avons déjà expliqué que les taureaux conservés par les brahmes de l'Inde et les hiérophantes d'Égypte n'étaient que des étalons choisis pour la reproduction et mis sous la protection des dieux. Il est absurde de prétendre que ces animaux aient jamais été considérés comme des divinités.

priétaires et les pâtres, et pour le dommage du fait des bestiaux.

« Quand des discussions s'élèvent de village à village, à propos des limites, que le juge les renvoie au mois de djaichtha [1], pour en décider, les bornes étant plus faciles à distinguer.

« On doit choisir, pour marquer les limites, de grands arbres, comme le nyagrodha [2] l'aswattha [3], le kinsouka [4], le salmali [5], le sâla [6], le tâla [7] et des arbres au suc laiteux.

« Ou bien des touffes d'arbrisseaux, de bambous, de lianes, de mimosas, de saras [8] et de coubdjacas [9], ou bien encore des monticules de terre qu'on ne puisse détruire.

« Les étangs, les puits, les cours d'eaux, les canaux d'arrosage, les pagodes consacrées aux dieux, peuvent servir à marquer les limites.

« La malice des hommes est telle, sur les limites

---

1. Mai-juin, après les récoltes.
2. Ficus indica.
3. Ficus religiosa.
4. Butea frondosa.
5. Bombax heptaphyllum.
6. Shorea robusta.
7. Corypha taliera.
8. Saccharum sarra.
9. Achyranthes aspera.

des champs, qu'il est aussi permis de faire des bornes secrètes que l'on enferme dans des vases, des objets qu'un long séjour dans la terre ne détruit pas, et que ces vases soient cachés profondément dans la terre aux lieux des limites.

« C'est au moyen de ces bornes que le juge rétablit les limites entre deux propriétaires ; il doit consulter aussi l'ancienneté de la possession et le droit d'arrosage.

« Si la vérification des bornes n'établit pas la vérité, il faut avoir recours aux témoignages pour reconnaître les limites.

« Les témoins doivent être interrogés en présence des deux parties, et d'un certain nombre de notables du village.

« Quand les témoignages de tous les hommes interrogés concordent, la déposition doit être fixée avec le nom des témoins.

« Que les témoins plaçant une pincée de la terre des deux champs sur leur tête, portant des guirlandes de fleurs de ces champs, vêtus de rouge, déposent sur les limites.

« Les témoins honnêtes, qui parlent en toute sincérité selon la loi, ne sont pas responsables de l'erreur, mais ceux qui la font commettre par de fausses déclarations doivent être condamnés à deux cents panas d'amende.

« A défaut de témoins, que quatre hommes de vie honnête, habitant les villages voisins, soient choisis par le juge pour décider des limites.

« S'il n'y a pas de voisins, ni de gens dont les ancêtres aient assisté autrefois à la construction du village, le juge doit faire comparaître les hommes des castes qui vivent dans les bois, tels que les chasseurs, les pâtres, les pêcheurs,[1] les chercheurs de racines et de serpents, qui connaissent la situation des champs.

« Après que ces gens ont été entendus sur les limites communes, les bornes doivent être tracées avec équité entre les deux villages.

« Sur les bornes des champs particuliers, des étangs, des puits, des jardins, des maisons, et sur le droit d'arrosage, les voisins sont les meilleurs témoins que l'on puisse entendre.

« Les voisins qui font une fausse déposition sur les bornes contestées des propriétés, doivent être condamnés à une amende au profit du roi.

« Quiconque s'empare méchamment d'une maison, d'un étang, d'un jardin ou d'un champ, doit être condamné à cinq cents panas d'amende; s'il n'a agi que par erreur, à deux cents.

« Si les bornes ne peuvent être fixées par aucun des moyens indiqués par la loi, le plus équitable est de s'en rapporter à la décision du roi qui décide avec sagesse ; telle est la coutume.

« Ceci est la loi des limites : écoutez maintenant ce qui a été établi sur les outrages par paroles.

« Pour injures proférées contre un brahme, le xchatria reçoit une amende de cent panas ; un vaysia, une amende de cent cinquante à deux cents panas ; un soudra, une punition corporelle.

« Pour injure à un xchatria, un brahme est frappé d'une amende de cinquante panas ; à un vaysia, de vingt-cinq ; à un soudra, de douze.

« Le dwidja deux fois né, brahme-théologien qui insulte un autre dwidja, sera condamné à douze panas d'amende ou au double, selon la gravité des propos.

« L'homme de la dernière caste qui profère des injures infâmes contre les dwidjas doit avoir la langue coupée ; n'est-il pas le produit des pieds de Brahma [1] ?

« S'il prononce leurs noms, et parle de leurs familles avec mépris, qu'un stylet de fer rougi au feu

---

1. Toutes ces strophes relatives aux castes n'existent pas dans le *Vriddha-Manava*, et ont été introduites par les brahmes lorsqu'ils ont abrégé l'immortel ouvrage de Soumati et créé les castes.

lui soit appliqué sur la langue, jusqu'au fond de la bouche.

« Que le malheureux qui ose reprendre les brahmes sur leurs devoirs, soit saisi par ordre du roi, et que de l'huile bouillante lui soit versée dans les oreilles et dans la bouche.

« L'homme qui, par un mauvais esprit, renie son pays, sa caste, les sacrements religieux, ou les dénie à un autre, doit être frappé d'une amende de deux cents panas.

« Si un homme traite un autre de borgne ou de boiteux, ou toute autre infirmité, il doit être frappé d'une faible amende, bien qu'il dise vrai.

« Celui qui médit de son père, de sa mère, de sa femme, de son frère, de son fils ou de son gourou — professeur — doit être condamné à cent panas, et également celui qui ne cède point le pas à son père, à son gourou, à un brahme.

« L'amende inférieure doit être imposée par un roi à un brahme, et l'amende moyenne à un xchatria, qui se sont injuriés mutuellement. Et de la même manière doivent être punis un vaysia et un soudra qui se sont outragés.

« Telle est la loi qui établit la punition des injures verbales: voici maintenant celle qui punit les mauvais traitements.

« Quel que soit le membre dont l'homme de basse

caste se serve pour frapper un homme des classes supérieures, ce membre doit être coupé : ainsi le veut Manou.

« S'il lève la main armée d'un bâton, ou la main seule, que la main soit coupée : si, transporté de fureur, il a frappé avec le pied, que le pied soit coupé.

« L'homme de basse caste qui s'assoit à côté d'un homme des castes élevées, doit être marqué à la hanche et chassé de la contrée ; le roi peut ordonner qu'il ne soit seulement que marqué à la hanche.

« S'il crache sur les hommes des castes élevées avec mépris, qu'il ait les lèvres coupées par ordre du roi ; s'il urine ou... que les parties coupables soient coupées.

« S'il les prend par les cheveux, les pieds, la barbe, le cou, les parties génitales, qu'il ait les deux mains coupées par ordre du roi.

« Tout homme qui frappe et blesse jusqu'au sang un homme de sa caste, est condamné à cent panas d'amende ; si la chair est profondément entamée, à six nichcas, s'il y a fracture, au bannissement.

« Tout homme qui détruit les arbres de haut bois, ou coupe des branches, paye une amende de la valeur du dommage.

« Si un coup est porté à des hommes ou à des animaux, et que sans être grave la douleur qui en résulte soit forte, l'amende doit être proportionnée par le roi, non au coup, mais à la douleur et à l'incapacité de service.

« Pour toute blessure, l'auteur est tenu des frais de guérison, il doit donc payer la dépense et de plus une amende.

« Quiconque cause du dommage à autrui, dans sa personne ou dans ses biens, volontairement ou involontairement, par lui ou ses hommes à gage, est tenu de le réparer, et paye en outre une amende au roi.

« Les sages ont admis dix cas pour le voiturier et le maître, dans lesquels ces derniers n'étaient pas tenus de l'amende.

« Lorsque la bride se casse sans qu'il y ait faute, que le joug se brise, que la voiture verse pour cause étrangère à toute négligence, lorsque l'essieu se rompt, que la roue se brise étant selon toute apparence en bon état ;

« Lorsqu'il y a heurt, sans que ce soit de son fait, que les sangles, le licol ou les traits se rompent, ou que le voiturier a crié *gare!* Manou a déclaré qu'on n'était pas tenu de l'amende.

« Mais si dans ces cas la maladresse ou la négligence est reconnue, et qu'il arrive quelque malheur, le maître est tenu de le réparer, et il est frappé de deux cents panas d'amende envers le roi.

« Si le cocher est habile mais négligent, il supportera aussi une amende égale, mais s'il est notoirement ignorant, toute l'amende est supportée par le maître qui n'aurait pas dû lui confier un attelage.

« Tout cocher qui par sa faute occasionne, dans un chemin, la mort d'êtres animés doit être condamné à l'amende.

« Pour un homme tué, une amende de mille panas égale à celle du vol ; pour les animaux de haute taille, comme les taureaux, les éléphants, les chameaux et les chevaux, moitié de la précédente.

« Pour les bestiaux de petite taille, l'amende est de deux cents panas seulement ; pour les animaux sauvages que l'on conserve, de cinquante, et de même pour les oiseaux privés.

« Pour l'âne, le bélier, le bouc, l'amende n'est que de cinq machas ; un seul macha est l'amende du chien et du porc tués.

« Celui qui châtie sur les parties nobles la tête, les bras, la poitrine, les reins sa femme, son fils, son élève, son frère, pour une faute, à l'aide d'une corde ou d'un bambou, et non sur les autres parties permises, est passible de l'amende des voleurs.

« Telle est la loi des mauvais traitements : les peines édictées contre le vol vont vous être déclarées.

« Le roi qui poursuit les voleurs augmente sa renommée, et la prospérité de son royaume; qu'il s'applique donc avec zèle à réprimer le vol.

« Lorsque les peuples sont exempts de crainte, le roi est honoré, il est comme le prêtre qui offre sans cesse des présents aux dieux et des sacrifices pour éloigner le danger.

« De toutes les actions vertueuses qui s'accomplissent dans un royaume, la sixième partie revient au roi protecteur de ses peuples. La sixième partie des actes blâmables revient au roi qui ne les protége pas.

« Le roi qui ne légitime pas son droit à prélever les impôts, les redevances, une part sur les marchandises, à recevoir des présents, par la protection qu'il accorde à ses peuples, va droit aux enfers.

« Le roi qui prélève le sixième du travail de ses peuples, sans les protéger, est considéré par les sages comme un voleur du travail des hommes. S'il méprise les préceptes de la sainte Écriture, se procure des richesses par tous les moyens, et nie l'autre monde, il descend aux séjours infernaux.

« Pour réprimer le mal, que le roi use avec sévérité des trois moyens suivants : la prison, les fers et les différentes peines corporelles.

« Le roi est purifié par la poursuite des méchants, de même que les brahmes le sont par l'accomplissement des sacrifices.

« Un roi plein de mansuétude doit pardonner les injures que lui adressent les femmes, les enfants, les vieillards et les plaideurs qui viennent de perdre.

« Celui qui a volé doit se rendre de lui-même auprès du juge, et les cheveux défaits, le maintien humble, qu'il dise : J'ai volé, punis-moi.

« Il doit être frappé avec une massue, une lance, une barre de fer ou un rotin.

« Qu'il meure ou qu'il survive, son crime est purifié, mais si le juge ne le punit pas, son crime retombe sur lui.

« Tout homme qui a reçu un châtiment pour une faute, par les ordres du roi, va au ciel exempt de toute souillure, aussi pur que ceux qui n'ont jamais pratiqué que le bien.

« Ceux qui dérobent les cordes des puits ou les vases destinés à puiser, qui détruisent les sources des villages, sont frappés d'une amende d'un macha d'or, et tenus de restituer.

« Celui qui détourne plus de dix coumbhas de grains, doit recevoir une punition corporelle et être condamné à la restitution ; pour moins, il doit restituer et payer une amende au roi de dix fois la valeur de son vol.

« Une punition corporelle sera appliquée à celui qui a volé des objets précieux, de riches vêtements pour une somme supérieure à cent palas.

« Pour ce vol supérieur à cent palas, le voleur aura la main coupée; pour un vol inférieur, le juge appliquera l'amende de onze fois la valeur au profit du roi et ordonnera la restitution.

« Celui qui enlève des jeunes gens de haute caste, surtout des femmes, des bijoux précieux, mérite la peine capitale.

« Pour vol d'animaux, d'armes, de médicaments, le juge doit proportionner la peine à la valeur, au lieu, au motif et au moment (jour ou nuit) où le vol a été commis.

« Pour avoir dérobé des vaches appartenant à des brahmes, et les avoir soumises au joug en leur perçant les narines, le voleur doit avoir immédiatement le pied coupé.

« Pour un vol de fil, de coton, de semences servant à la fabrication des liqueurs fermentées, de fumier de vache, de sucre, de lait, de beurre, de l'herbe,

« De paniers de bambou, de sels de toutes sortes, de pots de terre, de terre à potier, de cendres,

« De poissons, d'oiseaux, d'huile, de beurre clarifié, de chair, de miel, et de toute substance provenant des animaux,

« De choses de moindre valeur, de jus de cocotier, de riz cuit, d'aliments, de quelque nature qu'ils soient, une amende du double de la valeur doit être prononcée avec restitution.

« Pour vol de fleurs, de riz et menus grains en vert, de buisson, de liane, d'arbrisseaux, et autres produits de la terre, l'amende de cinq crischnalas doit être prononcée, avec restitution.

« Pour vol de riz et menus grains récoltés, d'herbes et de racines alimentaires, de fruits, l'amende de cent panas doit être prononcée avec restitution ; si le voleur est parent du propriétaire, l'amende ne sera que de cinquante panas.

« Celui qui prend avec violence une chose que son propriétaire défend, se rend coupable de brigandage ; de vol seulement, si la chose est prise sans violence et en l'absence du propriétaire ; dans le premier cas, l'amende est de deux cent cinquante panas, et de moitié dans le second.

« Le membre, quel qu'il soit, qui a le plus servi au voleur pour l'aider dans son vol, doit être coupé pour que le même crime ne soit pas commis de nouveau.

« Lorsqu'un homme de basse caste aura commis un crime qui est puni d'une amende de mille panas, et qu'il ne pourra la payer, le roi devra le punir corporellement sous peine d'une amende égale.

« L'amende encourue par un soudra pour vol est huit fois plus considérable que la peine ordinaire ;

celle du vaysia, seize fois; celle du xchatria, trente-deux fois;

« Celle d'un brahme, soixante-quatre, et même cent vingt-huit fois, car à mesure qu'on s'élève dans les castes, chaque homme doit avoir la notion plus parfaite du bien et du mal [1].

« Prendre des fruits aux grands arbres non clos, des racines pour se nourrir, du bois mort dans les forêts pour faire du feu, de l'herbe le long des chemins pour ses vaches, n'est pas un mal; ainsi le veut Manou.

« Le brahme à qui l'on donne comme prix d'un sacrifice ou de ses leçons sur la sainte Écriture, un objet volé, et qui l'accepte le sachant, est puni comme voleur.

« Le dwidja et le pèlerin qui se rendent d'un lieu à un autre, et qui, ayant épuisé leurs minces provisions, prennent deux cannes à sucre ou quelques racines dans un champ cultivé, ne sont pas soumis à l'amende.

« L'homme qui détache des animaux appartenant

---

1. Xchatrias et brahmes devaient peu éprouver la tentation de voler, puisque tout leur appartenait, les autres castes n'étant qu'usufruitières, par leur grâce, des biens de la terre; cette gradation de peine édictée par les prêtres était à peu près inapplicable.

à autrui, ou qui en attache d'autres que leur propriétaire laisse libres, qui se sert sans autorisation d'un esclave, d'un cheval et d'un char, subit la peine des vols inférieurs.

« En se conformant à ces lois, en réprimant le vol et les violences, un roi obtient la souveraineté du monde, une gloire immortelle, et le suprême bonheur au séjour de Brahma.

« L'homme qui se livre à des actes constants de brigandage est plus coupable que le diffamateur et le voleur, le roi qui ne le punit pas est haï de tous, et prépare à son âme mille transmigrations infimes.

« Les fauteurs de brigandage, qui troublent les habitants paisibles, ne doivent être relâchés sous aucun motif d'amitié ou de récompense.

« Le dwidja peut prendre les armes pour se défendre quand on le trouble dans l'accomplissement de ses devoirs religieux, ou que les droits des hautes castes sont méconnus.

« L'homme qui tue pour sa défense, pendant la guerre, pour protéger sa caste, une femme ou un brahme, n'est pas coupable.

« L'homme peut tuer, sans hésiter, quiconque tente de l'assassiner, quand bien même ce serait son gourou, un vieillard, un brahme, un enfant.

« Tuer celui qui veut assassiner, soit secrètement,

soit publiquement, n'est pas un crime, *c'est la défense juste, en face de l'attaque injuste*[1].

« Ceux qui séduisent les femmes des autres doivent être mutilés et bannis par ordre du roi.

« L'adultère occasionne le mélange des castes, le mélange des castes amène l'oubli des devoirs et la perte de l'univers.

« L'homme qui est surpris s'entretenant secrètement avec la femme d'un autre, s'il n'est de mœurs pures, doit subir l'amende ; s'il est au contraire connu pour sa bonne conduite, et s'entretienne avec elle pour un motif valable, il n'est point coupable.

« Mais celui qui s'entretient avec la femme d'un autre dans un lieu éloigné de pèlerinage, au fond d'une forêt ou sur les rives désertes d'une rivière, encourt la peine de l'adultère.

« Suivre une femme, jouer avec elle, toucher ses vêtements, ses bijoux, s'asseoir sur son lit, sont dits par les sages être la preuve d'intentions adultères.

« Toucher une femme mariée d'une manière indécente, souffrir qu'elle nous touche de même, sont les preuves du consentement mutuel de l'adultère.

« Le soudra qui viole une brahmine doit être mis

---

1. C'est le droit de légitime défense que toutes les nations ont inscrit en tête de leur législation pénale.

à mort. Dans toutes les castes, la femme est ce qui doit être le plus respecté.

« Les pénitents, les rapsodes qui chantent les louanges des dieux, ceux qui offrent les sacrifices, et les serviteurs de la maison, peuvent s'entretenir avec des femmes mariées, sans qu'il y ait rien de répréhensible.

« Quiconque parle, malgré la défense faite, à des femmes qui lui sont étrangères, doit être condamné à un souvarna d'amende.

« Ces lois ne peuvent s'appliquer aux femmes de comédiens ambulants, de chanteurs, de danseurs, ni à celles dont les maris vivent de leur inconduite, facilitent leurs relations amoureuses et leur amènent des amants.

« Celui qui entretient des relations avec des esclaves, des servantes, ou avec des femmes consacrées au culte, de leur libre consentement, ne doit recevoir qu'une légère amende.

« Celui qui viole une jeune fille doit être condamné à une peine corporelle; mais s'il possède cette jeune fille avec son consentement et qu'il soit de sa caste, il n'encourt aucun châtiment.

« Si une jeune fille s'abandonne à un homme d'une caste supérieure, on ne doit pas lui imposer d'amende; mais si elle se livre à un homme de basse caste, elle doit être enfermée par ordre du roi.

« Un homme de basse caste qui ose rechercher une fille des classes supérieures, doit être condamné à une peine corporelle ; mais s'il s'adresse à une fille de sa condition, qu'il donne au père les présents d'usage et l'épouse, si ce dernier y consent.

« Celui qui, poussé par la passion, souille une jeune fille par un contact manuel, doit avoir deux doigts coupés et payer six cents panas d'amende.

« Si la jeune fille y consent, et s'il est de la même caste qu'elle, on ne lui coupera pas les deux doigts, mais qu'il soit condamné à payer deux cents panas.

« Si une jeune fille en souille une autre par un contact manuel, elle doit payer deux cents panas d'amende, payer au double les cadeaux de noce et recevoir dix coups de corde.

« Si c'est une femme mariée qui blesse ainsi la pudeur d'une fille, qu'on lui rase la tête et qu'on lui coupe les doigts, et qu'on la promène à rebours sur un âne[1].

---

1. Cette promenade sur un âne était encore imposée aux femmes adultères, comme punition, au moyen âge.

Dans quelques provinces de France, en Bourgogne, par exemple, il est en usage de promener sur un âne, le mercredi des cendres, le premier homme frappé publiquement par sa femme, dans l'année.

« Si une femme des castes élevées, — brahmine ou xchatriane, — et mariée, est surprise avec un homme de caste infime, que le roi la fasse dévorer publiquement par des chiens.

« Que son complice soit brûlé sur un cadre de fer rougi au feu et dont la chaleur sera entretenue avec du bois jusqu'à ce qu'il tombe en poussière.

« Un homme de bonne caste déjà condamné et qui, dans la même année, est convaincu d'avoir eu commerce avec une femme de basse caste, ou une tchandali — pariah, — doit payer une amende double.

« Tout soudra qui sera convaincu d'avoir eu commerce avec une femme des trois castes supérieures, si cette femme n'était pas gardée, sera *castré* et perdra tous ses biens; si elle était gardée, il sera mis à mort.

« Pour commerce avec une brahmine gardée et non mariée, le vaysia sera enfermé et privé de tout son bien, le xchatria sera condamné à mille panas d'amende, il aura en outre la tête rasée et couverte de fiente [1].

« Si la brahmine n'était ni mariée ni gardée, le

---

1. Cela équivaut à la dégradation.

vaysia ne sera condamné par le roi qu'à cinq cents panas d'amende, et le xchatria à mille.

« Si un vaysia et un xchatria commettent un adultère avec une brahmine mariée et gardée, qu'ils reçoivent le supplice du soudra et soient brûlés sur une grille de fer.

« Le brahme qui viole une brahmine doit être condamné à mille panas d'amende; s'il y a eu consentement mutuel, l'amende sera de moitié.

« Une marque infâme est imprimée sur la tête du brahme coupable d'adultère avec une brahmine, dans tous les cas où la mort serait appliquée aux membres des autres castes.

« On ne doit jamais tuer un brahme ni lui confisquer ses biens, quels que soient les crimes qu'il ait commis; le roi doit se contenter, sans lui faire de mal, de le bannir de la contrée. Il n'y a pas de plus grand crime que le meurtre d'un brahme, la pensée seule rendrait coupable un roi.

« Tout vaysia qui séduit une femme gardée de la caste royale, et tout xchatria qui a des relations coupables avec une femme gardée de la caste des commerçants, subissent l'amende du cas de la brahmine non gardée.

« Le brahme qui séduit une femme de ces deux castes doit payer mille panas d'amende; pareille somme est imposée au vaysia et au xchatria qui ont commerce avec une femme de la caste servile.

« Le roi dans les États duquel on ne pourrait trouver un vol, un adultère, un viol, une diffamation, un brigandage, une violence, même légère, qui ne soient pas punis, va droit au séjour d'Indra.

« Un père, une mère, une épouse, un fils, ne doivent jamais être abandonnés, à moins qu'ils n'aient commis de grands crimes. Celui qui délaisse l'autre doit être frappé, chaque année, d'une amende de six cents panas.

« Le prêtre sacrificateur et le prêtre célébrant qui s'abandonnent mutuellement l'un l'autre pour cause de vieillesse, et non de faute grave, doivent être condamnés à cent panas d'amende.

« Lorsque les deux brahmes deux fois nés [1] ont entre eux quelques contestations, le roi ne doit point se mêler d'interpréter la loi ni s'interposer, s'il tient au salut de son âme [2].

» Qu'il leur rende les honneurs dus à leur rang, leur adresse des paroles amicales, et laisse les sages brahmes parmi les sages, apprendre aux sages leurs devoirs.

« Dans les festins qu'ils donnent, les cérémonies

---

1. Dwidjas.
2. Cette expression si éminemment catholique se rencontre à chaque pas dans Manou.

qu'ils accomplissent, les réjouissances de famille, les brahmes doivent s'inviter les uns les autres dans les limites du voisinage; celui qui est vertueux et savant, de bonnes mœurs et voisin, et qui n'est pas invité, a droit à une réparation du double du repas ou des frais de cérémonie.

« Les aveugles, les fous, les infirmes, les vieillards à soixante-dix ans, les anachorètes, les pénitents versés dans l'Écriture sainte, les gourous — professeurs, — les femmes, doivent être exempts des impôts prélevés par le roi.

« Que le roi protége et vénère les théologiens, les sannyassis, les brahmes, qu'il protége les malades, ceux qui sont dans l'affliction, les enfants, les vieillards, les pauvres et les gens des classes les plus infimes s'ils sont honnêtes et vertueux.

« Le blanchisseur doit laver le linge qu'on lui confie, peu à peu, sur une planche polie de bois de salmali; il ne doit point mélanger les vêtements des uns et des autres, il ne doit point les porter, les laisser porter ou les louer.

« Le tisserand qui a reçu dix palas de coton ou de soie doit livrer en étoffe un pala de plus, et s'il ne se conforme pas à cela, il doit être condamné à une amende de douze panas[1].

---

1. Le tisserand est obligé de rendre un poids supérieur,

« Des hommes sachant apprécier la valeur des marchandises, doivent en déclarer le prix et fixer les droits quand elles viennent du dehors ; si les droits ne peuvent être fixés, que le roi prélève le vingtième.

« Les marchandises d'un commerçant dont la valeur est désignée par cupidité, ou dont l'exportation est réservée au roi, doivent être confisquées.

« Quiconque, sur les autres marchandises, fraude les droits, vend ou achète la nuit, dissimule la valeur de ses marchandises pour les soustraire à l'impôt, doit être frappé d'une amende de huit fois la valeur.

« L'éloignement des lieux de production des marchandises, le lieu où elles doivent être envoyées, le temps qu'on les garde et les bénéfices qui doivent résulter de tout cela étant connus, que le roi règle les prix de vente et d'achat avec les hommes compétents.

« Tous les cinq jours, ou à chaque quinzaine, que le prix des marchandises soit réglé de la même manière par le roi.

« Que tous les six mois la valeur des métaux soit déterminée, et les poids et mesures examinés.

« Le passage des rivières sur un bac est taxé d'un

---

car les Indous chargent, pour les travailler plus facilement, les fils de coton et de soie avec de l'eau de riz.

droit d'un pana pour une voiture, d'un demi-pana pour un porteur de fardeau, d'un quart de pana pour des bestiaux, d'un huitième pour une femme et un homme non chargé.

« Les charrettes à marchandises payent en raison de la valeur et du poids des objets qu'elles transportent ; celles qui sont vides sont taxées à un pana ; les pauvres à un cauris[1].

« Pour le parcours des fleuves, le prix est proportionné à la durée, aux lieux et aux époques ; pour les traversées en mer, il n'y a pas de taxe établie.

« Une femme enceinte, un pèlerin, un anachorète, un brahme revêtu des insignes religieux, ne sont pas soumis au droit de passage.

« Si, dans le transport, les bateliers détériorent ou perdent quelque chose par leur faute, ils sont tenus du dommage ; pour un accident qu'il n'était pas en leur pouvoir d'éviter, ils ne sont pas tenus.

« Le roi doit veiller à ce que les vaysias fassent le commerce, prêtent de l'argent, élèvent des bestiaux et labourent. Quant aux soudras, il ne leur a pas été assigné d'autre emploi par le souverain maître, que de servir les autres castes.

---

1. Petit coquillage dont il faut 80 pour faire un pala. Le pala vaut environ un sol de notre ancienne monnaie.

« Si un xchatria ou un vaysia tombent dans le besoin, que les brahmes leur viennent en aide, mais qu'ils ne les forcent pas à occuper un emploi au-dessus de leur caste.

« Le brahme qui, par cupidité, emploie à des travaux serviles des gens de classes supérieures mais pauvres, abuse de son autorité et doit être condamné à une amende de six cents panas par le roi.

« Que le roi oblige le soudra, esclave ou affranchi par son maître, à accomplir les travaux serviles ; il a été créé pour la servitude, et nul n'a le pouvoir de le faire sortir de cet état.

« Il y a sept espèces d'esclaves : le prisonnier fait à la guerre, l'enfant d'une esclave, celui qui aliène sa liberté pour vivre, celui qui a été vendu pour une dette, celui qu'on achète, celui qu'on reçoit en héritage.

« La femme, le fils, l'esclave ne possèdent rien en propre, pas même leur corps ; tout ce qu'ils ont et peuvent acquérir appartient au père de famille [1].

« Que le roi oblige les vaysias et les soudras à accomplir leurs devoirs et à rester dans leurs castes, car sans cela ils bouleverseraient le monde.

---

1. N'est-ce pas tout le droit servile, et les prescriptions sur l'autorité paternelle des Romains ?

« Que le roi s'occupe sans cesse des affaires qui lui sont soumises, qu'il veille à ses revenus et à ses dépenses, que ces dernières ne dépassent pas le produit des mines, de l'impôt et du trésor.

« En s'occupant avec soin de toutes les affaires de son peuple et des siennes, selon la loi, un roi exempt de souillures s'absorbe, après sa mort, dans le sein de Brahma¹ ».

---

1. Lorsqu'on lit attentivement les curieuses prescriptions du *Manava-Dharma-Sastra* que nous venons de traduire, et dont la codification se perd dans la nuit des temps antéhistoriques, on se demande combien il a fallu de siècles et de civilisations superposés les uns sur les autres, pour arriver à les formuler dans un droit écrit.

À part certaines formules particulières aux idées religieuses des brahmes, et dont l'application a été bornée à l'Inde, tous les autres principes ont passé dans les législations anciennes de la Grèce et de Rome, dans le droit coutumier et féodal du moyen âge et dans nos codes modernes.

On jugera mieux des emprunts en les dégageant de l'ensemble. Voici les principales de ces prescriptions légales :

La justice émane du souverain.

Le souverain peut agir par la délégation de trois assesseurs connaissant la loi.

La loi protège directement les biens des mineurs, des femmes et des absents.

Tout bien sans maître revient au domaine du roi.

Tout trésor appartient, par moitié, au domaine du roi et à l'inventeur.

Le droit est basé sur la tradition, la coutume, et les sentences des sages.

Lorsque la dette ou la convention sont discutées, il faut avoir recours aux témoins quand l'objet est de peu de valeur.

Pour les objets de grande valeur, il faut un titre ou un commencement de titre, qui permette l'audition des témoins comme supplément de conviction.

Le créancier a pouvoir sur la chose et sur la personne du débiteur.

On ne doit entendre comme témoins, ni les parents, ni les amis, ni les fous, ni les hommes de mauvaises mœurs, ni les enfants, ni les femmes.

En l'absence des témoins on peut les entendre à titre de renseignements.

Les parties ne peuvent communiquer avec les témoins à l'audience.

Un seul témoin, pas de témoin ; de là l'adage *testis unus, testis nullus*.

Quand il n'y a ni titre, ni témoin, le serment est déféré.

Quand les deux parties font le serment et qu'on ne peut découvrir la vérité, le juge a recours *au jugement de Dieu* — ordalya, — jugement par l'épreuve ;

Par le combat, le feu, l'huile bouillante, l'eau, le poison, les serpents, la balance, etc...

La partie qui succombe est condamnée à réparation et à une amende au profit du domaine du roi.

Le faux témoin subit un châtiment corporel, et paye une amende.

Établissement du principe des amendes en monnaie d'acier, d'argent et d'or.

Toute somme prêtée sans aléa, sans risque, sans participation de bénéfice, ne produit qu'un intérêt légal de cinq pour cent par mois.

On ne doit pas jouir d'un gage sans la permission du propriétaire.

Le créancier qui use avec autorisation du gage qu'il reçu, n'a pas le droit de réclamer d'autre intérêt.

La propriété du gage et du dépôt n'est jamais prescrite par le créancier contre le débiteur déposant.

La propriété se prescrit par une jouissance paisible et sans trouble de dix ans.

On ne prescrit pas contre les mineurs, les femmes, les prêtres et le roi.

La caution de comparation n'oblige qu'elle; la caution d'une dette s'oblige et oblige ses héritiers.

Tout contrat fait par un enfant, un fou, un malade, un vieillard en enfance, ou tout mandataire non autorisé, est nul.

Tout contrat contraire aux lois et aux bonnes mœurs est nul.

Tout ce qui est fait ou obtenu par fraude est nul.

Tout ce qui est donné, fait, obtenu, possédé, acheté, écrit par force est nul.

Le dépôt est inviolable, il doit être restitué tel qu'il a été confié : ainsi donné ainsi repris.

Il peut être remis aux héritiers.

Le dépositaire n'est pas responsable de la perte dans le cas de force majeure.

Il est responsable de sa faute et de sa négligence.

Déposé en secret, le dépôt doit être rendu en secret.

La maladie constatée ne brise pas une convention de travail.

Le maître est responsable de ses serviteurs.

Les serviteurs, fermiers, pâtres et autres, sont responsables de leur faute et de leur négligence, mais jamais des cas de force majeure.

Chaque village doit conserver une zone libre pour la vaine pâture.

Les discussions sur les limites et les bornes sont décidées par les juges, avec enquête et expertise.

Quiconque cause volontairement ou involontairement du dommage à autrui est tenu de le réparer.

En cas de légitime défense, il n'y a ni faute, ni délit, ni crime.

La répression pénale est basée sur l'amende, la prison, la torture, les peines corporelles de divers degrés.

Consécration de ce principe, qu'après la réparation et la punition, l'homme rentre sans souillure dans le sein de la société.

Tout bien appartenant au père de famille, toute autorité réside en lui ; ses enfants, sa femme, ses esclaves sont toujours sous sa tutelle, etc...

Il est inutile d'insister sur les points de détail. Tels sont ces principes que tous les législateurs, Minos, Solon, Dracon, les prudents des premiers temps de Rome et Justinien se sont attribués successivement, en développant plus particulièrement les points qui convenaient mieux à leur civilisation et à leur époque.

Mais si, d'un côté, le grand courant d'émigration par le sud a porté toutes ces traditions en Perse, en Asie Mineure, en Arabie, en Égypte, en Grèce et en Italie... de l'autre, par les plateaux du nord, la Slavie, la Scandinavie, la Germanie et la Gaule héritaient des mêmes traditions, s'appropriant également celles qui convenaient le mieux à leur sol.

C'est ainsi que pendant longtemps les populations du Nord, plus énergiques, plus barbares, conservent les épreuves de l'ordalya — jugement de Dieu, — les mutilations, les tortures, l'esclavage du débiteur, que la réaction entreprise par Dracon avait voulu conserver à la Grèce, dont la loi des douze tables à Rome fut un dernier écho, et qui vont en Germanie et en Gaule franchir le seuil des temps modernes.

LIVRE X.

MÉLANGE DES CASTES. — CONDUITE DES TROIS CASTES SUPÉRIEURES DANS LES CIRCONSTANCES DIFFICILES.

« Les membres des trois castes supérieures, les brahmes, les xchatrias et les vaysias, ont seuls droit au titre de dwidja, c'est-à-dire de régénéré par la naissance spirituelle[1]. Les soudras ne reçoivent pas l'initiation religieuse. Quant aux classes mêlées, elles ne sont pas reconnues comme formant une cinquième caste.

« Nul n'appartient à une caste, s'il n'est né dans l'ordre direct d'un père et d'une mère appartenant à cette caste, et la mère s'étant mariée vierge.

« Les fils de dwidjas et de femmes de castes inférieures sont bien dits fils de leurs pères, mais la basse naissance de leur mère enlève leurs priviléges de caste.

---

1. Par les sacrements de purification et d'initiation qui donnent à celui qui les reçoit le titre de dwidja ou deux fois né.

« Ils sont rejetés dans la classe impure des tchandalas ; ainsi le veut la loi.

« Pour ces classes abjectes, il n'a été établi aucunes prescriptions, et leurs membres ne peuvent exercer que des métiers serviles et méprisants.

« Qu'ils soient dompteurs d'éléphants, charlatans, maîtres d'armes, professeurs de danse et de musique, qu'ils sonnent les cloches, châtrent les bestiaux ou portent les morts impurs ;

« Bateliers, vanniers, ouvriers en bambou ; qu'ils fabriquent les ouvrages de terre, les briques, mais qu'ils se gardent de tous les métiers réservés aux honnêtes gens[1].

« Les gens de castes supérieures peuvent aussi tomber au niveau des tchandalas, par le mépris des brahmes, des sacrements et de la sainte Écriture.

« C'est en négligeant les prescriptions de la loi que beaucoup de xchatrias sont descendus au-dessous des soudras, et ont été obligés de fuir la terre sacrée[2].

---

1. Quelques-uns de ces métiers sont restés méprisés, d'autres infimes dans la traduction indo-européenne.

2. India, la terre du lotus arrosée par le Gange. Ce sloca et le suivant fait allusion aux nombreuses émigrations de guerriers qui quittèrent l'Inde à la suite de leurs luttes avec les brahmes.

« Ils sont devenus les pondracas, les odras, les dravidas, les cambodjas, les yavanas, les sacas, les paradas, les pahlavas, les tchinas, les kirâtas, les daraćas et les klasas[1]. »

« Les tchandalas naissent de l'inceste de l'adultère et du crime, ils ne peuvent avoir pour vêtements

---

1. Ce sloca de Manou donne raison à notre système sur les émigrations de l'Inde. Les brahmes sont communément d'avis qu'il n'existait pas dans le Vriddha-Manava ou ancien Manou, et qu'il a été interpolé à l'époque des grandes émigrations.

D'après tous les commentateurs indous, William Jones, Colbrook et Wilson, ces races émigrées ont été déterminées de la manière suivante :

Les Pôndracas seraient les Mâhrattes du Behar.
Les Odras	—	les Ouriyas de la côte d'Orixa.
Les Dravidas	—	les Tamouls du Coromandel.
Les Cambodjas	—	les Cambodgiens de l'Indo-Chine.
Les Yavanas	—	les Grecs d'Ionie.
Les Sacas	—	les Saces.
Les Paradas	—	les Paropamisiens.
Les Pahlavas	—	les anciens Parses.
Les Tchinas	—	les Chinois.
Les Daradas	—	les Durdes.
Les Khasas	—	les Cachemiriens.

M. Rémusat a signalé une difficulté à propos des Tchinas, ancêtres des Chinois.

D'après lui, le premier prince de la dynastie Thsin qui a donné son nom à la Chine, n'ayant commencé à régner que

que les habits des morts, pour plats que des pots brisés.

« Pour parure du fer, pour culte celui des mauvais génies ; qu'ils soient chassés des villages et vaguent sans cesse d'un lieu à un autre.

« Que nul homme des quatre castes n'ait avec eux aucun rapport en dehors des cas permis[1], ils ne peuvent se marier qu'entre eux.

« Il est interdit aux tchandalas de faire aucune cérémonie funéraire en l'honneur des mânes, des ancêtres, et de se réunir en village,

« D'observer entre eux les différences de castes, d'y attacher des priviléges, d'offrir les sacrifices et les oblations à l'eau et au feu, des faire les ablutions prescrites.

---

246 ans avant notre ère, les Chinois n'ont pu être désignés sous le nom de Tchinas dans les lois de Manou antérieures à cette époque de plusieurs milliers d'années.

La difficulté n'est que spécieuse, et ne peut même être soulevée qu'à condition d'émettre cette opinion que Thsin a donné son nom à la Chine, opinion d'hypothèse pure qui n'est basée que sur la ressemblance des noms, et qu'aucun document historique sérieux ne vient confirmer ; il serait aussi logique d'admettre que les princes de cette dynastie se faisaient appeler les rois des Tchinas ou roi de Thsin, comme on dit rois des Français ou roi de France.

1. Pour des marchés de briques, et autres ouvrages réservés aux tchandalas.

« Il leur est interdit de prononcer le nom de Brahma, l'être existant par lui-même, et le mystérieux monosyllabe.

« De lire, de copier et d'enseigner le Véda, d'écrire de gauche à droite, qui est le mode réservé aux hommes vertueux des quatre castes, et pour la transcription de l'Écriture sacrée.

« Pour les actes entre eux ou pour constater les louages de service pour l'enlèvement des immondices et des cadavres en putréfaction, et pour les marchés de briques,

« Il leur est interdit d'écrire de la main droite, et autrement que de droite à gauche. La main droite est la main pure réservée aux sacrifices, aux dieux et aux oblations que les gens des castes reconnues ont seuls le droit d'offrir [1].

« Que par ordre du roi ils exécutent les condamnés à mort ; les vêtements, meubles et parures des com-

---

1. Ces prescriptions de Manou, renouvelées dans un rescrit célèbre, appelé l'acte de Pratichta, ont été appliquées dans l'Inde chaque fois qu'une trop grande augmentation de population faisait craindre aux brahmes que les décastés ne devinssent une nation dans la nation. Les Égyptiens agirent de même avec leurs tchandalas, c'est-à-dire les Hébreux.

damnés leur appartiennent. Telle est la loi qui concerne les tchandalas[1].

« Écoutez maintenant quelles sont les pratiques imposées aux brahmes qui veulent parvenir au séjour céleste et qui sont au nombre de six :

« 1° Étudier la sainte Écriture; 2° l'enseigner aux autres castes; 3° offrir les sacrifices; 4° assister les autres castes dans leurs cérémonies; 5° faire l'aumône; 6° la recevoir.

« De ces six pratiques, trois servent au brahme à

---

[1]. Dans le texte de Manou dont se servent les brahmes du nord, ces prescriptions ont été un peu adoucies par un esprit plus tolérant et par cela même plus moderne. Ainsi il établit des catégories d'impuretés entre les différents tchandalas, et distingue entre ceux qui ont eu pour père des brahmes, des xchatrias, des vaysias ou des soudras. Les textes du sud de l'Indoustan, sans conteste plus purs, n'admettent aucunes différences, quelle que soit leur origine, entre les gens sans caste.

N'oublions pas que pendant la longue domination musulmane, dans le nord de l'Indoustan, les livres sacrés dont il était défendu aux Indous de faire usage s'étaient perdus, et qu'à des époques plus tolérantes ils ne furent restitués qu'à l'aide des textes du sud. Mais alors Manou dut subir de nombreuses interpolations, pour ne pas rejeter entièrement les gens des castes mêlées hors de la société, gens dont le nombre s'était singulièrement augmenté par ce fait que les musulmans, pendant plus de cinq siècles, refusèrent de reconnaître les castes et de protéger cette institution.

se procurer sa nourriture : 1° l'enseignement du Véda; 2° la direction des cérémonies; 3° l'acte de recevoir l'aumône d'un homme de bien.

« Ces trois pratiques sont réservés aux seuls brahmes, et ne concernent pas les autres classes.

« Le xchatria vit de son épée, et le vaysia du commerce, mais les trois autres modes leur sont permis : étudier le Véda, offrir le sacrifice, et recevoir l'aumône.

« Le brahme en temps de détresse peut accomplir l'office du xchatria, s'il ne peut vivre autrement, il peut même pour ne pas mourir de faim faire le commerce. De même le xchatria.

« Mais que le brahme et le xchatria réduits à vendre et à acheter par la nécessité s'abstiennent de vendre des sucs végétaux, des grains, des bestiaux, du sel, des luzernes,

« Du riz cuit, des pierres, des étoffes rouges, du chanvre, de la laine, des fruits, des racines et des plantes médicinales,

« De l'eau, des armes, de la viande, du poison, du soma[1], des parfums, du lait, du miel, du beurre, de la cire, du sucre, du fourrage séché,

« Des bêtes féroces, ou autres animaux des déserts,

---

1. Jus de l'asclépiade.

des boissons enivrantes, de l'indigo, de la gomme, et des animaux au sabot non fendu.

« Mais il peut vendre du riz, de l'or, de l'argent et autres métaux, des pierres précieuses, des perles, de la soie, des graines pures, du fourrage en vert, et des boissons non fermentées.

« Le brahme et le xchatria qui dans la détresse oublieront ces prescriptions renaîtront ver rampant dans les excréments d'un chien.

« Si un soudra veut exercer les fonctions réservées aux castes supérieures, il sera sur-le-champ rejeté parmi les tchandalas, et privé de ses biens par le roi.

« Où irait cette création dont l'ordre est parfait si chacun agissait à sa guise, et usurpait des fonctions auxquelles on n'a droit qu'après de nombreuses transmigrations[1]?

« Le soudra ne peut jamais sortir de la caste servile; qu'il serve les autres castes ainsi qu'il a été établi par la résolution divine et la coutume immémoriale, et sa femme, ses enfants et lui-même recevront la nourriture du maître.

---

1. C'est toujours le même naturalisme fataliste qui catalogue les hommes, comme les animaux et les plantes, et admet des espèces d'hommes perfectionnées et rudimentaires.

« Le brahme qui, même en danger de mourir de faim, refuse d'exercer aucun métier, et n'a recours qu'à l'aumône accomplit un acte beaucoup plus méritoire.

« Adjigarta qui fut sur le point de sacrifier aux dieux son fils Viaschagana[1], l'ayant vendu en un temps de détresse, ne commit aucune faute cependant.

« Le sage Vâmadeva, pour avoir désiré de la chair de chien, le pénitent Bharadwâdja pour avoir accepté, avec son fils, une vache du charpentier Vridhou, et Viswamitra, pour avoir mangé du chien que lui avait offert un tchandala,

« Ne commirent aucun crime, bien qu'ils connussent parfaitement la loi, mais ils ne firent cela que poussés par la faim.

« Cependant il est plus méritoire pour un brahme poussé par la faim de glaner dans un champ ou de recevoir l'aumône, mais glaner est préférable.

« Le brahme dans l'indigence doit être assisté par le roi, mais sans jamais lui rien demander; le roi qui laisse les brahmes souffrir dans son royaume renaîtra

---

1. Ce sacrifice ressemble à celui d'Abraham.
Adjigarta attache son fils sur le bûcher du sacrifice par ordre de Brahma, mais, au moment où il va lui plonger dans le cœur le couteau fatal, il est arrêté par un envoyé céleste.

dans le ventre d'un chacal pendant mille et une migrations.

« Même pressé par la faim, un brahme ne doit jamais servir un roi, autrement que comme chapelain ou conseiller spirituel, ou juge.

« Le roi trouve sa subsistance dans l'impôt qu'il prélève sur ses sujets, et s'il les protége selon le vœu de la loi, il peut augmenter ses richesses sans encourir aucun blâme.

« Le vaysia tire sa subsistance du commerce, et ces occupations ne lui occasionnent aucune impureté, car il a été établi pour commercer, prêter l'argent, cultiver la terre et exercer les métiers de l'artisan; en cas de détresse, il peut servir les brahmes et les rois.

« Le soudra qui ne doit sa nourriture qu'au servage, doit recevoir le reste des aliments préparés pour le maître, le rebut des grains, des vêtements et des meubles.

« Toute nourriture est permise au soudra, même celle défendue aux autres castes comme impure, il ne reçoit pas les sacrements, n'est pas initié, et n'est astreint à aucun devoir religieux.

« Le soudra ne peut acquérir des richesses pour lui-même, car tout ce qu'il gagne, reçoit, achète ou fabrique, accroît à l'héritage de son maître.

« Le soudra qui sert un vaysia en observant la loi abandonne après sa mort la condition servile.

« Celui qui sert un xchatria avec zèle renaît vaysia; celui qui sert un brahme avec dévouement jusqu'à sa mort, suivra son maître au séjour céleste.

« Telle est la loi qui concerne les quatre castes dans les temps de famine et les circonstances difficiles. »

LIVRE XI.

DE L'AUMONE ET DES PURIFICATIONS.

« Le brahme qui a accompli son noviciat, le pourohita, le pèlerin, celui qui a donné tout ce qu'il possédait en exercices pieux, celui qui nourrit son gourou, son père et sa mère, celui qui est pauvre et ne peut gagner sa vie parce qu'il étudie le Véda, et celui qui est infirme

« Doivent être appelés suâtacas ou mendiants par motifs pieux, et secourus par les gens de bien, selon leur misère.

« Les rois doivent combler de présents les brahmes, savants dans l'Écriture sacrée, et parce qu'ils président aux sacrifices.

« Les hommes de toutes castes qui font l'aumône aux brahmes vertueux qui vivent dans la contemplation[1] obtiennent le pardon de leurs fautes et la béatitude finale.

« Il est digne de boire le soma divin celui qui

---

1. Les anachorètes.

s'engage à nourrir pendant trois ans, ou pendant leur vie entière, ces brahmes vertueux.

« Mais celui qui, pour avoir le droit d'user de la boisson sacrée, fait l'aumône aux dépens des besoins de sa famille, n'en retire que le mépris.

« Que jamais, sous un roi juste et éclairé, les brahmes ne manquent de victimes pour les sacrifices, et dans ce cas qu'il les choisisse dans le troupeau d'un riche vaysia, car le sacrifice ne peut rester en suspens.

« Il prendra l'objet du sacrifice, même chez un impur soudra, le sacrifice purifie l'offrande.

« C'est par les mérites et la permission des brahmes que les autres hommes vivent; un brahme qui manque de nourriture peut la prendre partout où il veut, mais selon ses besoins.

« Il peut prendre, dans les maisons, dans les temples, dans les palais, dans les champs et même sur l'autel, parmi les offrandes faites aux dieux, un brahme ne doit pas souffrir de la faim.

« Le xchatria qui manque de nourriture, peut la prendre dans les biens du vaysia, mais jamais dans celui des brahmes.

« On dit des riches qui pratiquent l'aumône que leurs biens leur viennent des dieux, et de ceux qui ne la pratiquent pas, qu'elles proviennent des mauvais génies.

« Qu'un roi sage assigne, sur ses revenus, une part suffisante aux brahmes nécessiteux, et ils ne seront pas obligés de ravir leur nourriture par ruse ou par force.

« Que le brahme emploie ce qu'il a reçu pour le sacrifice, au sacrifice ; celui qui agit autrement renaît pendant cent migrations dans le corps d'un corbeau ou d'un chacal.

« Il reviendra vautour puant, se nourrissant de pourriture, celui qui aura ravi à un brahme les offrandes du sacrifice.

« Que dans toutes les circonstances les brahmes observent les défenses prescrites pour la nourriture, et ne s'en abstiennent que dans les temps de détresse.

« Mais celui qui, pouvant se conformer aux préceptes sur la nourriture, use néanmoins des aliments qui ne sont permis qu'aux temps de misère, descend au Naraca.

« Le brahme a été créé maître du monde, il est en possession des mentrams qui commandent aux dieux et aux éléments.

« Qu'un brahme ne se fasse donc jamais protéger par un roi. N'a-t-il pas les mentrams magiques de l'Atharva-Véda, pour détruire en un instant tous ses ennemis?

« Pour se défendre, le xchatria a son épée, le

vaysia ses richesses, le soudra son bras et son impureté[1], le brahme a les conjurations magiques.

« Les purifications et expiations s'accomplissent par le sacrifice au feu sacré ; le brahme qui n'entretient pas le feu sacré descend au niveau du soudra.

« Les femmes, les fous, les ignorants, ne sont pas admis à faire les oblations au feu, pareillement celui qui n'a pas reçu le sacrement de l'oupanayana[2].

« Le brahme qui, par des présents, consent à offrir l'oblation au feu sacré pour un soudra, tombe au niveau des tchandalas.

« Dans les trois castes, le sacrifice de l'expiation doit être accompli pour toutes les fautes volontaires ou involontaires.

« La faute volontaire est expiée par la lecture du

---

1. Les castes supérieures ne pouvaient avoir aucune communication directe avec celle des soudras, sous peine d'être frappées d'impuretés et obligées de recourir aux ablutions religieuses ; de là cette parole proverbiale dans l'Inde :

« Le serpent est protégé par son venin,
Le soudra par son impureté. »

2. Le sacrement de l'oupanayana, est le sacrement de l'initiation ou confirmation, par la tonsure, la ceinture, l'obtention du bâton, l'onction d'huile, etc...

Véda, la faute volontaire n'est expiée que par des austérités sans nombre.

« Pendant tout le temps que dure l'expiation, le dwidja ne doit avoir aucun rapport avec les gens de sa caste et de la maison.

« Les expiations portent non-seulement sur les fautes de la vie présente, mais encore sur celles commises dans les existences précédentes.

« De là une foule d'hommes sont pendant cette vie affectés de lèpre, d'éléphantiasis et de maladies honteuses [1].

« Celui qui, dans une existence précédente, a volé de l'or, voit ses ongles tomber; celui qui a eu l'habitude des boissons enivrantes, voit ses dents se gâter.

« Celui qui a tué un brahme meurt dans cette vie d'une maladie de poitrine, celui qui a séduit la femme de son gourou est rejeté dans la classe des circoncis [2].

---

1. En dehors des tristes maux dont ils étaient affligés, les malades atteints d'éléphantiasis et de lèpre étaient encore frappés d'une impureté qui avait son origine dans cette croyance religieuse qui leur faisait expier ainsi les fautes d'une autre vie. Ne faut-il pas trouver dans le souvenir inconscient peut-être de cette tradition, l'explication de la réprobation qui longtemps s'attacha aux mêmes maladies chez toutes les nations indo-européennes?

2. William Jones a traduit « sera privé de prépuce. »

« Le calomniateur a une respiration fétide, le médisant le nez punais, le voleur de riz un membre de moins, celui qui trompe sur la qualité des grains un membre de trop.

« Ainsi, suivant leurs actions passées ou présentes, les hommes sont fous, contrefaits, malades et méprisés pour leur difformité.

« C'est pour cela que la pénitence a été instituée et afin que les hommes ne reviennent pas au monde avec ces stigmates repoussants.

« Se donner comme étant d'une caste plus élevée que la sienne, tromper le roi, porter faux témoignage contre son gourou, est égal au crime de tuer un brahme.

« Mépriser le Véda, tuer son prochain, nier un dépôt, voler une femme, un champ, des diamants fait renaître pendant mille migrations dans le corps des animaux immondes.

« Tuer une vache, souiller la couche de son père spirituel, séduire ses sœurs, la femme d'un ami, une

---

C'est le second passage de Manou qui nous démontre que la circoncision existait chez les populations indoues; mais elle n'était appliquée, nous l'avons vu dans notre note sur les tchandalas, qu'aux criminels et aux décastés comme moyen suprême de propreté, les ablutions leur étant défendues. Ces malheureux décastés sont sans doute les ancêtres des populations dites sémitiques.

femme de la classe vile, sera puni également de mille migrations.

« Violer une fille avant sa nubilité, manquer au vœu de chasteté, vendre le bien des temples, une femme, un enfant, un pèlerin, sera puni de mille fois mille migrations.

« Négliger les sacrements, vendre des versets de la sainte Écriture, faire des conjurations magiques pour causer la mort d'un innocent [1],

« Couper les moissons en vert, abattre les grands arbres sur les routes, manger des aliments défendus, lire des livres obscènes, danser et chanter, fréquenter les femmes impures,

« Avoir des vices contre nature, tuer un cheval, un chameau, un âne, un bouc, un buffle sans nécessité,

« Quêter des présents des hommes avilis, servir un soudra, tous ces cas font rejeter le coupable dans la classe impure des tchandalas.

« Écoutez maintenant les divers modes d'expiation de ces fautes.

« Si un brahme tue un brahme autrement qu'en légitime défense, qu'il se retire pendant douze années

---

[1]. Ces superstitions n'ont pas encore totalement disparu des habitudes vulgaires de tous les Indo-Européens.

dans la forêt, et vive en contemplation en face du crâne de celui qu'il a tué.

« Si un xchatria a tué un brahme autrement qu'en légitime défense, qu'il se fasse tuer par des archers ou se précipite dans le feu.

« Si le meurtre a lieu involontairement, le meurtrier sera purifié par les sacrifices de l'aswamédha[1],

---

[1]. Sacrifice de l'aswamédha ou sacrifice du cheval.

À l'époque de la domination purement sacerdotale des brahmes, *le sacrifice de l'aswamédha n'était qu'emblématique.* Pendant qu'un prêtre, devant les chefs assemblés, offrait le sacrifice, un cheval était attaché près de l'autel et le sacrificateur le consacrait à la divinité. A la fin de la cérémonie, on lui imprimait avec un fer rouge la marque de la divinité, ainsi qu'on fait encore pour les taureaux sacrés dans toutes les pagodes de l'Inde, et exclusivement attachés au service du temple et des prêtres, il ne pourrait plus être employé à un service abject. On ne recevait pour ce sacrifice que de jeunes étalons.

D'après les brahmes pundits, la plupart des chevaux et des taureaux (car le sacrifice du taureau existe également) étant assouplis au service de l'homme par la castration, il était nécessaire de ne pas abandonner aux classes inintelligentes le soin de choisir et de consacrer les plus beaux types destinés à conserver la race. Il fut défendu aux soudras et aux vaysias de posséder des étalons, et le privilège fut attribué aux pagodes. Les soudras qui cultivaient la terre pour les brahmes et les xchatrias se fussent peu, on le conçoit, inquiétés de conserver des types de race.

Les chevaux et les taureaux étalons furent donc, à l'aide

du swardjit, du gosava, de l'abhidjit, du viwadjit, du tritwrit et de l'agnichtout.

---

d'une consécration, mis sous la protection de la divinité, ainsi qu'on le fit, 'u reste, pour les ablutions, les bains, les jeûnes à de certaines époques de l'année, et toutes les coutumes hygiéniques que le législateur dans l'Orient a constamment mises sous la protection de l'idée religieuse.

Déjà à cette époque, on ne voulait pas instruire le peuple pour le conserver à l'état de machine à travail, et pour imposer à sa grossière intelligence des habitudes d'hygiène qui conservassent la santé de la brute, on lui faisait peur de Dieu ou du Diable.

Ces coutumes, adoptées en Perse et en Égypte, ont fait dire que l'antiquité avait adoré des animaux.

Dans la seconde époque, que j'appellerai l'époque royale, alors que les chefs avaient attiré à eux le pouvoir temporel, tout en gorgeant les brahmes d'honneurs et de richesses, pour se servir d'eux dans un intérêt de domination sur les masses, le sacrifice de l'aswamédha de symbolique devint effectif, mais ce sacrifice du cheval était toujours précédé d'une espèce de chasse à l'animal, dans laquelle se défiaient le plus souvent des rois voisins et rivaux de puissance. Cela donnait lieu à des fêtes sans fin, et au bout d'une année le cheval était immolé.

Chaque roi était obligé de faire ce sacrifice au moins trois dans sa vie; celui qui l'accomplissait cent fois s'élevait au rang des dieux.

Dans la troisième période voisine de notre ère, les brahmes et les xchatrias, ou rois divisés par des querelles intestines et des guerres de conquêtes, n'ont plus le temps de présider à des sacrifices dont la durée était d'une année;

« Ou bien que le coupable fasse cent yodjanas à pied, en récitant à chaque pas un verset du Véda.

---

en même temps que l'aswamédha devient plus rare, il tend de plus en plus à se symboliser.

Manou avait déjà dit, pour la nourriture sacrée des sacrifices, livre V, sloca 37 :

« Que le brahme fasse, avec de la pâte pétrie dans le beurre, l'image de l'animal qu'il veut sacrifier, et qu'il se garde de manger un animal qui n'aurait pas été consacré. »

Et les brahmes prirent peu à peu l'habitude de représenter le cheval de l'aswamédha par une figurine en pâte de riz pétrie tantôt avec du miel, tantôt avec du beurre.

Peu à peu l'horreur du meurtre des bêtes, que Manou n'autorisait, du reste, que dans les offrandes aux dieux, devint telle, en raison du dogme de la métempsycose qui primait tous les autres, qu'on vit les brahmes tamiser leur eau pour ne pas s'exposer en la buvant, à faire périr les animalcules qu'elle contenait, ce qui n'était fait autrefois que par les pénitents d'un degré supérieur, et les sacrifices d'animaux, chevaux, taureaux, chevreaux, colombes, etc., conservés seulement à titre d'exception pour quelques fêtes spéciales, disparurent du culte, remplacés, selon le vœu de Manou, par des simulacres en pâte, de petites galettes de riz, du lait, du beurre, du miel, des grains de riz grillés et des fleurs.

Il y a des siècles que le sacrifice du cheval ne se fait plus dans l'Inde par l'immolation de l'animal lui-même, mais comme l'aswamédha a conservé dans les croyances toute sa force purificatrice, tous les matins les brahmes l'accomplissent à l'aide d'une figurine moulée avec du riz cuit dans du safran ou de la pâte dans la pensée de conquérir pour la vie future un rang égal à celui des dieux.

« Ou encore qu'il donne tout ce qu'il possède à un brahme pieux et savant dans le Véda, ou simplement une maison, et un champ suffisant pour le nourrir.

« Il peut encore remonter le cours de la Saraswati, de son embouchure à sa source, en se contentant de manger les fruits rouges qui poussent sur ses bords, en récitant la sanhitâ du Rig-Véda.

« Qu'il sauve une vache ou un brahme, cet acte méritoire expie le meurtre d'un brahme.

« Le brahme meurtrier d'un brahme, involontairement, peut expier sa faute en la confessant publiquement dans une assemblée de brahmes et de xchatrias réunis pour le sacrifice de l'aswamédha.

« Les brahmes sont la base, les xchatrias le sommet de cette création, en conséquence on est purifié quand on confesse ses fautes en leur présence.

« Que trois brahmes réunis, en tribunal religieux, écoutent les fautes des coupables, et leur indiquent l'expiation [1].

C'est ainsi que le sacrifice se perpétue de jour en jour, non-seulement pendant un an, comme dans le passé, mais pendant toute la vie du sacrificateur, dans l'espérance de gagner la récompense promise par Manou.

A celui qui aura sans interruption accompli l'aswamédha pendant cent années.

1. La confession.

« La pénitence donnée effacera le crime, car le brahme est une autorité en ce monde, et dans l'autre, le brahme est un objet de vénération pour les dieux[1].

« Mais pour le brahme tué volontairement par un dwidja, une expiation de douze ans dans la forêt n'est point suffisante, qu'il double sa punition, ou soit mis à mort.

« Trois espèces de boissons fermentées sont défendues : celle qu'on extrait du riz, du jus de canne et du madhouca ; toutes trois sont également interdites aux brahmes.

« Que celui qui offre la nourriture des dieux et le beurre clarifié ne touche jamais à ces boissons impures, dont les yakchat, les rakchasas et les pisatchas font leurs délices.

« Le brahme qui s'enivre, oubliant l'essence divine dont est formée sa personne, tombe au rang des soudras.

« Le dwidja qui se livre aux boissons fermentées

---

1. N'est-il pas curieux de rapprocher de ces prescriptions les paroles suivantes :

« Ce que vous délierez en ce monde sera délié dans l'autre... »

Le christianisme aura beau faire, il ne déguisera jamais ses origines.

sera brûlé par le feu de ces boissons. Qu'il se purifie en buvant de l'urine bouillante de vache.

« Celui qui a volé de l'or doit en faire l'aveu au roi en disant : fixez la punition.

« Qu'il soit frappé une seule fois d'un coup de massue, qu'il en meure ou survive, il est purifié.

« Celui qui a souillé le lit de son père naturel ou de son père spirituel, doit être couché sur un lit de fer rougi au feu ; qu'il prenne dans ses bras une statue de femme en bronze rougie au feu, et qu'il meure ; nulle autre expiation que la mort n'a été indiquée pour ce crime.

« Ou bien qu'il se coupe le membre viril et les bourses, et marche à l'ouest jusqu'à ce qu'il tombe mort.

« S'il a commis la faute sans le savoir ou le vouloir, qu'il se retire dans la forêt en laissant croître ses ongles, sa barbe ou ses cheveux, ou s'assoie au sommet d'une colonne, en regardant l'orient, jusqu'à la fin de sa vie[1].

« Ces expiations ne s'appliquent qu'aux grands

---

1. Origine des pénitents stylites. Quelques-uns de ces fanatiques continuèrent leurs singulières pratiques dans les premiers temps de l'Église chrétienne. On connaît la légende de Siméon le stylite.

coupables, les fautes moindres peuvent être expiées de la manière suivante :

« Que le meurtrier d'une vache, pendant trois mois s'étant recouvert de la peau de la vache qu'il a tuée, se mette pendant trois mois au service d'un troupeau de vaches.

« Qu'il donne ensuite dix vaches et un taureau, ou tout ce qu'il possède aux brahmes, et sa faute est réparée.

« Pour toutes les fautes secondaires [1] le dwidja est purifié par la pénitence du tchandrayana ou pénitence lunaire.

« Pour avoir violé le vœu de chasteté, que le novice offre, selon le rite prescrit, un âne noir à Nirriti, la nuit, au centre d'un carrefour.

« Après avoir répandu sur le feu la graisse de la victime [1], qu'il fasse l'oblation à Vota, Indra, Gourou et Voni, avec le beurre clarifié, et en récitant l'invocation qui commence par Sam [2].

« Le vœu de chasteté a été dit violé, par les sages,

---

1. Les fautes sont divisées par les brahmes en fautes graves qui exigent la purification du naraca ou enfer, et fautes secondaires, qui s'expient par une migration inférieure.

2. D'après la Bible et le Coran, les lévites et imans, moullahs, ou sacrificateurs, sont obligés de répandre également la graisse des victimes dans le feu des sacrifices.

par l'émission volontaire de la semence chez un novice.

« Après le sacrifice, qu'il se couvre de la peau de l'âne sacrifié, et s'en aille pendant sept jours demander l'aumône devant sept maisons, en faisant l'aveu de son crime.

« Si la faute est involontaire, il est purifié en accomplissant la pénitence pràdjàpatya.

« Pour le meurtre d'un xchatria, la punition est le quart de celle imposée pour le meurtre d'un brahme, pour un vaysia le huitième, pour un soudra le sixième, mais seulement si c'était un homme vertueux.

« Si le brahme tue sans le vouloir un xchatria, il est purifié par le don de mille vaches et un taureau pour les offrandes religieuses.

« Ou bien que, retiré dans la forêt, laissant pousser sa barbe et ses cheveux, il subisse pendant trois ans la pénitence imposée pour le meurtre d'un brahme pendant douze ans.

« Un an de cette punition expie le meurtre involontaire d'un vaysia, il suffit de six mois pour celui d'un soudra.

« Quiconque tue à dessein un animal pur hors le cas de légitime défense, doit s'imposer la pénitence ordonnée pour le meurtre involontaire d'un soudra.

« S'il a tué un eunuque, qu'il donne à un autre

brahme, en expiation, une charge de paille et un machaca de plomb. S'il a tué un circoncis, qu'il se purifie par une simple oblation [1].

« S'il tue une femme appartenant à l'une des quatre castes, surprise en adultère, il est purifié par l'offre d'un bouc, d'un arc et de son carquois.

« Si un brahme, par pauvreté, ne peut acquitter les dons et offrandes qui lui sont imposés pour le meurtre des animaux de peu d'importance comme les insectes, ou pour avoir coupé des arbres, des arbustes, des plantes, qu'il fasse la pénitence du pradjapatya et récite cent hymnes du *Rig-Veda*.

« Celui qui a bu une liqueur fermentée, ou de l'eau qui a été puisée dans un vase qui a contenu de cette liqueur, est purifié par le sacrement de l'oupanayana, ou en buvant pendant cinq nuits du lait dans lequel il a fait infuser du saukhapouchpi [2].

---

1. C'est le troisième et dernier texte dans lequel Manou s'occupe des tchandalas, en les appelant les circoncis ou gens sans prépuce.

Il est étonnant que jusqu'à ce jour cette expression appliquée à toute une classe d'hommes qui fut un noyau constant d'émigration, n'ait pas tenté les commentateurs modernes; n'est-il pas temps d'étudier logiquement l'histoire de la diffusion des races humaines, au lieu d'en être encore, en science, aux fils de Sem, Cham et Japhet...

2. Plante, — andropogon aciculatum.

« Le brahme qui, à l'issue du sacrifice où il a bu le soma, vient à sentir l'haleine d'un homme qui a bu des liqueurs fermentées, se purifie en mangeant du beurre clarifié qui a été consacré.

« Toute souillure qui provient de l'urine ou des excréments ne peut être purifiée que par le sacrement de l'oupanayana.

« Après l'investiture du cordon sacré, il n'est point nécessaire de recommencer pour le dwidja les cérémonies de la tonsure, du bâton, de l'aumône et de l'abstinence.

« Le brahme qui a mangé avec des gens de caste inférieure, qui a accepté les restes d'un soudra ou d'une femme, ou des viandes prohibées, ou des choses aigres, ou quelque chose qui a été touché par un porc, un chameau, un corbeau, un cheval ou un singe,

« Ou de la chair séchée au soleil, ou des champignons, de l'ail, des oignons, doit, suivant les cas, boire de l'eau d'orge pendant sept jours et sept nuits, ou faire le tchandrayana, ou la pénitence du taptacritchra.

« Le brahme qui désire être toujours en état de pureté, doit, connaissant les cérémonies de purification et d'expiation, les accomplir dès qu'il a commis une faute.

« Le criminel qui a volontairement commis une

faute importante et qui se refuse d'accomplir les purifications prescrites, doit être chassé de sa maison et de la caste.

« Qu'il soit considéré comme mort [1], que ses sapindas [2] et les samânodacas [3] offrent le sacrifice funéraire pour lui, au milieu d'une nuit néfaste avec son ritwidj et son gourou.

« Qu'une femme esclave renverse sur les tisons du feu funéraire un vase plein d'eau avec le pied, ainsi qu'on fait pour les morts impurs, et que chacun se retire, impur pendant un jour.

« Alors le criminel n'a plus ni père, ni mère, ni femme, ni enfant, ni biens, ce n'est plus qu'un sava qui marche.

« Au contraire, celui qui s'est soumis volontairement à toutes les purifications prescrites, peut rentrer dans sa maison et s'occuper de sa famille et de ses affaires comme autrefois.

« Lorsqu'il revient de la forêt, amaigri par les austérités, le brahme qui a commis un crime dont il

---

1. La mort civile.
2. Parents qui ont le droit d'offrir les gâteaux dans les cérémonies funéraires.
3. Parents éloignés qui, dans les cérémonies funéraires, n'ont pas droit d'offrir les pindas, mais seulement une oblation d'eau.

s'est purifié selon le mode prescrit, soit en vivant douze années dans les bois,

« Soit en accomplissant les trois sacrifices des trois feux, soit en récitant pendant un mois une sanhita des Védas, soit en faisant les offrandes sâcalas,

« Soit en faisant la pénitence appelée pradjapatya, ou la santapana, ou l'aticritchra, ou la taptacritchra, ou la parâca, ou la tchandryana, ou la pénitence yati appelée pénitence lunaire [1],

« Il doit être accueilli, à son retour, par les brahmes, par ces paroles : O saint homme, vous voici de retour au milieu de nous et purifié. Venez et ne péchez plus.

« Les Roudras [2], les adityas [3], les vasous [4], les

---

1. Pénitence à l'usage des anachorètes qui consiste à ne prendre que trois fois quatre-vingts bouchées de nourriture pendant un mois.

2. Les roudras sont des esprits supérieurs sortis du cerveau de Brahma, ils sont au nombre de onze. Voici leurs noms : Adjaicapâda, Ahivradhna, Viroupâkcha, Sauriswara, Djayanta, Vahauroûpa, Tryambaca, Aparâdjita, Savitra et Nara.

3. Les adityas président aux mois de l'année et se nomment : Vhaga, Vansou, Varouva, Mitra, Aryama, Savitri, Dhâtri, Vivawat, Twachtri, Pancha, Indra et Yama.

4. Les demi-dieux vasous sont au nombre de huit, ce sont : Dhara, Dhrouva, Soma, Neivitia, Anila, Anala, Prabhoucha et Prabhâna.

génies du vent [1], les grands saints ont souvent accompli cette pénitence lunaire, en ne mangeant que trois fois quatre-vingts bouchées de riz en un mois, pour purifier la terre de tous les crimes qui s'y commettent.

« Sachez que l'homme vénérable qui accomplit tous les ans une fois cette pénitence lunaire, est sûr d'être transporté dans le séjour bienheureux du régent de la lune.

« Toutes ces pénitences ont été prescrites aux dwidjas, pour les fautes publiques et connues de tout le monde; écoutez les purifications ordonnées pour les fautes qui ont été commises secrètement.

« Par un aveu fait devant tout le monde, par le repentir, par la dévotion, et la récitation des prières sacrées, un pécheur peut être déchargé de sa faute. En cas d'impossibilité de cet aveu, qu'il fasse les aumônes prescrites aux fautes connues.

« Suivant la franchise et la sincérité de l'aveu fait par un homme qui a commis une faute, il se débarrasse de cette faute comme un serpent de sa peau.

« Après avoir commis une faute, qu'il ait la ferme intention de ne plus retomber dans le même péché, et

---

1. Les marouts.

par cela et par l'aveu aux saints brahmes, il est purifié [1].

« Qu'il sache que nul n'évite après la mort la punition ou la récompense pour les actions bonnes ou mauvaises, qu'il conforme donc tous ses actes à cette pensée.

« Qu'il n'accomplisse que des actions vertueuses, et sans cesse se purifie à l'aide des cérémonies prescrites, pour toutes les fautes volontaires ou involontaires, graves ou légères qu'il peut commettre.

« Si, après la purification, il se sent encore un poids sur la conscience, qu'il continue ses dévotions jusqu'à ce qu'il en retire une satisfaction complète.

« La dévotion et la science du Véda sont les deux sources de félicité des dieux et des hommes, c'est le commencement et la fin de la vie.

« Il n'est rien d'impossible à la dévotion austère et à la science du Véda, les dieux leur sont soumis et leur obéissent.

« Quel est le dieu qui a pu résister à la dévotion austère, et au mentram d'un Yati retiré dans la forêt, qui l'implorait.

« La dévotion et l'étude constante du Véda brûlent

---

1. Ce n'est plus seulement la confession, c'est encore le repentir et le ferme propos, le christianisme a adopté toute la vieille phraséologie des pagodes.

les péchés, comme le feu sacré qui s'échappe de la vue un soir d'orage brûle des herbes sèches aux flancs des coteaux ?

« Ainsi qu'une pierre que l'on jette dans un lac disparaît en un instant, de même les fautes se submergent et disparaissent dans la science du triple Véda.

« Les hymnes du Rig, celles du Yadjour, et les invocations différentes du Lama, composent le Véda triple. Celui qui le connaît, connaît la révélation sacrée.

« Le saint monosyllabe primitif, composé de trois lettres, A — U — M, dans lequel est compris la triade védique, doit être gardé secret comme un autre triple Véda ; celui qui en connaît le sens connaît le Véda.

LIVRE XII.

KCHETRADJNA. — NARACAS. — SWARGA. — MOCKCHA.
Ame immortelle.   Enfers.   Ciel.   Béatitude finale [1].

« O toi qui es la pureté suprême, maintenant que tu nous as dit quels étaient les devoirs des quatre classes, révèle-nous la vérité sur l'âme, le châtiment et la récompense !

« L'envoyé de Dieu, Manou, le juste par excellence, répondit : — Écoutez et apprenez quelle est la souveraine destinée de tout ce qui est doué de la faculté d'agir.

---

1. Ce dernier livre de Manou traite de la transmigration des âmes ou métempsycose.

Le mythe de la transmigration des âmes est peut-être le premier système philosophique qui se soit produit dans le monde sur l'immortalité de l'âme et l'origine de l'homme ; il se lie intimement avec celui de l'incarnation de la divinité dans les croyances hiératiques de l'Inde ancienne.

« L'âme qui s'est purifiée par la vertu, dit Vrihaspati dans son commentaire sur Manou, remonte au séjour céleste et s'absorbe dans le sein de Para-Pouroucha (le Grand

« De tout acte de la pensée, de la parole ou du corps, résulte un bon et un mauvais fruit ; des actions des hommes naissent leurs différentes conditions, supérieures, moyennes ou inférieures.

« Sachez que dans cet univers, l'esprit est l'instigateur de cet acte lié avec l'être animé, qui a trois degrés, qui s'opère de trois manières et qui est de dix sortes.

« Penser aux moyens de s'approprier le bien d'autrui, méditer un acte répréhensible, embrasser l'athéisme et le matérialisme sont les trois actions coupables de l'esprit.

Être), mais celle dont la souillure n'est point effacée est condamnée aux transmigrations successives établies par le Véda. »

A l'imitation des brahmes, les prêtres égyptiens en avaient fait leur dogme le plus important.

« La transmigration des âmes est le dogme le plus important de l'Égypte, » dit Manéthon, prêtre de Sébényte.

Le Thibet, la Chine, le Japon, les îles de la Sonde l'avaient reçu de Bouddah !

La Perse tenait cette croyance de Zoroastre.

César la retrouvait en Germanie et en Gaule.

« *Druides imprimis hoc volunt persuadere, non interire animas, sed ab aliis post mortem transire ad alios; atque hoc maxime ad virtutem excitari putant metu mortis neglecto.* »

(*De Bello Gallico.*)

Pythagore (en sanscrit Pitha-gourou, le maître d'école),

« Proférer des injures, mentir, médire de tout le monde, mal parler des choses sacrées sont les quatre actions coupables de la parole.

« S'emparer du bien d'autrui, faire du mal aux êtres animés sans y être autorisé par la sainte Écriture, ravir la femme d'un autre, sont reconnus comme les trois actions coupables du corps.

(Les dix actions opposées à ces dix mauvaises sont bonnes au même degré. — (Commentaire de Collouca-Batta.)

« Pour les bonnes actions qui viennent de l'esprit, l'être animé et doué de raison *est récompensé dans son esprit!* Pour celles qui viennent de la parole, il en est récompensé dans les organes de la parole ; pour

---

à la suite de ses voyages dans l'Inde, en fit la base de son enseignement.

Qui ne se souvient des beaux vers d'Ovide, dans lesquels le philosophe grec, après avoir exposé sa doctrine, retrace à ses disciples émerveillés les phases diverses de ses différentes existences depuis le siége de Troie auquel il prétendait avoir assisté ?

> Morte carent animæ, semperque, priore relicta
> Sede, novis domibus habitant, vivuntque receptæ.
> Ipse ego, nam memini, Trojani tempore belli,
> Panthoides Euphorbus eram, cui pectore quondam
> Sedit in adverso gravis hasta minoris Atridæ ;
> Cognovi clypeum, lævæ gestamina nostræ
> Nuper Abanteis templo Junonis in Argis.

celles qui viennent du corps, il en est récompensé dans son corps.

« Pour les mauvaises actions qui proviennent de l'esprit, l'homme renaît dans la condition humaine la plus vile; pour celles commises par la parole, il revêt la forme d'un oiseau ou d'une bête fauve; pour les fautes provenant du corps, il passe à l'état de créature privée de mouvement.

« Celui qui possède une autorité souveraine sur son esprit, ses paroles et son corps, peut recevoir le nom de Tridandi, c'est-à-dire qui possède la triple volonté.

« L'homme qui déploie cette triple volonté en toutes circonstances, qui est maître de ses actions et réprime le désir et la colère, obtient par ce moyen la félicité céleste et éternelle.

« Le moteur de ce corps est appelé kchetradjna (âme principe de vie), et le corps qui accomplit des fonctions visibles et matérielles a reçu le nom de boûtâtmâ (composé d'éléments).

Socrate et Platon firent de cette croyance l'objet de spéculations sérieuses, et peu s'en fallut qu'elle ne devînt avec Origène et plusieurs autres docteurs de l'Église, dont les doctrines ne furent condamnées que trois quarts de siècle plus tard, à Nicée, un des articles de la foi catholique.

« Un autre élément interne appelé mahat (sensation) vit avec tous les êtres animés, et c'est grâce à lui que le kchetradjna perçoit le plaisir et la peine, c'est le lien qui unit le corps à l'âme.

« La sensation et l'âme intelligente unis aux cinq sens — l'ouïe, la vue, l'odorat, le toucher, l'attrait mutuel des sens — sont dans une liaison intime et constante avec le Grand Tout qui réside dans les êtres de l'ordre le plus élevé, aussi bien que dans ceux de l'ordre le plus bas.

« De la substance même du Grand Tout s'échappent continuellement d'innombrables principes vitaux qui communiquent sans cesse le mouvement aux créatures des divers ordres.

« Après la mort, les âmes des hommes qui ont commis de mauvaises actions prennent un autre corps, à la formation duquel concourent les cinq éléments subtils et qui est destiné à être soumis aux tortures de l'enfer.

« Lorsque les âmes revêtues de ce corps ont subi dans l'autre monde les tortures de l'enfer, elles entrent dans les éléments grossiers, auxquels elles s'unissent pour reprendre un corps et revenir au monde achever sa purification.

« Après avoir reçu le châtiment de ses fautes, nées de l'abandon aux plaisirs des sens, l'âme dont la souillure a été effacée, aspire de nouveau à se réunir dans le swarga (ciel), à l'Ame suprême.

« Les mérites et les démérites de l'âme sont de nouveau pesés et examinés, et, suivant que la vertu ou le vice l'emportent, elle obtient la récompense ou un nouveau châtiment.

« L'âme qui a presque toujours pratiqué la vertu et rarement le vice, se rend directement au séjour de délices, dès qu'elle abandonne son enveloppe formée des cinq éléments mortels.

« Mais chaque fois qu'elle s'adonnera au mal plutôt qu'au bien, et que la somme des actions coupables dépassera celle des bonnes, elle sera soumise aux tortures de l'enfer.

« Chaque fois également qu'elle aura enduré les tourments de l'enfer, et que ses fautes auront été effacées, l'âme reprendra son enveloppe mortelle pour venir de nouveau sur la terre achever de se purifier.

« L'homme doit considérer que ces transmigrations successives de l'âme étant le produit de la vertu et du vice, il ne dépend que de sa volonté de diriger son esprit vers la vertu et d'abréger son temps d'exil.

« Qu'il sache que l'âme possède la notion du bien, celle du mal, et qu'il y a de plus en elle des aspirations qui ne se peuvent définir en ce monde, ce qui tient à son union avec les substances matérielles et périssables dont le corps est formé.

« Lorsque, soit le bien, soit le mal, arrivent à dominer entièrement un être animé, ils le rendent semblable à eux; mais ce qui fait la récompense ou la punition légitime, c'est la liberté du choix de l'homme entre le bien et le mal.

« Le bien, c'est la bonté, la science et la modération. Le mal, c'est l'ignorance, la passion et les appétits brutaux, toutes choses qui luttent dans l'homme et qu'il doit savoir maîtriser à son gré.

« Lorsque l'être animé découvre en lui un sentiment honnête, tendre, affectueux, élevé, calme et pur comme le jour, qu'il dise : Cela vient du bien!

« Mais toute disposition de l'âme qui est accompagnée de desseins pervers, de haine, de colère, ou qui tend à la pure satisfaction des sens, doit être déclarée provenir du mal.

« Quant à cette sensation de l'âme qui s'applique à ce qu'elle ne peut ni discerner, ni expliquer, ni comprendre, c'est l'inconnu, le mystérieux, qu'il n'appartient qu'à la Grande Ame de connaître. Il y a des fautes qui proviennent aussi de cet inconnu qui rend l'âme insatiable.

« Je vais maintenant vous faire connaître les actes bons ou mauvais qui procèdent de ces trois qualités.

« L'étude du Véda ou sainte Écriture, la dévotion

austère, la science des choses sacrées, la pureté, l'action de dompter les organes des sens, l'accomplissement de tous les devoirs, la méditation sur l'Être suprême sont les effets du bien.

« N'agir que dans l'espoir d'une récompense, se laisser aller au découragement, faire des choses défendues par la loi, et s'abandonner sans cesse au plaisir des sens,

« La cupidité, l'indolence, l'irrésolution, la médisance, l'athéisme, l'omission des actes prescrits, l'importunité et la négligence proviennent du mal.

« Lorsqu'on désire du profond de son cœur connaître les *vérités sacrées*, lorsque nulle honte intérieure n'accompagne les actes que l'on accomplit, lorsque l'âme au contraire en ressent une réelle satisfaction, on peut dire que l'on se conduit d'après les principes du bien.

« Toute action dont on a honte lorsqu'on vient de la commettre, ou lorsqu'on se prépare à la faire, doit être considérée par l'homme sage comme une action mauvaise.

« L'acte par lequel l'âme aspire après l'inconnu, est un souvenir du *swarga* dont elle a gardé l'empreinte, comme on voit vaguement au réveil les images qui vous ont frappé dans les songes.

« Je vais vous déclarer succinctement, et par ordre, les diverses transmigrations que l'âme éprouve dans cet univers par l'influence de ces trois qualités.

« Les âmes qui ne sont mues que par l'idée du bien, acquièrent la nature divine, celles que dominent le mal sans que le bien ait été exclu de tous leurs actes, ont en partage la condition humaine. Quant aux âmes qui sont restées dans l'obscurité sans distinguer le bien du mal, elles recommencent la série des transmigrations par l'état d'animaux.

« Ces trois sortes de transmigrations ont chacune trois degrés différents : le supérieur, l'intermédiaire, l'inférieur, en raison des degrés divers des mauvaises actions dont l'homme a pu se rendre coupable.

« Les âmes qui ont vécu détachées de la terre, n'aspirant qu'à Dieu, deviennent des anges, c'est-à-dire des esprits intermédiaires entre la création et le créateur, elles ne sont pas comprises dans les catégories suivantes.

« L'homme qui est resté dans l'obscurité sans s'inquiéter de distinguer le bien du mal, renaîtra dans les êtres qui ont vie sans mouvement comme les végétaux ; de là il passera en s'élevant graduellement par les végétaux, les vers, les insectes, les poissons, les serpents, les tortues, les bestiaux et les animaux sauvages : tel est le degré inférieur.

« Puis passant dans le degré intermédiaire, il sera successivement sanglier, tigre, cheval et éléphant.

« A ce moment il atteindra au degré supérieur, et redeviendra homme, mais il ne sortira pas de la caste misérable des tchandalas, qui fournit les danseurs et les charlatans : tels sont les trois degrés et les transmigrations auxquelles sera assujetti l'homme qui, dans une première existence, ne se sera pas, par la distinction des actions bonnes et mauvaises, élevé au-dessus de la brute.

« Celui qui ayant connu le bien l'a pratiqué, mais a commis aussi des actions mauvaises qui, à des degrés différents, contrebalancent les bonnes, parcourra successivement les trois classes de transmigrations suivantes.

« Dans la classe inférieure, il reviendra parmi les bâtonnistes, les lutteurs, les charmeurs d'animaux, les acteurs et les maîtres d'armes.

« Dans la classe intermédiaire, il renaîtra guerrier, roi, juge, orateur.

« Dans la classe supérieure, alors que les bonnes actions commencent à dominer de beaucoup les mauvaises, l'âme ne revient plus transmigrer sur la terre, elle commence à s'élever vers les sphères célestes, et vá animer les corps des musiciens, des génies et des danseuses célestes qui chantent les louanges de la Grande Ame dans les quatorze cieux d'Indra.

« Ceux qui n'ont connu et pratiqué que le bien, ne transmigrent pas, ils restent au service de Brahma, qui les envoie comme une émanation de sa puissance, tantôt habiter la terre pour y servir d'exemple, tantôt veiller à l'harmonie des sphères célestes.

« Dans le premier degré ce sont les anachorètes, les dévots ascétiques, les brahmes, les légions de demi-dieux aux chars aériens, les génies des astérismes lunaires, et ceux qui président aux jours.

« Dans le second degré, ce sont les sacrificateurs, les saints, les dévas, les génies qui conservent l'Écriture sainte, les divinités qui président aux étoiles et aux années.

« Brahma créateur suprême, génie de la vertu, Vischnou, principe de conservation, et Siva, principe de transformation, qui représentent l'un le Mahat et l'autre l'Avyacta, sont les seuls qui soient au degré supérieur du bien puisqu'ils sont le bien lui-même.

« J'ai dit : et ainsi vous est révélé dans son entier ce système de transmigration qui se rapporte à trois sortes d'actions divisées en trois degrés dont chacun possède trois classes, et comprend tous les êtres de la terre et des cieux.

« En se livrant aux plaisirs des sens et en négligeant leurs devoirs, les hommes assez mauvais pour ne pas se soumettre aux expiations saintes, reviennent dans les conditions les plus méprisables.

« Apprenez maintenant, complétement et par

ordre, pour quelles actions commises ici-bas l'âme doit en ce monde revenir dans tel ou tel corps.

« Avant d'être condamnés aux transmigrations que vous allez connaître, les grands criminels vont passer de nombreuses séries d'années dans les sombres demeures infernales, qui sont au nombre de vingt et une :

« Le Tamisra, l'Andhatmira, le Mahârôrava, le Rorava, le Naraca, le Calasoutra, le Mahanaraca,

« Le Sandjivana, le Mahavitchi, le Tapana, le Sampratâpana, le Samhâta, le Sacâcola, le Coudmala, le Poûtimrittica,

« Le Lohasancou, le Ridjîcha, le Pantana, la rivière Sâlmali, l'Asipatravana et le Lohadâraca.

« Le meurtrier d'un brahme revient dans le corps d'un chien, d'un sanglier, d'un âne, d'un chameau, d'un taureau, d'un bouc, d'un bélier, d'une bête sauvage, d'un oiseau, d'un tchandala (pariah).

« Le brahme qui s'adonne aux liqueurs spiritueuses renaît sous la forme d'un ver, d'une sauterelle, d'un oiseau se nourrissant d'excréments, ou d'un animal impur.

« Le brahme qui a volé, passera mille fois dans des corps d'araignées, de serpents, de caméléons, d'animaux aquatiques et de vampires.

« L'homme qui souille le lit de son père spirituel, c'est-à-dire de celui qui lui enseigne le Véda, renaît des milliers de fois à l'état d'herbe, de buisson, puis d'oiseau de proie, et ensuite d'animal féroce.

« Ceux qui commettent des cruautés deviennent des animaux avides de chairs sanglantes, ceux qui usent d'aliments prohibés renaissent vers ; les voleurs passent dans les corps des animaux qui s'entre-dévorent ; ceux qui courtisent des femmes de la basse classe deviennent des esprits errants.

« Celui qui a eu des rapports avec des hommes dégradés, qui a connu la femme d'un autre, ou qui a volé quelque chose à un brâhme, devient un esprit follet des eaux.

« Si un homme dérobe par cupidité des pierres précieuses, des perles, du corail, ou des bijoux de diverses sortes, il renaît dans la tribu des orfèvres (la subdivision la plus méprisée dans la caste soudra).

« Pour avoir volé du grain il devient rat ; du laiton, cygne ; de l'eau, plongeon ; du miel, taon ; du lait, corneille ; le suc extrait du palmier, chien ; du beurre clarifié, mangouste.

« S'il a volé de la viande, il renaît vautour ; de la graisse, madgou ; de l'huile, tailapaca (oiseau buveur d'huile) ; du sel, cigale ; du caillé, cigogne.

« S'il a volé des vêtements de soie, il renaît perdrix ; une toile de lin, grenouille ; un tissu de coton, courlier ; une vache, crocodile ; du sucre, vaggoudda (espèce d'oiseau qui erre autour des sucreries, et vole la cassonade et la mélasse).

« Pour un vol de parfums il renaît rat musqué ; d'herbes potagères, paon ; de graines diverses, hérisson ; de grains en vert, porc-épic.

« Pour avoir volé du feu, il renaît héron ; un ustensile de ménage, frelon ; des vêtements teints, perdrix rouge.

« S'il a volé un cerf ou un éléphant, il renaît loup ; un cheval, tigre ; des fruits ou des racines, singe ; une femme, ours ; des voitures ou des bestiaux, chameau ou bouc.

« L'homme qui enlève par force tel ou tel objet appartenant à un autre, ou qui mange du beurre clarifié, des gâteaux ou de la chair, avant qu'ils aient été offerts à une divinité, sera inévitablement ravalé à l'état de brute.

« Lorsque les hommes des différentes classes, sans nécessité urgente, négligent leurs devoirs particuliers, ils passent dans les corps des êtres de la plus vile caste, et sont réduits à servir leurs semblables.

« Un brahme qui néglige ses devoirs par cela seul que Dieu l'a créé pour être le gardien de la parole divine qui est dans le Véda, le sacrificateur et le directeur de tous les êtres, sera puni, plus sévèrement que les autres créatures.

« Les femmes qui contractent les mêmes souillures, et commettent les mêmes fautes que les hommes, subissent les mêmes séries de transmigration.

« Plus les êtres animés oublieront la vertu pour se livrer sans retenue aux plaisirs des sens, et moins il leur sera facile de quitter la route du mal qu'ils auront choisie, comme le voyageur fatigué qui s'aperçoit de son erreur après de longs jours de marche, et qui n'a plus la force de regagner la bonne direction.

« Celui qui s'obstinera dans des actions mauvaises, oubliant son origine et la destinée future, souffrira des tortures de plus en plus cruelles et passera par des transmigrations de plus en plus infinies.

« Il ira du Tamisra à l'Asipatravana et au Lohadáraca, épuisant les demeures les plus horribles de l'enfer, et divers lieux de captivité et de torture.

« Des tourments de toute sortes lui sont réservés : il sera dévoré par les corbeaux, les vautours et les hiboux, il sera forcé d'avaler des ruisseaux de flammes, marchera sur des sables ardents, et sera mis au feu comme les vases d'un potier.

« Quand il renaîtra, ce sera sous la forme d'animaux exposés à des peines continuelles, sera en proie à toutes les terreurs, et souffrira continuellement de l'excès du froid ou du chaud. Il reviendra au monde un nombre incalculable de fois, subissant toujours des situations plus misérables et réduit à l'état d'esclave, il n'aura plus ni parent ni ami, ni richesse, il dépendra du caprice d'un maître.

« Sa vieillesse sera sans soutiens et sans ressources, en proie aux maladies les plus affreuses, et aux chagrins les plus cuisants; il mourra dans l'effroi et l'abandon.

« Et il ne saurait maudire Brahma pour les douleurs qu'il s'est attirées lui-même; l'homme est libre dans le mal comme dans le bien, seulement il ne commet pas un seul acte qui ne doive lui attirer plus tard punition ou récompense.

« La rétribution due aux actions vous a été révélée en entier : connaissez maintenant les actes qui peuvent conduire le brahme (le prêtre) au bonheur éternel.

« Étudier et comprendre les Védas, pratiquer la dévotion austère, connaître l'Être suprême, dompter les organes de ses sens, ne point faire de mal, et honorer son maître spirituel, sont les principaux moyens de parvenir à la béatitude finale.

« Mais parmi tous ces actes vertueux accomplis dans ce monde, où est-il reconnu comme ayant plus de puissance que les autres pour conduire à la suprême félicité ?

« De tous ces devoirs le plus important est d'acquérir la connaissance et l'amour de Dieu, là est le commencement et la fin de toutes sciences, et c'est ainsi que l'on parvient le plus sûrement à l'immortalité.

« L'étude approfondie de l'Écriture sainte est le moyen le plus efficace d'arriver à la connaissance de la Grande Ame, et de procurer la paix en ce monde et un éternel bonheur dans l'autre.

« Car tout est dans l'étude du Véda et dans l'adoration de Dieu.

« Le culte prescrit par les livres saints à Dieu, se rend de deux manières, et conduit, dans l'un et l'autre cas, à la suprême félicité, mais à des degrés différents : l'une de ces deux manières est dite intéressée, et l'autre désintéressée.

« Si un acte pieux procède de l'espoir d'une récompense en ce monde ou dans l'autre, cet acte est dit intéressé, mais celui qui n'a d'autre mobile que la connaissance et l'amour de Dieu est dit désintéressé.

« L'homme dont tous les actes religieux sont *intéressés* parvient au rang des saints et des anges (dévas). Mais celui dont tous les actes pieux sont *désintéressés* se dépouille pour toujours des cinq éléments pour acquérir l'immortalité dans la Grande Ame.

« Voyant l'Ame suprême dans tous les êtres, et

tous les êtres dans l'Ame suprême, et offrant son âme en sacrifice, il s'identifie avec celui qui est, et qui brille de sa propre splendeur.

« Tout en accomplissant les services religieux prescrits, le brahme doit méditer avec persévérance sur l'Ame suprême, mortifier ses sens, et étudier l'esprit des livres saints.

« L'avantage de la régénération par la contemplation est très-grand pour le brahme, car, en devenant dwidja (régénéré, deux fois né dans le bien), il n'est plus sujet aux transmigrations futures.

« Le Véda est un soleil éternel pour les anges, les dieux et les hommes, le livre saint a été révélé aux mortels, et il n'est pas susceptible d'être mesuré par la raison humaine. Telle est la décision.

« Les recueils de lois qui ne sont pas fondés sur le Véda, ainsi que les systèmes hétérodoxes quelconques, ne produisent après la mort d'autre résultat que les ténèbres.

« Tous les livres qui ne reposent pas sur la sainte Écriture, sont sortis de la main des hommes et périront, leur fin prouvera qu'ils sont inutiles et mensongers.

« La connaissance des quatre classes (brahmes, xchatrias, vayssias, soudras), des trois mondes (le ciel, la terre et l'enfer), et des trois périodes de la vie sacerdotale (brahmatchari, novice; grihasta, maître de maison ; Vanaprastha, anachorète ; et sannyassis, dévot ascétique), avec le passé, le présent et le futur dérive du Véda.

« Le son, l'attribut tangible, la forme visible, le goût et l'odorat, expliqués clairement dans le Véda, avec leurs formations, leurs qualités et leurs fonctions.

« Le Véda est la science de tout ce qui existe. Celui qui le comprend bien parmi les brahmes, est digne de la suprême autorité, il commande à la terre et a le pouvoir d'infliger des châtiments.

« De même qu'un feu violent brûle même les arbres encore verts, de même le brahme qui étudie et comprend les livres saints reçoit le pouvoir de détruire toute souillure née du péché.

« Le brahme qui connaît parfaitement le sens du Véda, quelle que soit l'époque où il termine sa vie (c'est-à-dire novice, maître de maison, anachorète ou dévot ascétique), est sûr de s'identifier avec Dieu.

« Ceux qui ont beaucoup lu valent mieux que ceux qui ont peu étudié, ceux qui possèdent ce qu'ils ont lu sont préférables à ceux qui ont oublié, ceux qui comprennent ont plus de mérite que ceux qui ne savent que par cœur, ceux qui remplissent leurs devoirs sont supérieurs à ceux qui les connaissent. Une seule bonne action vaut mieux que mille bonnes pensées.

« La dévotion et la connaissance de l'Ame divine sont pour un brahme les meilleurs moyens de parvenir au bonheur suprême; par la dévotion il efface ses fautes, par la connaissance de Dieu il se procure l'immortalité.

« Trois modes de preuves, l'évidence, le raisonnement et l'autorité des livres qui s'appuient sur la sainte Écriture, doivent être bien compris par celui qui cherche à acquérir une connaissance positive de ses devoirs, et des vertus qui les composent, qui sont : la résignation, *l'action de rendre le bien pour le mal*, la tempérance, la probité, la pureté, la chasteté et la répression des sens, la connaissance de la sainte Écriture, celle de l'Ame suprême, c'est-à-dire Dieu, le culte de la vérité et l'abstinence de la colère.

« Celui qui raisonne sur la sainte Écriture et sur le recueil de *la loi*, en s'appuyant sur des règles de logique conformes au Véda, connaît seul le système des devoirs religieux et civils.

« Telles sont les règles de conduite qui mènent à la béatitude. Maintenant, va vous être déclarée la partie de ce livre de la loi qui doit rester cachée au vulgaire.

« Dans tous les cas, généraux ou particuliers, dont il n'est pas fait ici mention spéciale, et même pour l'interprétation de tout ce qui a été dit, si l'on demande ce qu'il convient de faire, le voici : Que la décision prononcée par les brahmes (les prêtres) instruits soit tenue pour certaine et obligatoire, sans contestation.

« On doit tenir comme instruits les brahmes qui ont étudié l'Écriture sainte, les différents livres de la loi qui en découlent, et qui peuvent tirer des arguments et des preuves des livres révélés.

« Que personne ne conteste une vérité décidée par une assemblée de brahmes vertueux, qui sont réunis au nombre de dix ou de trois.

« L'assemblée, composée de dix brahmes, doit renfermer : trois savants pundits versés dans les livres saints, un brahme connaissant le Nyaya, un autre imbu de la doctrine du Mimansa, un érudit connaissant le Niroucta, un légiste, et un membre des trois premiers ordres sacerdotaux [1].

« Un brahme ayant particulièrement étudié le Rig-Véda, un second connaissant spécialement l'Iadjour-Véda, et un troisième possédant le Sama-Véda forment le conseil de trois juges pour la solution de toutes les affaires civiles et religieuses.

« La décision d'un seul brahme, versé dans la sainte Écriture, doit être considérée comme une loi de la plus grande autorité; elle est supérieure à celle de

---

1. Les ouvrages dont parle cette strophe sont des commentaires sur l'Écriture sainte d'une haute antiquité; les brahmes du sud de l'Indoustan regardent les copies qu'on en possède comme modernes et tronquées.

dix mille individus ne connaissant pas la doctrine sacrée.

« Les brahmes qui ne suivent pas les règles du noviciat, qui n'ont aucune connaissance de la sainte Écriture et ne possèdent d'autre recommandation que leur caste, seraient-ils au nombre de plusieurs mille, ne pourraient être admis à former une assemblée légale.

« La faute de celui à qui des gens ignorants, dont l'intelligence n'est qu'obscurité, expliquent la loi qu'ils ne connaissent pas eux-mêmes, retombera cent fois plus lourde sur ces hommes ineptes.

« Les actes excellents qui conduisent à la béatitude éternelle, vous ont été déclarés; le dwidja qui ne les néglige pas obtient un sort très-heureux.

« C'est ainsi que le puissant et glorieux Manou, par complaisance pour les mortels, a révélé ces lois importantes, qui doivent être un secret pour les castes indignes de les connaître.

« Que le brahme, réunissant toute son attention, voie dans l'Ame divine toutes choses visibles et invisibles, car, en considérant tout dans l'âme, il ne livre pas son esprit à l'iniquité.

« L'Ame est l'assemblage des dieux, l'univers repose dans l'Ame suprême; c'est l'âme qui produit la série d'actes accomplis par les êtres animés.

« Que le brahme contemple, en s'élevant par le

secours de la méditation, l'éther subtil dans les cavités de son corps, l'air dans son action musculaire et dans les nerfs du toucher, la suprême lumière dans sa chaleur digestive et dans ses organes visuels, l'eau dans les fluides de son corps, la terre dans ses membres.

« La lune dans son cœur, les saints des huit régions dans son organe de l'ouïe, Vischnou dans sa marche, Nara dans sa force musculaire, Agni dans sa parole, Mitra dans sa force excrétoire, Pradjapati dans son pouvoir procréateur.

« Mais il doit se représenter le Grand Être comme le souverain maître de l'univers, comme plus subtil qu'un atome, comme aussi brillant que l'or pur, et comme ne pouvant être conçu par l'esprit que dans le sommeil de la contemplation la plus abstraite.

« Les uns l'adorent dans le feu, d'autres dans l'air. Il est le seigneur des créatures, l'éternel Brahma.

« C'est lui qui, enveloppant tous les êtres d'un corps formé de cinq éléments, les fait passer successivement de la naissance à l'accroissement, de l'accroissement à la dissolution, par un mouvement semblable à celui d'une roue.

« Ainsi l'homme qui reconnaît dans sa propre âme, l'Ame suprême présente dans toutes les créatures, comprend qu'il doit se montrer bon et loyal pour tous, et il obtient le sort le plus heureux qu'il puisse ambitionner, celui d'être à la fin absorbé dans Brahma.

« Ainsi a parlé Manou, et le sage qui lit et observe les prescriptions de ce *Livre de la loi* pratique le bien et obtiendra la félicité suprême. »

FIN.

Imprimerie Eugène Heutte et Cⁱᵉ, à Saint-Germain.

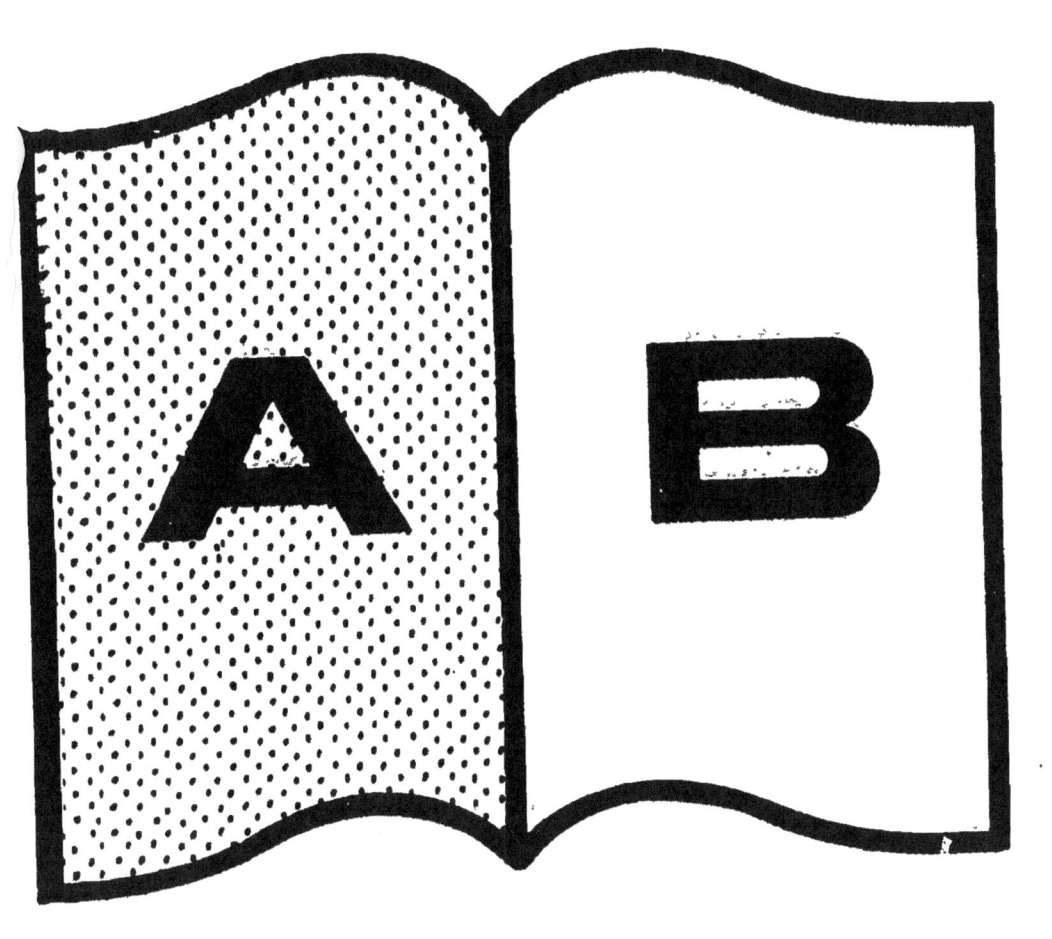

Contraste insuffisant

NF Z 43-120-14

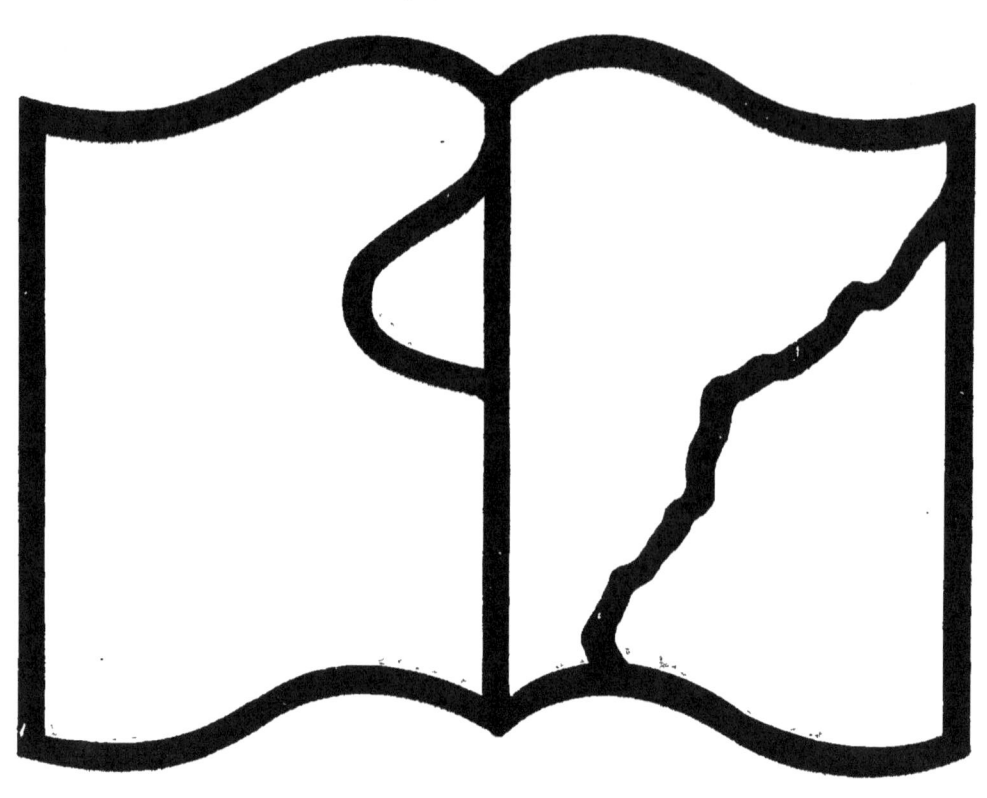

Texte détérioré — reliure défectueuse

NF Z 43-120-11

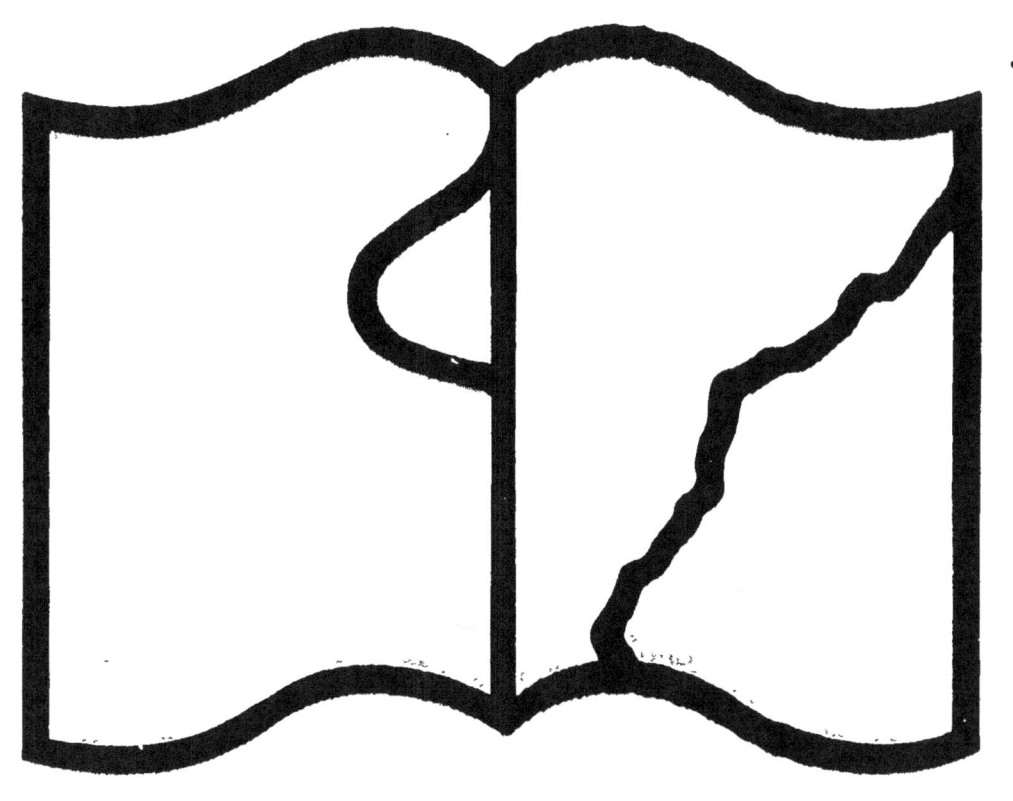

Texte détérioré — reliure défectueuse

NF Z 43-120-11

www.ingramcontent.com/pod-product-compliance
Lightning Source LLC
Chambersburg PA
CBHW071620230426
43669CB00012B/2009